Hartwin von Gerkan
Peter Hommelhoff

Kapitalersatz im Gesellschafts- und Insolvenzrecht

Kapitalersatz im Gesellschafts- und Insolvenzrecht

von
Vors. Richter am OLG a.D. Dr. Hartwin von Gerkan, Hamburg
Professor Dr. Peter Hommelhoff, Heidelberg

RWS - Skript 167
4., neubearbeitete Auflage

 RWS Verlag
Kommunikationsforum GmbH · Köln

Die Deutsche Bibliothek - CIP-Einheitsaufnahme

Gerkan, Hartwin von:
Kapitalersatz im Gesellschafts- und Insolvenzrecht / von
Hartwin von Gerkan / Peter Hommelhoff. - 4., neubearb. Aufl.
- Köln: RWS Verlag Kommunikationsforum, 1996
(RWS-Skript ; 167)
ISBN 3-8145-2167-6
NE: Hommelhoff, Peter:; GT

© 1996 RWS Verlag Kommunikationsforum GmbH
Postfach 27 01 25, 50508 Köln

Alle Rechte vorbehalten. Ohne ausdrückliche Genehmigung des Verlages ist es auch nicht gestattet, das Skript oder Teile daraus in irgendeiner Form (durch Fotokopie, Mikrofilm oder ein anderes Verfahren) zu vervielfältigen.

Druck und Verarbeitung: Hundt Druck GmbH, Köln

Inhaltsverzeichnis

Seite

A. **Unternehmensfinanzierung und Gesellschafterdarlehen** 1
  I. Finanzierung über Gesellschafterdarlehen 1
  II. Finanzierungsfreiheit 5
    1. Ausformungen des Grundsatzes 6
    2. Völlig unzureichende Eigenkapitalausstattung 7
    3. Finanzierungsfreiheit in der Krise 15
    4. Finanzierungsfreiheit und Rangrücktritt 19
  III. Legitimation der Umqualifizierung 24
    1. Die Einzelansätze 26
    2. Verantwortung für ordnungsgemäße Unternehmensfinanzierung 27
    3. Ausweitungen der Finanzierungsverantwortung? 30
  IV. Grundbegriffe zur Finanzierungssituation 40
    1. Nominelle Unterkapitalisierung 40
    2. Materielle Unterkapitalisierung 41
    3. Passivbilanz 42
    4. Unterbilanz 42
    5. Überschuldung 43

B. **Grundstrukturen im Recht des Eigenkapitalersatzes** 45
  I. Zweistufiges Schutzrecht 46
  II. Grundtatbestand und Auffächerungen - Überblick 48
    1. Rechtsprechungsgrundsätze 49
    2. Novellen-Regelungen 51
    3. Gesellschafterbesicherte Drittdarlehen 53

			Seite
	4.	Langfristige Fremdkapitalfinanzierung	54
III.		Rechtsformspezifisches Schutzrecht	55
	1.	GmbH & Co. KG	55
	2.	"Echte" Kommanditgesellschaft	56
	3.	Stille Gesellschaft	58
	4.	Aktiengesellschaft	60

C. Der Grundtatbestand im GmbH-Recht   63

    I. Inhalt der gesetzlichen Regelung   63
        1. Tatbestandliche Anknüpfungen in § 32a Abs. 1 GmbHG und bei den Grundsätzen zu den §§ 30, 31 GmbHG   63
        2. Erweiterter Anwendungsbereich für § 32a GmbHG?   65

    II. Gesellschafter als Darlehensgeber   65
        1. Formale Beteiligung als Zurechnungskriterium   65
        2. Gesellschaftereigenschaft und Zeitpunkt der Darlehensgewährung   68

    III. Erscheinungsformen des Eigenkapitalbedarfs in der GmbH   70
        1. Gesellschaftsbezogene Qualifikationsmerkmale   70
        2. Kreditbezogene Qualifikationsmerkmale   78
        3. Subjektiver Tatbestand   84
        4. Beweislast   84

    IV. Umfang und Fortdauer der Umqualifizierung   85
        1. Umfang der Kapitalbindung   85
        2. Fortdauer der Umqualifizierung   88

		Seite
V.	Rechtsfolgen außerhalb des Konkurses	90
	1. Auszahlungssperre (§ 30 Abs. 1 GmbHG)	90
	2. Erstattungsanspruch (§ 31 Abs. 1 GmbHG)	94
	3. Haftung der Mitgesellschafter (§ 31 Abs. 3 GmbHG)	95
	4. Haftung der Geschäftsführer	97
	5. Gesellschafterhaftung wegen Veranlassung der Auszahlung	98
	6. Rechtsstellung der Gesellschaftsgläubiger	98
VI.	Rechtsfolgen im Konkurs und im Vergleich	99
	1. Fortgeltung der Grundsätze zu den §§ 30, 31 GmbHG	99
	2. Keine Geltendmachung kapitalersetzender Darlehen nach § 32a Abs. 1 GmbHG	100
	3. Die Anfechtung nach § 32a KO	103

D. Erweiterungen des Grundtatbestandes — 109

I. Erfassung von Nichtgesellschaftern und anderen Kapitalhilfen (§ 32a Abs. 3 GmbHG) — 109
  1. Gesellschaftergleiche Behandlung von Nichtgesellschaftern — 109
  2. Andere kapitalersetzende Gesellschafterleistungen — 116

II. Stehengelassene Gesellschafterdarlehen — 122
  1. Stehenlassen aufgrund Vereinbarung — 123
  2. Schlichtes Stehenlassen und Unterlassen einer Kündigung — 124
  3. Rechtliche Schranken der Rückforderung oder Kündigung eines Kredits — 129

		Seite
E.	**Gesellschafterbesicherte Drittdarlehen**	**135**
I.	Der Tatbestand	136
	1. Außenstehender Dritter als Kreditgeber	136
	2. Kapitalersetzende Kreditgewährung durch den Dritten	136
	3. Gesellschaftersicherheit	137
II.	Rechtsfolgen im Verhältnis Gesellschaft/Dritter	143
	1. Außerhalb eines Konkurs- oder Vergleichsverfahrens	143
	2. Nach Verfahrenseröffnung	144
III.	Rechtsfolgen im Verhältnis Dritter/Gesellschafter	146
	1. Außerhalb eines Konkurs- oder Vergleichsverfahrens	146
	2. Nach Verfahrenseröffnung	146
IV.	Rechtsfolgen im Verhältnis Gesellschaft/Gesellschafter	147
	1. Rechte und Ansprüche der Gesellschaft gegen den Gesellschafter	148
	2. Rechte und Ansprüche des Gesellschafters gegen die Gesellschaft	153
F.	**Eigenkapitalersatz im Bilanzrecht**	**157**
I.	Handelsrechtliche Rechnungslegung	158
II.	Überschuldungsstatus	167
	1. Der aktuelle Meinungsstand	167
	2. Für ein Passivierungsverbot	168
	3. Rückstellung	170
III.	Bilanzierung eigenkapitalersetzender Drittdarlehen	172
	1. Handelsbilanz	172
	2. Überschuldungsstatus	173

	Seite

G. Eigenkapitalersatz in Treuhandunternehmen   175

   I. Grundsatz   175
   II. Die Kreditarten im einzelnen   176
      1. Altkredite der Staatsbank etc.   176
      2. Liquiditätshilfen der Treuhandanstalt   177
      3. Neukredite   179
      4. Zum Regreßanspruch   179

H. Eigenkapitalersetzende Gebrauchsüberlassung   181

   I. Reale Erscheinungsformen   182
   II. Der Tatbestand und seine Merkmale   183
      1. Gesellschafter und Gesellschafterleistung   183
      2. Konkursreife und gleichgestellte Gesellschaftslagen   184
      3. Die "stehengelassene" Gebrauchsüberlassung   186
   III. Rechtsfolgen   187
      1. Das Überlassungsentgelt   187
      2. Die Rechtsinhaberschaft des Nutzungsgebers   188
      3. Dauer der Zwangsüberlassung   191
   IV. Andere Formen der Kreditfinanzierung   194

I. Krisendarlehen und Finanzplankredite   195

   I. Krisendarlehen und Finanzplankredite in der Abgrenzung   195
      1. Kennzeichen des Krisendarlehens   195
      2. Kennzeichen des Finanzplankredits   197
   II. Der Finanzplankredit   198
      1. Rechtsprechungsgrundsätze   198

			Seite
	2.	Rechtsfolgenprobleme	199
	3.	Tatbestandsfragen	201
III.	Finanzplan-Nutzungen		202

K. Kapitalersetzende Leistungen in der GmbH & Co. KG ... 205

I. Geltende Rechtsregeln ... 205
   1. Die Grundsätze zu den §§ 30, 31 GmbHG ... 205
   2. Die Regelung in der GmbH-Novelle 1980 ... 206
   3. Erstreckung auf die Vor-GmbH & Co. KG ... 207

II. Gesellschafter als Darlehensgeber ... 208
   1. GmbH-Gesellschafter ... 208
   2. Kommanditisten ... 208
   3. Komplementäre ... 209
   4. Gleichgestellte Nichtgesellschafter ... 210

III. Erscheinungsformen der Gesellschafterkredite und Rechtsfolgen ... 210
   1. Erscheinungsformen ... 210
   2. Rechtsfolgen ... 211
   3. Erstreckung der Kapitalersatzregeln auf die gesetzestypische KG? ... 213

L. Rechtsformspezifisches Schutzrecht ... 215

I. Eigenkapitalersetzendes Aktionärsdarlehen ... 215
   1. Grundlagen für die Erstreckung des Kapitalschutzes ... 215
   2. Anforderungen an die Finanzierungsverantwortung des Aktionärs ... 215
   3. Rechtsfolgen ... 217

		Seite
II.	Finanzierungsbeiträge mit Einlagencharakter in der KG	219
	1. "Gesplittete" Pflichteinlagen in der KG	220
	2. Selbständige atypische stille Beteiligung	221
	3. Rechtsfolgen	222
	4. Analoge Anwendung von § 237 HGB auf längerfristige Unternehmenskredite?	223
III.	Eigenkapitalersatz im Konzern	224
	1. Verlustausgleich und Eigenkapitalersatz im Konzern	225
	2. Zurechnungsfragen im Konzern	228
	3. Zentralisierter Finanzverkehr im Konzern	231

Stichwortverzeichnis 233

A. Unternehmensfinanzierung und Gesellschafterdarlehen

In der GmbH reicht deren gesetzliches Mindeststammkapital von DM 50 000 (§ 5 Abs. 1 GmbHG) in den seltensten Fällen aus, um unternehmerisch aktiv werden zu können. Allenfalls eine Fensterputzer-GmbH könnte damit auskommen; aber schon für eine Friseur-GmbH mit angemietetem Ladenlokal um die Ecke und einer Handvoll Angestellter könnte es eng werden: DM 50 000 langen sowohl als Betriebskapital als auch als haftendes Risikokapital nur selten hin. Die bekannte Kapitalschwäche vieler Unternehmensgründer und deren verständliches Bestreben, ihr finanzielles Risiko möglichst eng zu begrenzen, gehen, wie jeder in Konkursabwicklungen Eingeschaltete weiß, eine unheilvolle Symbiose ein. In den meisten Fällen werden Gesellschaften mbH (und Gesellschaften mbH & Co.) mit ganz unzureichend geringem Stammkapital gegründet, und auch später veranlaßt der ausgeweitete Geschäftsbetrieb die Gesellschafter nur selten dazu, das Stammkapital zu erhöhen.

1.1

> Zum statistischen Material siehe
> Kornblum/Kleinle/Baumann/Steffan,
> GmbHR 1985, 7, 12 ff, und
> dies., GmbHR 1985, 42, 46;
> Kornblum, GmbHR 1994, 505, 507,
> 510, 519 ff, 523 f, sowie
> Hachenburg/Ulmer, GmbHG, 7. Aufl.,
> 2. Bearb., 1985, § 32a,b Rz. 9.

I. Finanzierung über Gesellschafterdarlehen

Da sich eine unternehmerisch tätige GmbH nicht mit dem Mindeststammkapital finanzieren läßt, müssen die Gesellschafter deren Finanzbedarf auf anderen Wegen decken. Der eine Hauptweg sind Gesellschafterdarlehen entweder in der Form frisch zugeführten Fremdkapitals oder in anderer Form der Gesellschaft überlassenen Fremdkapitals - z. B. in Darlehen umgewandelte Dividendenansprüche oder gestundete Gehaltsansprüche eines Gesellschafter-Geschäftsführers. Der andere Hauptweg sind Gesellschaftersicherheiten, damit die GmbH Drittmittel aufnehmen kann. Wer als Richter mit Abwicklungsstreitigkeiten im Kapital- und Personengesellschaftsrecht zu tun hat, weiß aus eigenem Erleben, wie häufig Gesellschafter für Kredite ihrer GmbH oder GmbH & Co. bei Banken, aber gelegentlich auch bei

1.2

A. Unternehmensfinanzierung und Gesellschafterdarlehen

deren Lieferanten bürgen, eine Mitschuld übernehmen oder gar eine Grundschuld am privaten Wohnhaus einräumen. - Die viel beklagte Eigenkapitalschwäche der deutschen GmbH und Personengesellschaften - und das ein wenig vergröbernd: Die Eigenkapitallücke in der mittelständischen Wirtschaft,

> siehe die Zusammenstellung bei:
> Albach/Corte/Friedewald/Lutter/Richter,
> Deregulierung des Aktienrechts: Das Drei-Stufen-Modell, 1988, S. 184,

hat auch hierin, in dem Umstand seine Wurzel, daß die Gesellschafter in diesen Rechtsformen den Kapitalbedarf ihrer Gesellschaft auf schuldrechtlicher Basis decken, ohne ihren Beitrag dem besonderen Risiko haftenden Eigenkapitals auszusetzen.

> Dazu
> Wiedemann, in: Festschrift Beusch,
> 1993, S. 897 f.

1.3 Bloß schuldrechtliche Finanzierungsformen, namentlich Gesellschafterdarlehen, weisen aus der Sicht der Gesellschafter und ihrer Gesellschaft eine ganze Reihe von Vorzügen auf: Je nach dem wachsenden Finanzbedarf der GmbH oder GmbH & Co. können diese Mittel schnell, unkompliziert und ohne publizistischen Aufwand zugeführt werden. Und nicht minder flexibel lassen sie sich wieder abziehen, sobald und soweit die Gesellschaft auf diese Mittel nicht länger angewiesen ist.

> So schon
> v. Caemmerer, in: Freundesgabe Pieter
> Sanders, 1972, S. 20;
>
> andeutungsweise auch
> BGHZ 75, 334, 337 = ZIP 1980, 115
> sowie Fleck, in: Festschrift Werner,
> 1984, S. 109.

Daneben mag es sich für die Beteiligten aus steuerrechtlichen und wirtschaftlichen, aber auch aus gesellschaftsrechtlichen Gründen empfehlen, statt Eigenkapital zu bilden oder zu erhöhen, lediglich Fremdmittel zuzuführen.

I. Finanzierung über Gesellschafterdarlehen

> BGHZ 76, 326, 330 = ZIP 1980, 361, 362;
> vgl. auch
> Scholz/Karsten Schmidt, GmbHG, 8. Aufl.,
> 1990, §§ 32a, 32b Rz. 7.

Freilich - nicht in jedem Fall akzeptiert das Handels- und Gesellschaftsrecht, akzeptiert die Rechtsordnung den Gesellschafterentscheid, der Gesellschaft lediglich Fremdkapital zuzuführen. Unter bestimmten Voraussetzungen qualifiziert das zwingende Recht diesen Gesellschafterbeitrag vielmehr um und behandelt ihn nach Grundsätzen für haftendes Eigenkapital. Hieraus hat sich in den vergangenen mehr als 20 Jahren ein eigenständiges Rechtsinstitut herausgebildet: Das "eigenkapitalersetzende Gesellschafterdarlehen", **1.4**

> zur institutionellen Ausformung und ihrer
> Entwicklung:
> Henze, Höchstrichterliche Rechtsprechung
> zum Recht der GmbH, 1993, S. 177 f;
> Hommelhoff, ZGR 1988, 460 ff,

mit seiner Auffächerung des "gesellschafterbesicherten Drittdarlehens" (§§ 32a Abs. 2, 32b GmbHG).

> Dazu
> Lutter/Hommelhoff, GmbHG, 14. Aufl.,
> 1994, §§ 32a/b Rz. 86 ff;
> Häuselmann/Rümker/Westermann, Die Finanzierung der GmbH durch ihre Gesellschafter, 1992, S. 80 ff;
> Scholz/Karsten Schmidt, §§ 32a, 32b Rz. 125 ff;
> Hachenburg/Ulmer, GmbHG, 8. Aufl.,
> 1992, § 32a,b Rz. 132 ff.

Ausweitungen haben stattgefunden, sind aber noch nicht konsolidiert: Die aus dem Steuerrecht bekannte "gesplittete Einlage", zusammengesetzt aus Einlage und Gesellschafterdarlehen, hat im Schrifttum zu dem Vorschlag geführt, neben das eigenkapitalersetzende Gesellschafterdarlehen (Eigenkapitalersatz) zusätzlich als rechtlich eigenständige Finanzierungsform die "einlagegleiche Gesellschafterleistung" zu stellen. **1.5**

A. Unternehmensfinanzierung und Gesellschafterdarlehen

> Karsten Schmidt, Gesellschaftsrecht,
> 2. Aufl., 1991, S. 429.

Diesen Vorschlag hat der Bundesgerichtshof in seinem Urteil vom 21. März 1988 aufgegriffen,

> BGH ZIP 1988, 638, 641
> = NJW 1988, 1841, 1843,

und behandelt als Gesellschafterdarlehen ausgewiesene Mittel trotzdem als Teil des Eigenkapitals, wenn die Gesellschafter diese Darlehen im übrigen in der Sache wie Einlagen behandelt haben. Dieses Rechtsinstitut des "Finanzplankredits" ist bis in diese Zeit hinein weder im Grundsätzlichen rechtsgewiß eingebunden, noch in seinen Details vollständig ausgemessen (siehe unten Rz. 9.14 ff). Insgesamt hat damit das Gesellschafterdarlehen in der Praxis jene Instrumente der Unternehmensfinanzierung abgelöst, die nach der Vorstellung des GmbH-Gesetzgebers eine schnelle und flexible Eigenkapitalversorgung sicherstellen sollten: Die Restzahlung auf die Stammeinlage (§§ 7 Abs. 2, 56a, 46 Nr. 2 GmbHG) und vor allem das Nachschußkapital nach §§ 26 - 28 GmbHG.

> Siehe
> Scholz/Emmerich, § 26 Rz. 1;
> Hachenburg/Müller, § 26 Rz. 5 f;
> Hommelhoff/Kleindiek, in: Festschrift
> 100 Jahre GmbH-Gesetz, 1992, S. 422 ff;
> Kornblum/Kleinle/Baumann/Steffan,
> GmbHR 1985, 42, 47.

1.6 Über die Gründe dafür, warum die vom Gesetz bereitgestellten Finanzierungsinstrumente in der Unternehmenspraxis so wenig angenommen werden, läßt sich nur spekulieren. Vielleicht liegt es an den mangelnden Rechtskenntnissen mancher Berater, vielleicht liegt es daran, daß die gesetzlichen Finanzierungsinstrumente von den Gesellschaftern die Übernahme einer bindenden Verpflichtung verlangen, die sie scheuen. Aber näher liegen wohl zwei andere Gründe: die steuerrechtlichen Vorteile einer Fremdmittelzufuhr,

> siehe Wiedemann, in: Festschrift Beusch,
> 1993, S. 899 f,

und der Umstand, daß in vielen Gesellschaften offenbar auch keine mittel- und langfristigen Finanzpläne aufgestellt werden. Erst sie würden den Beteiligten darüber Aufschluß geben, wann und in welchem Umfang von den Gesellschaftern voraussichtlich weiteres Haftkapital bereitgestellt werden müßte.

Somit kann man in der Rechtsprechung zum eigenkapitalersetzenden Gesellschafterdarlehen und zu verwandten Erscheinungsformen auch eine Gesamtreaktion auf die unternehmerische Usance sehen, lediglich den Finanzbedarf der Gesellschaft zu decken, ohne sonderliche Mühe auf die Frage zu verwenden, ob Eigenkapital notwendig ist oder bloßes Fremdkapital genügt. Mangelnde Akzeptanz des Kapitalersatzrechts in Betriebwirtschaft und Praxis, 1.7

> dazu
> Claussen, in: Festschrift Forster,
> 1992, S. 148 ff,

kann den Geltungsanspruch der Rechtsregeln zum eigenkapitalersetzenden Gesellschafterdarlehen nicht mehr erschüttern.

II. Finanzierungsfreiheit

Dabei steht der Ausgangspunkt außer Streit: Zur Unternehmensfinanzierung enthält die Rechtsordnung lediglich ein Mindestprogramm. Solange und soweit die Beteiligten die zwingenden Regeln der Kapitalaufbringung und -erhaltung sowie die Konkursantragspflichten einhalten, steht es ihnen grundsätzlich frei, ob, in welchem Umfang und auf welchen Wegen die Gesellschafter Finanzierungsbeiträge leisten. Es gilt der Grundsatz der Finanzierungsfreiheit. 1.8

> Zur Finanzierungsfreiheit siehe
> BGHZ 75, 334;
> BGHZ 81, 252, 257 = ZIP 1981, 974, 975;
> BGHZ 90, 381, 390 = ZIP 1984, 572, 575;
> BGHZ ZIP 1988, 638, 641;
>
> Fleck, in: Festschrift Werner, 1984, S. 110 f;
> Hommelhoff, Zur Haftung bei unternehmerischer Beteiligung an Kapitalgesellschaften,
> 1984, S. 12 ff;

A. Unternehmensfinanzierung und Gesellschafterdarlehen

> Hommelhoff/Kleindiek, in: Festschrift
> 100 Jahre GmbH-Gesetz, 1992, S. 430 f;
> Henze, Höchstrichterliche Rechtsprechung zum Recht der GmbH, S. 178 ff;
> Röhricht, in: Steuerberater-Jahrbuch
> 1991/92, S. 318;
> Ulmer, in: Festschrift Duden, 1977, S. 674;
> Wiedemann, ZIP 1986, 1293, 1297.

1. Ausformungen des Grundsatzes

1.9 Einen Rechtssatz, nach dem die Gesellschafter verpflichtet sind, die Gesellschaft mit einem nach ihrer Geschäftstätigkeit angemessenen Stammkapital auszustatten, kennt das Gesetz demnach nicht.

> So schon
> BGHZ 31, 258, 272;
> ebenso
> Baumbach/Hueck, GmbHG, 15. Aufl.,
> 1988, § 5 Rz. 5;
> Lutter/Hommelhoff, § 5 Rz. 5;
> Hachenburg/Ulmer, § 32a,b Rz. 7;
> Scholz/Winter, § 5 Rz. 18;
>
> siehe aber
> Wiedemann, Gesellschaftsrecht,
> Bd. I, 1980, S. 567 ("Obliegenheit").

1.10 Ebensowenig sind die Gesellschafter zu einem späteren Zeitpunkt nach der Gründung verpflichtet, weitere Teile ihres Privatvermögens einzuschießen, um dem größeren Umfang der Gesellschaftsaktivitäten Rechnung zu tragen (Gedanke der vorhersehbaren und rechtssicheren Begrenzung der Investition und des Risikos).

> Vgl. BGH ZIP 1984, 572, 575;
> in der Sache so auch jüngst wieder
> in den Fällen "Lagergrundstück III/IV":
> BGH ZIP 1994, 1261, 1266, und
> BGH ZIP 1994, Heft 18 unter A II 2 b;
> Schneider, ZGR 1984, 497, 529.

1.11 Deshalb bleibt es den Gesellschaftern unbenommen, den Kapitalbedarf der Gesellschaft vollständig ungedeckt zu lassen (Freiheit des Finanzierungs-Ob) - und sei um den Preis, daß die Gesellschaft damit in

II. Finanzierungsfreiheit

absehbarer Zeit in die Krise geraten wird. Dann müssen die Geschäftsführer eben die Konsequenzen ziehen und in gegebener Zeit die Gesellschafter nach § 49 Abs. 3 GmbHG informieren oder gar Konkursantrag nach § 64 GmbHG stellen, sobald dessen Voraussetzungen erfüllt sind. Sollten sich die Gesellschafter dagegen entschließen, den Kapitalbedarf ihrer auch bei Dritten kreditwürdigen GmbH selbst zu decken, so steht ebenfalls in ihrem Belieben, ob sie Eigen- oder Fremdkapital zuführen wollen (Freiheit des Finanzierungs-Wie). Konsequent dürfen die Gesellschafter als Darlehen ausgereichte Mittel dann auch nach Darlehensgrundsätzen wieder rückabwickeln.

> BGHZ 76, 326, 330 = ZIP 1980, 361, 362;
> Baumbach/Hueck, § 32a Rz. 2;
> Lutter/Hommelhoff, §§ 32a/b Rz. 20;
> Scholz/Karsten Schmidt, §§ 32a, 32b Rz. 7;
> Hachenburg/Ulmer, § 32a,b Rz. 7.

Aus den Bestimmungen der §§ 32a und 32b GmbHG etc. läßt sich kein allgemeines an die Gesellschaft und ihre Gesellschafter gerichtetes Verbot ableiten, die GmbH mit Darlehen statt mit Eigenkapital zu finanzieren.

> Zutreffend
> Scholz/Karsten Schmidt, §§ 32a, 32b Rz. 7.

2. Völlig unzureichende Eigenkapitalausstattung

a) Das im Gesellschaftsrecht fehlende "Gebot zu angemessener Eigenkapitalausstattung" darf nun nicht dahin mißverstanden werden, die Finanzierungsfreiheit der Gesellschafter wäre grenzenlos. Verboten ist ihnen vielmehr eine "völlig unangemessene Haftkapital-Ausstattung". Dieses Verbot setzt der Freiheit des Finanzierungs-Ob eine Schranke. 1.12

> A. A. Scholz/Winter, § 5 Rz. 19:
> nur wenn die Stammkapitalausstattung
> auf eine vorsätzliche, sittenwidrige
> Schädigung anderer angelegt ist.

Denn die Kapitalgesellschafter sind durch die Haftungsabschottung nach § 13 Abs. 2 GmbHG, § 1 Abs. 1 Satz 2 AktG privilegiert: Ihr un- 1.13

A. Unternehmensfinanzierung und Gesellschafterdarlehen

ternehmerisches Risiko bleibt auf die gezeichneten Einlagen beschränkt. Dieses Privileg verlieren die Kapitalgesellschafter dann jedoch, wenn sie in Widerspruch zu Sinn und Zweck des Garantiekapitals die Gesellschaft mit völlig unzureichendem Haftkapital wirtschaften lassen und damit das Verlustrisiko extrem einseitig auf die Gesellschaftsgläubiger verlagern (objektive Normzwecklehre).

> Hierzu
> O. Kuhn, Strohmanngründung bei Kapitalgesellschaften, 1964, S. 214 ff;
> Hachenburg/Ulmer, Anh. § 30 Rz. 50 ff;
> Wiedemann, Gesellschaftsrecht, S. 565.

In diesem Falle wird die Institution "Kapitalgesellschaft" als haftungs- und risikoabsorbierende Hülle mißbräuchlich zwischen die Gesellschafter und die Geschäftspartner der Gesellschaft geschoben.

> Vgl. Immenga, Die personalistische
> Kapitalgesellschaft, 1970, S. 400 ff;
> Lutter, ZGR 1982, 244, 249 f;
> Lutter/Hommelhoff, ZGR 1979, 31, 58 ff.

Ein solches "Verbot völlig und evident unzureichender Haftkapital-Ausstattung" gewinnt im jüngeren Schrifttum deutlich an Boden.

> Blaurock, in: Festschrift Stimpel,
> 1985, S. 559;
> Hachenburg/Ulmer, Anh. § 30 Rz. 55;
> Lutter/Hommelhoff, § 5 Rz. 5 und
> § 13 Rz. 12;
> Hommelhoff, in: Roth (Hrsg.), Die Zukunft der GmbH, 1982, S. 19 ff;
> Raiser, Recht der Kapitalgesellschaften, 2. Aufl., 1992, § 29 Rz. 31 ff;
> Karsten Schmidt, Gesellschaftsrecht,
> 1986, S. 190 f;
> a. A. ders., Gesellschaftsrecht, 2. Aufl.,
> 1991, S. 208 f:
> Verschuldenshaftung;
> Stimpel, in: Festschrift Goerdeler,
> 1987, S. 607 ff;
> Ulmer, GmbHR 1984, 256, 261 f.

II. Finanzierungsfreiheit

Strikt ablehnend dagegen:
Baumbach/Hueck, § 5 Rz. 6 a. E.;
Flume, Die juristische Person, 1982, S. 84;
Meyer-Landrut/Miller/Niehus, § 5 Rz. 8;
Roth, § 13 Anm. 3.3.3.

Demgegenüber favorisieren die Rechtsprechun,g 1.14

BGH NJW 1979, 2104, 2105
(anders dagegen wohl
BGH ZIP 1994, 207, 209
- EDV Peripherie);
dazu EWiR 1994, 213 (Hirte);
OLG Karlsruhe BB 1978, 1332, 1333;

anders
BSG ZIP 1984, 1217, 1220 f:
objektive Sanktionsvoraussetzung
eklatanter Unterkapitalisierung,

und ein Teil des Schrifttums,

siehe statt vieler
Kahler, BB 1985, 1429, 1431;
Schulze-Osterloh, ZGR 1983, 123, 144 f;
Wüst, JZ 1985, 817, 822 ff,
jeweils m. w. N.,

eine Inanspruchnahme der GmbH-Gesellschafter lediglich unter den besonderen Voraussetzungen aus § 826 BGB. Im Ergebnis bestehen jedoch allenfalls marginale Unterschiede zur objektiven Normzwecklehre. Denn die Verfechter einer deliktsrechtlichen Lösung schließen gleichfalls in ihrer überwiegenden Zahl von der (objektiven) eklatanten und evidenten Unterkapitalisierung auf den (subjektiven) Schädigungsvorsatz zumindest der maßgeblichen und deshalb verantwortlichen Gesellschafter.

Siehe etwa
Baumbach/Hueck, § 5 Rz. 6 a.E.;

selbst insoweit ablehnend
Flume, Die juristische Person, S. 83 f,
der zwar richtig die gemeinsame Wurzel der

A. Unternehmensfinanzierung und Gesellschafterdarlehen

Verhaltensanforderung an die Gesellschafter herausstellt, aber mit seiner pointiert liberalistischen Grundwertung überzieht.

1.15 b) Über den Tatbestand der "völlig unzureichenden Eigenkapitalausstattung" ist bislang ebensowenig Klarheit geschaffen wie über die Rechtsfolgen. Im Tatbestand geht es vornehmlich um zwei Fragen:

In welchem Verhältnis steht zum ersten dieser Tatbestand zu den anderen Tatbeständen des eigenkapitalersetzenden Gesellschafterdarlehens? Für die Praxis mag die Aussage hinreichen: Auf den Tatbestand der eklatanten Unterkapitalisierung braucht nicht zurückgegriffen zu werden, falls der Gesellschaft Darlehen gewährt worden sind, die als Eigenkapitalersatz behandelt werden müssen.

Siehe hierzu
Buchner, DNotZ 1985, 724, 745 ff;
präziser jetzt
Hachenburg/Ulmer, Anh. § 30 Rz. 57:
eigenkapitalersetzende Gesellschafterdarlehen sind bei der Feststellung materieller Unterkapitalisierung als Eigenkapital zu werten;
siehe auch BGH ZIP 1994, 1103, 1105 f.

Rechtsdogmatisch Fundiertes zur Normkonkurrenz steht, soweit ersichtlich, bisher noch aus. Die praktisch bedeutsame Ausprägung dieser Frage liegt darin, ob groteske Verzerrungen der **Betriebsaufspaltung,**

(Betriebs-GmbH mit DM 50 000 Stammkapital, Anlagevermögen in Höhe von mehreren 10 Mio. DM bei der Besitz-Personengesellschaft, Jahresumsatz der Betriebs-GmbH an die 100 Mio. DM),

in Fortführung der Regeln zum Eigenkapitalersatz (eigenkapitalersetzende Gebrauchsüberlassung, unten Rz. 8.1 ff) zu behandeln sind oder nach den Regeln der eklatanten Unterkapitalisierung oder nach den Regeln für den qualifizierten faktischen Konzern.

II. Finanzierungsfreiheit

Siehe Baumbach/Hueck/Zöller, GmbHG, Schlußanh. I, Konzernrecht, Anm. 25; Drygala, Der Gläubigerschutz bei der typischen Betriebsaufspaltung, 1991, S. 32 ff.

Die zweite Frage zum Tatbestand der eklatanten Unterkapitalisierung geht dahin, wann der Raum der Finanzierungsfreiheit verlassen wird und wo die Grauzone zum Verbot völlig unzureichender Eigenkapitalausstattung beginnt. Zwar können in dieser Grauzone auch nicht die Sanktionen eklatanter Unterkapitalisierung zum Zuge kommen. Andernfalls würde man das notwendig weite Ermessen zur Unternehmensfinanzierung beschneiden und außerdem die Gesellschafter der permanenten Furcht aussetzen, mit weiteren Teilen ihres Privat- oder ihres eigenen Betriebsvermögens den Gläubigern der GmbH einstehen zu müssen. Die Beschreibung der Grauzone kann deshalb nur die Bedeutung haben, die Gesellschafter zu warnen: Innerhalb dieser Zone können sie nicht mehr ohne weiteres davon ausgehen, daß die Eigenkapitalausstattung der Gesellschaft ausreicht und die Barriere aus § 13 Abs. 2 GmbHG wirkt. Freilich gebieten es Finanzierungsermessen und Rechtssicherheit, diese Grauzone vom Bereich eklatanter und evidenter Unterkapitalisierung her zu beschreiben und nicht etwa freischwebend einzugrenzen, damit nicht unvermerkt die Finanzierungsfreiheit beschnitten wird.

1.16

Wo die Grenze zum Verbot völlig unzureichender Eigenkapitalausstattung eindeutig überschritten ist, läßt sich nur für den konkreten Einzelfall bestimmen. Dabei muß sichergestellt bleiben, daß es weiterhin nur um gewisse Extremfälle geht. Ob sich hierzu über das vom Bundesgerichtshof und anderen Gerichten behandelte Prozeßmaterial hinaus,

1.17

BGH ZIP 1994, 207, 209
- EDV-Peripherie;
BGH DB 1988, 1848;
BGH NJW 1979, 2104;
BGHZ 54, 222;
BGHZ 68, 312;
BSG ZIP 1984, 1217;
OLG Hamburg DB 1973, 1231;
OLG Karlsruhe BB 1978, 1332,

A. Unternehmensfinanzierung und Gesellschafterdarlehen

in der Rechtsprechung des Bundesfinanzhofs zur Typisierung geeignete Fallkonstellationen aufspüren lassen, wäre immer noch eine Untersuchung wert.

>Vgl. den Diskussionsbericht von
>Hellwege, ZGR 1988, 518 f.

1.18 c) Ebenfalls noch weitgehend ungeklärt sind die **Rechtsfolgen** bei eklatanter Unterkapitalisierung. Lange Zeit wurde der Gedanke favorisiert, daß die GmbH-Gläubiger die Gesellschafter unmittelbar in Anspruch nehmen könnten, diese also wie Komplementäre haften müßten.

>So z. B.
>Lutter/Hommelhoff, § 13 Rz. 13

Abweichend von einer solchen Außenhaftung ist in jüngerer Zeit das Modell einer Innenhaftung zur Diskussion gestellt worden: Die GmbH-Gesellschafter haften nicht den Gläubigern, sondern haben der Gesellschaft weitere Leistungen zu erbringen.

>Karsten Schmidt, Gesellschaftsrecht,
>2. Aufl., 1991, S. 208;
>Stimpel, in: Festschrift Goerdeler, S. 613 f;
>so auch schon de lege ferenda
>Wilhelm, Rechtsform und Haftung bei
>der juristischen Person, 1981, S. 315.

1.19 Dieser Ansatz scheint schon deshalb vorzugswürdig, weil er geeignet ist, alle Gesellschaftsgläubiger gleich zu behandeln, und insbesondere im Gesellschaftskonkurs dem Konkursverwalter die Möglichkeit eröffnet, gegen bestimmte Gesellschafter im Interesse aller Gläubiger vorzugehen. Dies Ergebnis läßt sich auf dem Weg über eine Außenhaftung der Gesellschafter aber auch so konstruieren, daß im Gesellschaftskonkurs der Konkursverwalter die Ansprüche der Gesellschaftsgläubiger gegen die Gesellschafter entsprechend § 171 Abs. 2 HGB gebündelt geltend machen kann.

>Siehe Hachenburg/Ulmer, Anh. § 30 Rz. 64
>im Anschluß an
>Lutter/Hommelhoff, ZGR 1979, 31, 62 f.

II. Finanzierungsfreiheit

Im Anschluß hieran stellt sich die Frage nach dem **Umfang** der Gesellschafterhaftung. Während früher überwiegend die Ansicht vertreten wurde, die Gesellschafter hätten noch so viel an zusätzlichem Kapital zur Verfügung zu stellen, wie es die Art der Gesellschafts-Aktivitäten, ihr Umfang und ihr Risiko von Anlegern erfordert hätten, 1.20

> vgl. Immenga, Die personalistische Kapitalgesellschaft, S. 410;
> O. Kuhn, Strohmanngründung bei Kapitalgesellschaften, 1964, S. 219 f;
> E. Rehbinder, Konzernaußenrecht und allgemeines Privatrecht, 1969, S. 123 f;
> Winkler, BB 1969, 1202, 1205 f,

gibt man im jüngeren Schrifttum dem Gedanken den Vorrang, die Gesellschafter gesamtschuldnerisch insoweit haften zu lassen, wie es erforderlich ist, um sämtliche Gläubiger im Konkurs oder Vergleich der Gesellschaft zu befriedigen, oder anders formuliert: um die Überschuldung der Gesellschaft zu beseitigen.

> Stimpel, in: Festschrift Goerdeler, S. 616;
> Wiedemann, Gesellschaftsrecht, S. 572;
> im Ergebnis so auch
> Hachenburg/Ulmer, Anh. § 30 Rz. 64, der den Anspruch allerdings den Gesellschaftsgläubigern geben will (Ausfallhaftung).

Dieser Gedanke einer Ausfallhaftung bis zur Überschuldung ist aus rechtsdogmatischen und wertenden Gründen vorzuziehen. Bei eklatanter (materieller) Unterkapitalisierung verdienen die Gesellschafter das Privileg der Haftungsabschottung (§ 13 Abs. 2 GmbHG) nicht und müssen dann für alle Folgen einstehen, die daraus herrühren, daß sie eine völlig unzureichend finanzierte Gesellschaft haben wirtschaften und Schulden machen lassen. Dieser Folgeverantwortung, 1.21

> dazu
> Röhricht, in: Steuerberater-Jahrbuch 1991/92, S. 319;
> Wiedemann, ZIP 1986, 1293, 1299 f,

würde einer Haftungsbegrenzung auf die von Anbeginn angemessene Kapital-Ausstattung nicht gerecht - zumal es keine hinreichend präzisen Kriterien gibt, um das im Einzelfall angemessene Startkapital posi-

A. Unternehmensfinanzierung und Gesellschafterdarlehen

tiv zu bestimmen; dies ist im Kern eine Frage unternehmerischen Ermessens. Außerhalb eines Konkurs- oder Vergleichsverfahrens soll sich der Ausgleichsanspruch lediglich darauf erstrecken, verlorengegangenes Stammkapital wieder aufzufüllen.

>Stimpel, in: Festschrift Goerdeler, S. 616.

1.22 Hiermit stellt sich jedoch die noch nicht behandelte Frage, ob sich die Gesellschafter mit einer einmaligen Ausgleichsleistung von ihrer Folgeverantwortung für eklatante Unterkapitalisierung künftighin sollen befreien können. Das wird man wohl bezweifeln müssen, so daß sich grundsätzlich fragt, ob man die Ausgleichshaftung nicht auf die Fälle des Gesellschafterkonkurses und -vergleiches sowie auf den Liquidationsfall beschränken sollte.

>Eindeutig in diesem Sinne
>Hachenburg/Ulmer, Anh. § 30 Rz. 61 m. w. N.:
>die "Insolvenz der Gesellschaft" als tatbestandliche Voraussetzung.

1.23 d) Abgesehen vom Zustand eklatanter Unterkapitalisierung beim Start einer Gesellschaft kann dieser Zustand ebenfalls im weiteren Verlauf unternehmerischer Tätigkeit eintreten - etwa dann, wenn eine Gesellschaft ihr Haftkapital völlig unverändert läßt, obwohl sie ihre Aktivitäten zwischenzeitlich enorm ausgeweitet hat. Es liegt in der Konsequenz der Normzwecklehre und der in ihr geborgenen Wertungen, daß Gesellschaftern das Privileg aus § 13 Abs. 2 GmbHG nicht nur bei Gesellschaftsgründung versagt bleiben kann, sondern daß sie es gleichfalls nachträglich wieder verlieren können.

>Siehe
>Hachenburg/Ulmer, Anh. § 30 Rz. 56 m. w. N.

1.24 Allerdings sind auch bei der nachträglichen eklatanten Unterkapitalisierung die beiden Aspekte des Finanzierungsermessens und der Rechtssicherheit gewichtig zu berücksichtigen. Deshalb ist ein besonderes Ereignis notwendig, an das bei nachträglicher Unterkapitalisierung ebenso angeknüpft werden kann wie für die anfängliche Unterkapitalisierung an die Gründung. Ein solches einschneidendes Ereignis

II. Finanzierungsfreiheit

im Leben der Gesellschaft ist z. B. eine bedeutende Geschäftserweiterung oder eine durchgreifende Sanierung mit erheblichen Investitionen.

> Stimpel, in: Festschrift Goerdeler, S. 609; ob freilich seiner qualitativen Anforderung gefolgt werden kann, das Ereignis müsse einer Neugründung ähneln, bedarf noch weiterer Klärung.

Andere:

> Hachenburg/Ulmer, Anh. § 30 Rz. 58 ff,

wollen noch weitergehend und zusätzlich über die Merkmale der "Kausalität zwischen Unterkapitalisierung und Konkursreife" sowie über das der "persönlichen Zurechenbarkeit der Unterkapitalisierung" das Haftungsrisiko der Gesellschafter eingrenzen.

Die Rechtsfolgen entsprechen denen bei anfänglicher eklatanter Unterkapitalisierung: im Konkurs oder Vergleich Ausfallhaftung der Gesellschafter, soweit sie erforderlich ist, um alle Gesellschaftsgläubiger zu befriedigen. 1.25

3. Finanzierungsfreiheit in der Krise

Außerhalb des Bereichs eklatanter Unterkapitalisierung ist die Finanzierungsfreiheit der Gesellschafter allein und erst dann eingeschränkt, wenn die Gesellschaft in eine Finanzierungskrise geraten ist oder diese Gefahr drohend bevorsteht. Eingeschränkt ist allerdings nicht die Freiheit des Finanzierungs-Ob, sondern nur die des Finanzierungs-Wie. 1.26

a) Selbst in der Finanzierungskrise bleibt es den Gesellschaftern unbenommen, der Gesellschaft frisches Kapital vorzuenthalten. Sollte deshalb die Gesellschaft nicht länger lebensfähig sein, muß sie eben nach gesellschafts- oder konkursrechtlichen Vorschriften liquidiert werden. Über die bereits übernommenen Beiträge hinaus brauchen die Gesellschafter keine weiteren Leistungen an die Gesellschaft zu erbringen; das folgt aus dem Gedanken der "von vornherein begrenzten Investition" (arg. § 707 BGB). 1.27

A. Unternehmensfinanzierung und Gesellschafterdarlehen

> So schon im Kern
> BGHZ 75, 334, 338 = ZIP 1980, 115
> sowie jüngst mit Nachdruck
> BGH ZIP 1994, 1261, 1266, und
> BGH ZIP 1994, Heft 18 unter A II 2 b
> - Lagergrundstück III/IV.

Zwar mag sich durch die Weigerung der Gesellschafter, frisches Kapital zuzuführen, die Befriedigungschance der Gesellschaftsgläubiger, insbesondere die im Gesellschafts-Konkurs, wesentlich verschlechtern. Aber daraus folgt für die Gesellschafter keine Nachschußpflicht. Geschützt sind die Gläubiger lediglich durch die Bestimmungen über die Konkursreife und über die Konkursantragspflichten (§§ 63 f GmbHG). Sie sind nicht davor gefeit, daß die Gesellschaft weiteres Vermögen verwirtschaftet und deshalb die Befriedigungschancen der Gläubiger verschlechtert, solange noch das Stadium der Konkursreife nicht erreicht ist. Einzelnen Gesellschaftsgläubigern bleibt nur die Möglichkeit, u. U. ihre betagte Forderung mit der Begründung sofort fällig zu stellen, die Vermögensverhältnisse der Gesellschaft hätten sich verschlechtert.

> Siehe etwa zur außerordentlichen Kündigung ausgereichter Kredite wegen Verschlechterung der Finanzlage:
> MünchKomm-Westermann, BGB, 2. Aufl., 1988, § 610 Rz. 13 ff.

Bei der Gesellschaft führt eine solche Kündigung im Falle ihrer Wirksamkeit zu einem Liquiditätsengpaß, der die Geschäftsführer regelmäßig dazu zwingt, Illiquiditätskonkurs anzumelden, sofern die Gesellschafter dann nicht doch frisches Kapital zuführen.

1.28 b) Während also die Gesellschafter beim "Finanzierungs-Ob" frei entscheiden können, sind sie, sobald sie sich grundsätzlich für die Kapitalzufuhr in der Finanzierungskrise der Gesellschaft entschieden haben, in der "Freiheit des Finanzierungs-Wie" eingeschränkt. Sie können nicht frei wählen, ob sie Eigen- oder Fremdkapital einbringen wollen, sondern sind aus Rechtsgründen gehalten, das frische Kapital in der Form haftenden Risikokapitals zuzuführen. Denn in der Finanzierungskrise der Gesellschaft ist es dem Gesellschafter verwehrt, das

II. Finanzierungsfreiheit

Risiko, das er mit seinem neuen Beitrag läuft, auf die Gesellschaftsgläubiger abzuwälzen.

> Röhricht, Steuerberater-Jahrbuch
> 1991/92, S. 318;
> siehe auch
> Henze, Höchstrichterliche Rechtsprechung zum Recht der GmbH, S. 179.

Deshalb darf er seinen Finanzierungsbeitrag nicht in der Form von Fremdkapital (Gesellschafterdarlehen) leisten. Andernfalls würde der "Todeskampf" der Gesellschaft nur künstlich auf Kosten der Gesellschaftsgläubiger verlängert.

> Boujong, GmbHR 1992, 207, 209;
> kritisch Hüffer, ZHR 153 (1989), 322, 325.

Für diese ist das mit der Fortführung der Gesellschaft verbundene und durch sie u. U. noch gesteigerte Risiko bloß akzeptabel, wenn dieses Risiko in aller erster Linie von den finanzierenden Gesellschaftern getragen wird.

> BGHZ 76, 326, 334 f = ZIP 1980, 361, 363;
> BGHZ 90, 381, 389 = ZIP 1984, 572, 575;
> vgl. auch BegrRegE zu §§ 32a, 32b GmbHG,
> BT-Drucks. 8/1347, S. 39;
>
> ferner Braun, ZIP 1983, 1175, 1178;
> Fleck, in: Festschrift Werner, 1984, S. 117;
> Lutter/Hommelhoff, §§ 32a/b Rz. 3;
> Scholz/Karsten Schmidt, §§ 32a, 32b Rz. 4;
> Hachenburg/Ulmer, § 32a,b Rz. 8 m. w. N.

In dieser Beschneidung der "Freiheit zum Finanzierungs-Wie" prägt sich nicht nur die volle Verantwortung der Gesellschafter aus. Weitergehend wird auf diese Weise das eigene Interesse der Gesellschafter im Interesse der Gesellschaftsgläubiger mobilisiert: Rational handelnde Gesellschafter werden der Gesellschaft in deren Krise regelmäßig bloß dann frisches Kapital zuführen, wenn sie einigermaßen sicher sein können, das Kapital trotz des Nachrangs gegenüber den Gesellschaftsgläubigern nicht zu verlieren.

1.29

A. Unternehmensfinanzierung und Gesellschafterdarlehen

1.30 Dieser im Interesse des Gläubigerschutzes bestehenden Finanzierungsverantwortung kann sich kein Gesellschafter dadurch entziehen, daß er sich um die wirtschaftliche Entwicklung des Unternehmens nicht kümmert.

> BGH ZIP 1992, 616, 617.

Mit dem Einwand, er wolle und könne sich über die wirtschaftliche Lage der Gesellschaft nicht auf dem laufenden halten, wird der Gesellschafter nicht gehört, soweit es um die (Um-)Qualifizierung seines Darlehens geht.

1.31 c) Diesem gesellschaftsrechtlichen Schutzkonzept steht man im Bundesfinanzhof offenbar äußerst reserviert gegenüber, wie die sachkundige Erläuterung seiner Verzinsungsurteile,

> BFH ZIP 1992, 620;
> dazu EWiR 1992, 691 (Crezelius),

zeigt: Der Gläubigerschutz bei eigenkapitalersetzenden Gesellschafterdarlehen sei nach seinem im Gesellschaftsrecht erreichten Ausmaß weit überzogen.

> Wassermeyer, ZGR 1991, 639, 641;
> so auch
> Claussen, GmbHR 1994, 9, 12 f.

Deshalb müßten die Ersatzkapital-Regeln vordringlich vom (Fort-)Bestand der Verbindlichkeit zur Rückzahlung des Darlehens her gesehen werden,

> vgl. Wassermeyer, ZGR 1992, 639, 651,

also betont nicht von den Bindungen her, denen das eigenkapitalersetzende Gesellschaftsdarlehen nach tradierter Konzeption im Gesellschaftsrecht unterworfen ist. Statt dessen läßt man sich im Bundesfinanzhof vom darleihenden Gesellschafter und seinen subjektiven Vorstellungen leiten: Er,

> Wassermeyer, ZGR 1992, 639, 651:
> die Gesellschaft,

II. Finanzierungsfreiheit

glaube regelmäßig an die Sanierung der Gesellschaft und rechne deshalb mit der künftigen Erfüllung der Darlehensverbindlichkeit. Eigenkapitalersetzende Gesellschafterdarlehen beträfen vornehmlich jene Gesellschaften, die zwar überschuldet seien, aber regelmäßig nicht in Konkurs fielen, weil die Gesellschafter dies durch kapitalersetzende Leistungen zu verhindern wüßten.

> Wassermeyer, ZGR 1992, 639, 640.

Dem ist entgegenzuhalten: Mit diesen Argumenten werden zentrale Wertungen des Gesellschaftsrechts, wie sie aus jahrzentelanger Erfahrung namentlich des Bundesgerichtshofs entstanden sind, kurzerhand über Bord geworfen. **1.32**

> Im einzelnen näher
> Lutter/Hommelhoff, §§ 32a/b Rz. 6.

Daher gilt weiterhin: Eigenkapitalersetzende Gesellschafterdarlehen unterliegen spezifischen und differenzierten Bindungen im Interesse der Gesellschaft und/oder ihrer Gläubiger. Insbesondere sind solche Darlehen, soweit sie nach §§ 30, 31 GmbHG gebunden sind, funktionales Eigenkapital.

4. Finanzierungsfreiheit und Rangrücktritt

Eingeschränkt hat der Bundesgerichtshof die Finanzierungsfreiheit außerdem in Fällen, in denen Gesellschafter Darlehen mit Rangrücktrittsklausel an die Gesellschaft ausgereicht hatten. **1.33**

> Siehe BGH ZIP 1982, 563, 565 f
> – Hühnerfarm;
> siehe dazu auch
> Karsten Schmidt, Gesellschaftsrecht,
> 2. Aufl., 1991, S. 428 f.

Sinn einer solchen Rangrücktrittsvereinbarung sei es üblicherweise, der Gesellschaft die zur Befriedigung ihrer Gläubiger notwendigen und in Form eines Darlehens gewährten Geldmittel gerade für den Fall zu belassen, daß die Gesellschaft ihr satzungsmäßiges Stammkapital verloren habe oder bereits überschuldet sei. Deshalb sei die Rück-

A. Unternehmensfinanzierung und Gesellschafterdarlehen

gewähr dieser Mittel auch im beiderseitigen Einverständnis untersagt, soweit und solange die Darlehensvaluta verlorenes Stammkapital oder eine darüber hinausgehende Überschuldung abdeckten. Denn mit einer solchen Rangrücktrittsvereinbarung - so der Bundesgerichtshof - sei das Gesellschafterdarlehen schon kraft Vereinbarung als kapitalersetzende Leistung zu behandeln, die im Bedarfsfall ebenso wie das Stammkapital selbst entsprechend den §§ 30, 31 GmbHG gesetzlich gebunden sei.

> Noch weitergehend
> Scholz/Karsten Schmidt, §§ 32a, 32b Rz. 88:
> Das Gesellschafterdarlehen mit Rangrücktritt wird (in seiner vollen Höhe und nicht bloß bis hinauf zur Stammkapitalziffer) einer Einlage gleichgestellt.

1.34 a) Mit diesen Grundsätzen schränkt das Gericht die Finanzierungsfreiheit der Gesellschafter ebenfalls ein. Zwar geht es hier weder um die Freiheit zum Finanzierungs-Ob noch um die zum Finanzierungs-Wie: Den Gesellschaftern bleibt die freie Entscheidung, ob sie überhaupt Geldmittel gewähren wollen und wie - als Darlehen mit oder ohne Rangrücktritt. Aber dennoch sind die Gesellschafter in ihrer Finanzierungsfreiheit beschränkt: Selbst im Einvernehmen mit der Gesellschaft können sie ihre Mittel nach der Gewährung nicht mehr zurückziehen, solange sie zur Abdeckung einer Unterbilanz benötigt werden. Konsequent muß es ihnen unter diesen Voraussetzungen dann auch versagt sein, den Rangrücktritt einvernehmlich aufzuheben.

1.35 Den Grund für diese Freiheitsbeschränkung sieht der Bundesgerichtshof in der Vereinbarung zwischen Gesellschaft und Gesellschafter, daß sein Darlehen im Rang zurücktreten solle. Mit ihrer Rangrücktrittsvereinbarung sollen sich also die Beteiligten rechtswirksam ihrer privatautonomen Dispositionsbefugnis teilweise begeben haben. Dem ist zu widersprechen; denn die Rangrücktrittsvereinbarung stände nach ihrem Abschluß nur dann nicht mehr zur Parteidisposition, wenn sie als Abrede zugunsten Dritter (§ 328 BGB) eine solche Drittposition begründet hätte,

> dazu Staudinger/Kaduk, BGB, 12. Aufl., 1983, § 328 Rz. 117,

II. Finanzierungsfreiheit

oder wenn Dritte im Vertrauen auf diese Vereinbarung Dispositionen getroffen oder unterlassen hätten. Von alledem sagt das Hühnerfarm-Urteil des Bundesgerichtshofs nichts.

Bleibt zu erwägen, ob der Freiheitsentzug bei der Rangrücktrittsvereinbarung seine Grundlage nicht im Schutz objektiven, also vertypten Vertrauens des Rechts- und Geschäftsverkehrs findet und nicht im konkreten Vertrauen einzelner Teilnehmer. Wäre das so, dann wären die Rechtsgrundlagen eines solchen nachrangigen Darlehens der Parteidisposition nicht anders entzogen als nach § 19 Abs. 2 Satz 1 GmbHG die Rechtsgrundlagen der Gesellschaftereinlage: Von seinem mit der Gesellschaft vereinbarten Einlageversprechen kann der Gesellschafter sogar im Einvernehmen mit den Beteiligten nicht mehr befreit werden, sobald die Gesellschaft im Handelsregister eingetragen ist. Oder umgekehrt formuliert: Allein vor der Registereintragung, also in der Vorgesellschaft, ist der Einlageanspruch im Einvernehmen aller Gesellschafter durch Änderung des Gesellschaftsvertrages aufhebbar.

1.36

Vgl. BGHZ 80, 129, 142 = ZIP 1981, 394;
Baumbach/Hueck, § 19 Rz. 11;
Hachenburg/Ulmer, § 19 Rz. 38;
Scholz/Schneider, § 19 Rz. 35.

Daraus folgt: Konstitutiv für den Ausschluß der Dispositionsbefugnis sind die Registereintragung und der mit ihr verbundene abstrakte Vertrauensschutz. Und hieraus läßt sich wiederum im Umkehrschluß herleiten: Überall, wo die Rechtsgrundlagen für einen Gesellschafterbeitrag nicht vom Handelsrichter registriert werden (und wo weder Rechtspositionen, noch konkretes Vertrauen Dritter begründet worden sind), dort gilt die privatautonome Dispositionsbefugnis unverändert und unvermindert fort.

1.37

Gesellschafterdarlehen (mit oder ohne Rangrücktrittsvereinbarung) lassen das Handelsregister unberührt. Deshalb scheint die Begründung wenig tragfähig, die der Bundesgerichtshof zur Stütze seines Rechtssatzes gibt, bei einer Unterbilanz der GmbH sei die Rückzahlung eines Darlehens mit Rangrücktritt sogar in beiderseitigem Einverständnis verboten: Die ursprüngliche Vereinbarung zwischen Gesellschaft und Gesellschafter gibt für diesen Rechtssatz nichts her.

A. Unternehmensfinanzierung und Gesellschafterdarlehen

1.38   b)   Daraus folgt jedoch mitnichten, daß der Rechtssatz des Bundesgerichtshofs im Ergebnis nicht zutreffe. In der Tat unterliegt ein solches Gesellschafterdarlehen mit Rangrücktritt den Bindungen aus §§ 30, 31 GmbHG; dies aber deshalb, weil das Darlehen schon bei seiner Gewährung **nach zwingenden gesetzlichen Grundsätzen** nicht als normales Fremdkapital hatte gewährt werden können: Da schon bei der Kapitalzufuhr die "Freiheit des Finanzierungs-Wie" eingeschränkt war, stand es konsequent auch nachträglich nicht zur Disposition der Beteiligten, Eigenkapitalersatz in normales Fremdkapital umzuqualifizieren - wenigstens solange und soweit nicht, wie Darlehensvaluta zur Auffüllung verlorenen Stammkapitals benötigt wird.

1.39   (1)   Das ist in jenem Moment evident, da sich die Gesellschaft in einer Finanzierungskrise, namentlich in einem andauernden Liquiditätsengpaß, befindet und die Gesellschafterdarlehen mit Rangrücktritt ausreichen, um den drohenden Liquidititäts-, aber auch um einen Überschuldungskonkurs abzuwenden. In einer derartigen Krise werden die zugeführten Gesellschafterdarlehen bereits ex lege in Eigenkapitalersatz umqualifiziert. Die Rangrücktrittsvereinbarung hat dann lediglich deklaratorischen Charakter.

1.40   (2)   Bedeutsam wird diese Abrede dann jedoch, wenn man darüber, ob die Gesellschaft in einer Finanzierungskrise steckt, durchaus streiten könnte, wenn ihr wirtschaftlicher Status also zweifelhaft ist. In einer solchen Situation bekennen sich die Gesellschafter mit dem Rangrücktritt zur Krisenlage ihrer Gesellschaft und müssen sich daran dann auch zunächst festhalten lassen. Ihre Darlehen sind - das folgt aus dem Rangrücktritt - in einer Finanzierungskrise der Gesellschaft gewährt worden und müssen deshalb ex lege cogente als Eigenkapitalersatz behandelt werden (§§ 30, 31 GmbHG): Verstrickung bis hinauf zur Stammkapitalziffer (siehe unten Rz. 2.5 ff).

1.41   Andererseits darf die Rücktrittsvereinbarung nicht zu einer rechtswirksamen Selbstentmündigung der Gesellschafter und der Gesellschaft erstarken. Denn eine Selbstaufgabe der privatautonomen Dispositionsbefugnis kann (wie oben dargelegt) nur unter bestimmten Voraussetzungen und vornehmlich bei Verbreitung konkreten oder abstrakten Vertrauens im Rechts- und Geschäftsverkehr Wirkungen entfalten. Deshalb darf eine Rangrücktrittsvereinbarung nur dahin ausgelegt

II. Finanzierungsfreiheit

werden, daß sie die Krisenlage der Gesellschaft **indiziere**. Dem darleihenden Gesellschafter bleibt es dann unbenommen, dieses Indiz zu widerlegen - und zwar durch den Nachweis, daß die Gesellschaft bei Abschluß der Rangrücktrittsvereinbarung ohne jeden Zweifel finanziell gesund war.

Über diese widerlegliche Vermutung ist dann zugleich sichergestellt, daß eine Rangrücktrittsvereinbarung, die mit einer zweifelsfrei gesunden GmbH abgeschlossen wurde, frei aufheb- und veränderbar bleibt.

(3)   Wie ist aber dann zu entscheiden, wenn die zunächst gesunde Gesellschaft in die Krise gerät? In diesem Falle könnte ein automatischer Umschwung aus bisherigem Fremdkapital in (gebundenen) Eigenkapitalersatz angezeigt sein, ohne daß die qualifizierenden Momente des "Stehenlassens" (unten Rz. 4.34 ff) erfüllt zu sein bräuchten. 1.42

Sollte diese Erwägung zutreffen, dann würde der Rangrücktritt bei einem Gesellschafterdarlehen, das die Rechtsqualität von Fremdkapital hat, dennoch zu einer potentiellen Beschneidung der Finanzierungsfreiheit führen: Mit dem Eintritt der Finanzierungskrise verlieren Gesellschafter und GmbH die Dispositionsbefugnis; der Gesellschafter steht **nicht** vor der Wahl, ob er die Gesellschafterrolle oder die eines Gläubigers einnehmen will. Darin unterscheidet sich seine Rechtsposition von jener, die er bei Gewährung von Fremdkapital ohne Rangrücktrittsvereinbarung gehabt hätte: Hier hat er bei Kriseneintritt die Rollenwahl (siehe unten Rz. 2.14 f, 4.34 ff).

Die damit verbundene Schlechterstellung bei Rangrücktritt scheint gerechtfertigt. Wer ein Gesellschafterdarlehen mit diesem Rücktritt gewährt, hat sich von vornherein auf einen möglichen Konflikt unter den Gesellschaftsgläubigern eingestellt und damit auf eine denkbare Finanzierungskrise. Das ist anders beim Gesellschafterdarlehen **ohne** Rangrücktritt; hier erzwingt die zunächst bestehende "Arglosigkeit" des finanzierenden Gesellschafters, ihm ein Wahlrecht beim Kriseneintritt zu geben. 1.43

Aus alledem folgt: Rangrücktrittsvereinbarungen mit einer zweifellos finanziell gesunden Gesellschaft führen zu einer Kapitalbindung erst mit Eintritt einer Finanzierungskrise. In diesem Moment beginnt die 1.44

A. Unternehmensfinanzierung und Gesellschafterdarlehen

Verstrickung ex lege, ohne daß die Voraussetzungen des "Stehenlassens" erfüllt sein müssen. Aber **vor** dem Kriseneintritt bleibt es den Beteiligten unbenommen, die Rangrücktrittsvereinbarung aufzuheben, kann das Darlehen in beiderseitigem Einvernehmen frei zurückgezahlt werden.

> Zu diesen differenzierten Aufhebungsmöglichkeiten zusammenfassend Hommelhoff/Kleindiek, Festschrift 100 Jahre GmbH-Gesetz, 1992, S. 444; a. A. Scholz/Karsten Schmidt, §§ 32a, 32b Rz. 86: freie Aufhebbarkeit.

Freilich ist auch hier die Indizwirkung der Rücktrittsvereinbarung zu beachten: Der Gesellschafter müßte den Nachweis zweifelsfreier Stärke für zwei Zeitpunkte führen: zum ersten für den Augenblick des Vereinbarungsabschlusses und zum zweiten für den seiner Aufhebung bzw. für den der Darlehenstilgung.

III. Legitimation der Umqualifizierung

1.45 Auf welche tragenden Erwägungen zurückzugreifen ist, wenn als Fremdkapital ausgereichte Gesellschafterdarlehen zwangsweise in haftendes und unterschiedlich gebundenes Quasi-Eigenkapital umqualifiziert werden, diese Frage hat den Bundesgerichtshof lange Zeit allenfalls am Rande beschäftigt. Zwar entsprang die Rechtsprechungslinie dem Gebot von Treu und Glauben (§ 242 BGB).

> Siehe den Diskussionsbericht von Hellwege, ZGR 1988, 516.

1.46 Aber die je wechselnden Sachverhalte in jenen Fällen, die vor den Bundesgerichtshof gelangten, hatten diesen zunächst dazu gebracht, § 242 BGB als dogmatische Ausgangswurzel ganz unterschiedlich in eigenständige Begründungsmuster aufzufächern. Das hatte über lange Zeit hinweg zwar nicht die Überzeugungskraft der von der Rechtsprechung entwickelten Ergebnisse geschmälert, birgt jedoch, wie die kaum mehr überschaubare Urteilsflut,

III. Legitimation der Umqualifizierung

> siehe die Nachweise bei
> Henze, Höchstrichterliche Rechtsprechung
> zum Recht der GmbH, S. 178 ff,

drastisch demonstriert, die Gefahr einer immer weitergehenden und immer kunstvolleren Verästelung mit der absehbaren Folge in sich, daß namentlich die vorsorgend beratende Rechtspflege nicht mehr über den hinreichend rechtsgewissen Grund verfügt, den sie für ihre zum Teil über Jahrzehnte in die Zukunft wirkende Tätigkeit braucht.

> Dazu näher
> Hommelhoff, ZGR 1988, 460, 486 ff.

Notwendig sind stimmige Grundwertungen und Konzepte im und für das Ersatzkapital-Recht. Dieser Aufgabe hat sich der Gesetzgeber kaum gestellt. Denn schon mit der GmbH-Novelle 1980 hat er nicht mehr als einen "Problemimpuls" geliefert: Seine Erwägung, die Gesellschafter dürften ein Verlustrisiko, das sie an sich selbst zu übernehmen hätten, nicht auf die Gesamtheit der Gesellschaftsgläubiger abwälzen,

> RegE GmbHGÄndG, Vorbem. zu §§ 32a, 32 b
> GmbHG, BT-Drucks. 8/1347, S. 39,

langt als breite tragfähige Grundwertung für den gesamten Bereich der einlagegleichen Gesellschafterleistungen nicht hin. Und auch später hat der Gesetzgeber gelegentlich gezeigt, daß er im Ersatzkapital-Recht eine für punktuelle Durchbrechungen anfällige Verfügungsmasse sieht: So hat er mit § 56e DMBilG die von der Treuhandanstalt ausgereichten oder besicherten Kredite an Treuhandunternehmen aus den Bindungen für eigenkapitalersetzende Gesellschafterdarlehen herauslösen wollen.

> Eingehend hierzu
> Spoerr, Treuhandanstalt und Treuhandunternehmen zwischen Verfassungs-, Verwaltungs- und Gesellschaftsrecht, 1993, S. 272 ff
> im Anschluß an
> Hommelhoff/Habighorst, ZIP 1992, 979 ff;
> siehe auch
> OLG Dresden ZIP 1994, 1393, 1394 f;
> Claussen, GmbHR 1994, 9, 10 ff.

A. Unternehmensfinanzierung und Gesellschafterdarlehen

1. Die Einzelansätze

1.47 In seiner Entscheidung "BuM/WestLB" hat der Bundesgerichtshof die Einzelansätze aufgelistet, auf die er sich in dem einen oder anderen Fall mit je unterschiedlichem Gewicht abgestützt hat, um vermeintliches Fremdkapital einzelner Gesellschafter in Eigenkapitalersatz umzuqualifizieren:

> BGHZ 90, 381, 389 = ZIP 1984, 572, 575
> = NJW 1984, 1893, 1895.

- Versuch, die notleidende Gesellschaft mit Darlehen über Wasser zu halten, obwohl die Zufuhr frischen Eigenkapitals geboten wäre;

- Abwälzung des Finanzierungsrisikos auf die gesellschaftsfremden sonstigen Gläubiger;

- Informationsvorsprung der Gesellschafter gegenüber Gesellschaftsgläubigern; dieser Vorsprung versetzt die Gesellschafter in die Lage, ihr Geld notfalls noch rechtzeitig in Sicherheit zu bringen;

- Abwehr einer Spekulation der Gesellschafter auf dem Rücken der übrigen Gesellschaftsgläubiger;

- Anschein im Rechts- und Geschäftsverkehr, die Gesellschaft sei ausreichend mit Kapital ausgestattet;

- widersprüchliches Verhalten des darleihenden Gesellschafters.

1.48 Die Vielfalt dieser Erwägungen zeigt, daß der Bundesgerichtshof während langer Zeit keinen Anlaß sah, den Kern der umqualifizierenden Momente herauszuarbeiten. Im Kriterium der Kreditunwürdigkeit (siehe unten Rz. 3.1 ff, 3.11) hatte sich das Gericht offenbar ein Abgrenzungskriterium erschlossen,

> dieses Kriterium findet sich schon 1953
> in der Entscheidung BFHE 57, 541, 546,

III. Legitimation der Umqualifizierung

das sich als besonders geeignet erwies, überzeugend im Einzelfall und doch zugleich rechtssicher zu entscheiden. Allerdings hatte sich die Aufgabe des Bundesgerichtshofs bislang nahezu ausnahmslos darauf beschränkt, "Konkurslagen" aufzuarbeiten. Gesellschafterdarlehen als positiver Beitrag zur Finanzierung der Gesellschaft mit haftendem Kapital und nicht als bloße Krisenabwehr,

> dazu bereits Lutter/Hommelhoff,
> ZGR 1979, 31, 54 ff:
> funktionales Eigenkapital,

sind erst mit dem RH-Urteil und dann im Lagergrundstück II-Urteil,

> BGHZ 104, 33 = ZIP 1988, 638;
> BGHZ 121, 31 = ZIP 1993, 189;
> dazu EWiR 1993, 155 (Fleck);
> umfassend jüngst
> Fleischer, Finanzplankredite und Eigenkapitalersatz im Gesellschaftsrecht, 1995,

unter dem Stichwort "Finanzplankredite" höchstrichterlich behandelt worden (dazu unten Rz. 9.10 ff).

2. Verantwortung für ordnungsgemäße Unternehmensfinanzierung

a) Wohl um der Gefahr beliebiger Wertungen entgegenzuwirken, hat es der Bundesgerichtshof in dem schon erwähnten "BuM/WestLB"-Urteil unternommen, die bisherigen Einzelansätze zur Umqualifizierung auf einen einzigen Grundgedanken zurückzuführen: auf die Verantwortung des Gesellschafters für eine ordnungsgemäße Unternehmensfinanzierung.

1.49

> BGHZ 90, 381, 389 = ZIP 1984, 572, 575
> = NJW 1984, 1893, 1895;
> zustimmend:
> Baumbach/Hueck, § 32a Rz. 42;
> Lutter/Hommelhoff, §§ 32a/b Rz. 3;
> Scholz/Karsten Schmidt, §§ 32a, 32b Rz. 4;

A. Unternehmensfinanzierung und Gesellschafterdarlehen

> ablehnend demgegenüber:
> Hachenburg/Ulmer, § 32a,b Rz. 44,
> der lediglich auf das Verbot abstellen will,
> auf dem Rücken der Gesellschaftgläubiger
> zu spekulieren; aber dies "Abwälzungsverbot"
> folgt, wie Röhricht, Steuerberater-Jahrbuch
> 1991/92, S. 317 ff, eingehend dargelegt hat,
> aus der Finanzierungsverantwortung der Gesellschafter.

1.50 Was sich an zusätzlicher Erkenntnis aus dem Gedanken der "Finanzierungsverantwortung" sollte gewinnen lassen, blieb zunächst dunkel. Erst mit der Bemerkung eines Bundesrichters strahlte ein wenig Licht ins Dunkel: Mit seiner Rechtsprechung sei es dem II. Senat, unabhängig vom dogmatischen Anknüpfungspunkt, vorrangig darum gegangen, das, was wirtschaftlich Eigenkapital sei, so auch zu behandeln.

> Siehe dazu den Diskussionsbericht von
> Hellwege, ZGR 1988, 516, 519.

So gesehen dient der Gedanke der "Finanzierungsverantwortung" der Legitimation, die als Fremdkapital gewährte Gesellschafterleistung wegen ihrer realen Funktion als haftendes Eigenkapital zu behandeln. Oder anders gesehen: Die Finanzierungsverantwortung der Gesellschafter legitimiert es unter bestimmten Voraussetzungen, sich über ihren Willen hinwegzusetzen, lediglich Fremdkapital zuzuführen.

1.51 Im Anschluß hieran stellt sich die Frage, ob die "Finanzierungsverantwortung" nicht bloß die Rückkehr zum "Finanzierungsverhalten ordentlicher Kaufleute",

> diese Gefahr sieht offenbar
> Hachenburg/Ulmer, § 32a,b
> Rz. 44 Fußn. 87,

ist - eines Kriteriums, das wegen der praktischen Schwierigkeiten seiner Handhabung schon in der steuer- und handelsrechtlichen Diskussion Anfang der siebziger Jahre aufgegeben worden war.

III. Legitimation der Umqualifizierung

BFHE 98, 59, 67 ff
mit Erläuterung von
Conze, BB 1971, 513 und im Anschluß
an diesen Geßler, BB 1971, 665, 667 f.

Eine solche Rückkehr ist nicht anzunehmen. Denn Ansatzpunkt für die zwangsweise Umqualifizierung ist nach der BGH-Rechtsprechung die Funktion, die der Gesellschafterleistung in der Gesellschaft zukommt: Dort muß sie materielle Eigenkapitalfunktion haben. Ob das der Fall ist, bestimmt sich nach der konkreten Lage der Gesellschaft im Moment der Kreditzufuhr (Stichwort: Kreditunwürdigkeit) oder nach den sonstigen konkreten Umständen - etwa nach der Laufzeit des Gesellschafterdarlehens, seiner Verbindung mit Drittmitteln etc. Anders als diese konkreten und ganz individuell gehaltenen Momente knüpft das "Finanzierungsverhalten ordentlicher Kaufleute" an abstrakte, mit generellem Geltungsanspruch belegte Finanzierungsgrundsätze an. Sie aber lassen sich, weil auch die Finanzierung Gegenstand weiten unternehmerischen Ermessens ist, weder in der Betriebswirtschaftslehre entwickeln noch gar mit der für das Recht erforderlichen Randschärfe statuieren.

b) Abweichend von der "Finanzierungsverantwortung" ist im Schrifttum der Gedanke der "Folgeverantwortung" zur Diskussion gestellt worden: **1.52**

Wiedemann, ZIP 1986, 1293, 1297.

Die Gesellschafter müßten im Verlustfall der Gesellschaft darauf verzichten, die Kapitalrückgewähr geltend zu machen, weil sie der Gesellschaft weder Eigenkapital bereitgestellt haben, noch sie hätten Fremdkapital aufnehmen lassen. Aus dieser Entscheidung hätten die Gesellschafter die Folgen zu verantworten.

Bei erstem Hinsehen erscheint die Folgeverantwortung lediglich als wortspielerische Abwandlung der Finanzierungsverantwortung; man könnte diesen Unterschied auf sich beruhen lassen, zumal da er offenbar nicht zu abweichenden Ergebnissen führt. - Indes auf den schärferen zweiten Blick entpuppt sich die "Folgeverantwortung" als recht gefährlich: Dieser Gedanke knüpft nicht an die Kapitalzufuhr der Gesellschafter an, sondern daran, daß **kein** Kapital zugeführt worden ist: **1.53**

A. Unternehmensfinanzierung und Gesellschafterdarlehen

weder Eigenkapital von den Gesellschaftern noch Fremdkapital von außenstehenden Dritten. Damit ist die "Folgeverantwortung" so weit gefaßt, daß sie auch die materielle Unterkapitalisierung erfaßt: Sie überbürdet den Gesellschaftern die Folgen gleichfalls dann, wenn diese der Gesellschaft nicht genügend Kapital zur Verfügung gestellt und auch nicht für Drittmittel gesorgt haben. Schon oben (Rz. 1.12 ff) war jedoch dargelegt worden, daß erst bei einer eklatanten und evidenten Unterkapitalisierung Sanktionen in Betracht kommen. Diese hohe Schwelle droht der Gedanke der "Folgeverantwortung" ganz erheblich abzusenken. Er sollte daher den anderen Gedanken der "Finanzierungsverantwortung" nicht, auch nicht in sprachlicher Nachlässigkeit, ersetzen.

1.54 Anders dagegen, wenn man,

> wie Röhricht, Steuerberater-Jahrbuch
> 1991/92, S. 318 f, dies tut,

an den Gesellschafterentscheid anknüpft, die liquidationsreife Gesellschaft fortzuführen und überdies weiter zu finanzieren. Dann sind es positive Handlungen der Gesellschafter, für deren Folgen diese anschließend einzustehen haben. Von einem derart begrenzten und präzisierten Ansatz her entwickelt ist die Finanzierungsfolgenverantwortung akzeptabel gekennzeichnet.

3. Ausweitungen der Finanzierungsverantwortung?

1.55 Die Schubkraft, die in Begriffen wie der "Finanzierungsverantwortung" oder der "Verantwortung für eine ordnungsgemäße Unternehmensfinanzierung" verborgen liegt, hatte der Bundesgerichtshof sogleich erkannt und ausdrücklich einschränkend festgestellt: Die Finanzierungsverantwortung verpflichte den Gesellschafter keineswegs, in der Krise der Gesellschaft fehlendes Kapital aus seinem Vermögen nachzuschießen.

> BGHZ 90, 381, 389 = ZIP 1984, 572, 575;
> hierzu z. B.
> Rümker, ZGR 1988, 494, 495.

III. Legitimation der Umqualifizierung

a) Die "Finanzierungsverantwortung" war schon vor Zeiten als konkretisierungsbedürftige Generalklausel eingeordnet worden, die eine Reihe von Folgefragen aufwerfe: **1.56**

> Hommelhoff, Zur Haftung bei unternehmerischer Beteiligung an Kapitalgesellschaften, 1984, S. 10.

(1) Ist das Recht des Eigenkapitalersatzes Teil eines umfassend zu denkenden Rechts der Unternehmensfinanzierung?

Nach dem RH-Urteil des Bundesgerichtshofs,

> BGHZ 104, 33 = ZIP 1988, 638,

muß diese Frage nun in Richtung auf ein "Recht der einlagegleichen Gesellschafterleistungen" präzisiert werden (oben Rz. 1.5, 1.48); im übrigen jedoch bleibt sie weiterhin gestellt.

(2) Gibt es gesellschaftsform-übergreifende Rechtsgrundsätze zur Unternehmensfinanzierung mit rechtsformspezifischen Variationen im einzelnen? **1.57**

Hierzu sind im Schrifttum letzthin die Ausgangspositionen, vor allem mit Blick auf die einfache Personengesellschaft (dazu näher unten Rz. 2.29 ff), markiert worden.

> Joost, ZGR 1987, 370;
> Karsten Schmidt, GmbHR 1986, 377;
> Scholz/Karsten Schmidt, §§ 32a/32b Rz. 21 f einerseits;
> Rümker, ZGR 1988, 494, 508 ff;
> Häuselmann/Rümker/Westermann, Die Finanzierung der GmbH durch ihre Gesellschafter, S. 20 f, andererseits.

Von einem Abschluß ist diese Kontroverse noch immer weit entfernt.

(3) Gebietet es der Grundsatz der "Finanzierungsverantwortung", die Rechtssätze für den Eigenkapitalersatz sowohl auf der Tatbestandsseite als auch auf der Seite der Rechtsfolgen flexibel auszuweiten? **1.58**

A. Unternehmensfinanzierung und Gesellschafterdarlehen

Der augenblickliche Entwicklungsstand bietet ein differenziertes Bild. Während die Rechtsfolgen weiterhin ausschließlich den §§ 30, 31 GmbHG einerseits und den §§ 32a, 32b GmbHG, § 32 KO andererseits entnommen werden, ist der Tatbestand über die "Gesellschafterdarlehen mit Rangrücktritt" (oben Rz. 1.33 ff) und über die "Finanzplankredite" (unten Rz. 9.10 ff) in Bewegung geraten.

1.59 (4) Ist es notwendig, Grundsätze ordnungsgemäßer Unternehmensfinanzierung fallgruppen-spezifisch zu konkretisieren und dann in finanzielle Verhaltensregeln umzusetzen?

In diesem Punkt ist die Entwicklung nicht weiter vorangeschritten und wird dies wohl auch deshalb nicht können, weil rechtliche Finanzierungsregeln tendenziell gefährlich darauf gerichtet sind, die Finanzierungsfreiheit der Gesellschafter, ihr grundsätzliches Finanzierungsermessen, zu beschneiden. Daher sollte die Entwicklung von Grundsätzen ordnungsgemäßer Unternehmensfinanzierung unbedingt vermieden werden.

1.60 (5) Muß die Finanzierungsverantwortung unmittelbar und primär auf die Gesellschaft mit der Konsequenz gerichtet werden, daß diese Verantwortung nur mittelbar zugunsten der Gesellschaftsgläubiger, aber damit zugunsten sämtlicher Gesellschaftsgläubiger wirkt?

> Näher Hommelhoff,
> ZGR 1988, 460, 489 ff m. w. N.

Dieses Problem ist durch das "Kerkerbachbahn"-Urteil des Bundesgerichtshofs,

> BGH ZIP 1988, 1112,

zur "Haftungskanalisierung über die Gesellschaft" auf eine neue Ebene angehoben worden und hat dort derart grundsätzliche Bedeutung gewonnen, daß es in diesen allgemeinen Zusammenhängen zwischen dem Schutz der Gesellschafter einerseits und der Gesellschaft andererseits diskutiert werden muß. Rechtsgrundsätzlich ist dieser Problemkreis noch nicht bewältigt.

III. Legitimation der Umqualifizierung

b) Damit läßt sich generell zum Gedanken der "Finanzierungsverantwortung" feststellen: Er beschreibt keinen allgemeinen Obersatz mit Pflichtencharakter - weder für die Gesellschafter noch für die Mitglieder der Geschäftsleitung. Aus der "Finanzierungsverantwortung" lassen sich keine konkreten Verhaltensanforderungen deduzieren; erst recht eignet sich dieser Gedanke nicht dazu, aus ihm ein umspannendes und in sich kunstvoll gefügtes System von "Grundsätzen ordnungsmäßiger Unternehmensfinanzierung" herzuleiten. Das gilt nicht bloß als momentaner Befund, sondern zugleich für die Zukunft: Die "Finanzierungsverantwortung" wird sich schwerlich zum deduktionsfähigen Obersatz entwickeln. Denn die gesellschaftsrechtlichen Regeln zur Unternehmensfinanzierung sind in vielfältig differenzierter Weise geprägt von den Gesellschaftsformen, den Funktionen der einzelnen Finanzierungsinstrumente und von den je unterschiedlichen Wirtschaftslagen, in denen sich die finanzierten Unternehmen befinden. Außerdem ist die jeweilige Position des finanzierenden Gesellschafters bedeutsam. All dies wird es auf absehbare Zeit ausschließen, alle Regeln zur Unternehmensfinanzierung in dem einen Gedanken der "Finanzierungsverantwortung" derart zu bündeln, daß alle Finanzierungsstandards als konkrete Rechtspflichten aus ihm abgeleitet werden könnten.

1.61

In dieser Grundtendenz übereinstimmend
u. a. Hachenburg/Ulmer, § 32a,b Rz. 44;
Rümker, ZGR 1988, 494, 500 f.

c) Eine bislang lediglich in Ansätzen diskutierte Frage ist die, ob es Rechts- und insbesondere Schutzregeln zur **Liquiditätsausstattung** der Gesellschaften gibt. Soweit es um die Pflicht der Gesellschafter geht, Finanzmittel aufzubringen, den Finanzmittelfonds der Gesellschaft zu respektieren und abgezogene Mittel unter bestimmten Voraussetzungen zu erstatten, steht ganz der bilanzielle Wert des Gesellschaftsvermögens im Vordergrund.

1.62

Eindringlich hierzu
Lutter, Kapital, Sicherung der Kapitalaufbringung und Kapitalerhaltung
in den Aktien- und GmbH-Rechten
der EWG, 1964, S. 332 ff;
Joost, ZHR 148 (1984), 27.

A. Unternehmensfinanzierung und Gesellschafterdarlehen

1.63 Allerdings hat die Rechtsprechung für den Bereich der Barkapitalerhöhung das Verbot, die Einlageverbindlichkeit des Gesellschafters mit dessen (möglichem) Zahlungsanspruch gegen die Gesellschaft zu verrechnen, u. a. damit begründet, es dürfe nicht bei Dritten der unzutreffende Eindruck hervorgerufen werden, der Gesellschaft sei neues liquides Kapital zugeführt worden. Deshalb sei der Weg einer Sachkapitalerhöhung zu beschreiten, wenn ein Zahlungsanspruch des Gesellschafters eingebracht werden solle, um Fremd- in Eigenkapital umzuwandeln.

> BGHZ 110, 47, 62 = ZIP 1990, 156
> - IBH;
> dazu EWiR 1990, 223 (Lutter);
> BGHZ 113, 335, 341 = ZIP 1991, 511
> - Foton;
> dazu EWiR 1991, 1213 (Frey).

So gesehen enthalten die Bestimmungen zur Bargründung und zur Barkapitalerhöhung auch Elemente zum Schutze der Liquiditätsausstattung der Gesellschaft.

Ansonsten finden sich normative Bestimmungen zur Liquiditätsverfassung von Unternehmen bloß in Spezialregelungen für die Kreditwirtschaft.

> S. Schneider, ZGR 1984, 497, 532 f;
> Rümker, ZGR 1988, 494, 498 f.

1.64 (1) Im allgemeinen Gesellschaftsrecht hingegen geht es um einen simplen Beispielsfall:

Der Gesellschafter A der X-GmbH läßt sich von dieser ein langfristiges Darlehen über DM 50 000 geben. Die Vermögenslage der Gesellschaft berührt diese Operation nicht: Statt des Aktivums "Kassenbestand" bekommt die Gesellschaft eine (voll werthaltige) Forderung gegen ihren Gesellschafter A. Anders aber die Finanzlage: Die Weggabe der DM 50 000 Bargeld nimmt der Gesellschaft die Fähigkeit, eine zur Zurückzahlung anstehende, also fällige Verbindlichkeit zu begleichen mit der Folge, daß der Inhaber dieser Verbindlichkeit Konkursantrag wegen (andauernder) Zahlungsunfähigkeit stellen kann.

III. Legitimation der Umqualifizierung

Folgt aus dieser Gefahr für die Gesellschaft ein gegen den Gesellschafter gerichtetes Verbot, sich existenznotwendige Liquidität auszahlen zu lassen?

In dieser Allgemeinheit ist der Liquiditätsstatus der Gesellschaft in der bisherigen Diskussion erst ansatzweise problematisiert,

1.65

> siehe die Andeutungen bei
> Roth, § 30 Anm. 2.2.2;
> Rowedder, § 30 Rz. 14 b;
> Schneider, ZGR 1984, 495, 533;
> ders., in: Festschrift Döllerer,
> 1988, S. 543 f, 549 f,

und mittlerweile speziell für den gegenstandsbezogenen Schutz des GmbH-Vermögens oberhalb der Stammkapitalziffer thematisiert worden; dieser soll sich namentlich auf die existenznotwendige Liquidität der Gesellschaft beziehen.

> Dazu mit im einzelnen unterschiedlichen Ansätzen
> Lutter/Hommelhoff, § 30 Rz. 5;
> Scholz/Westermann, § 30 Rz. 16.

Auf dem Weg nach vorn befindet sich der Liquiditätsstatus der Gesellschaft außerdem unter zwei speziellen Aspekten: erstens unter dem des Konzernrechts und zweitens unter dem eigenkapitalersetzender Gesellschafterdarlehen.

(2) Für den **Vertragskonzern** ist die These zur Diskussion gestellt worden, das herrschende Unternehmen dürfe die konzernabhängige Gesellschaft nur dann nach § 308 AktG anweisen, existenznotwendige Liquidität abzugeben, falls das herrschende Unternehmen bereit und jederzeit in der Lage sei, den jeweiligen Liquiditätsbedarf der Konzerntochtergesellschaft aktuell und unverzüglich zu decken.

1.66

> Hommelhoff, WM 1984, 1105, 1113, 1117;
> siehe auch
> Kleindiek, Strukturvielfalt im Personengesellschafts-Konzern, 1991, S. 171 ff;
> Priester, ZIP 1989, 1301, 1303 f;

A. Unternehmensfinanzierung und Gesellschafterdarlehen

> a. A. Koppensteiner, Kölner Komm.
> z. AktG, 2. Aufl., 1987, § 308 Rz. 33;
> siehe auch
> Baumbach/Hueck/Zöllner, GmbHG,
> Schlußanh. I, Konzernrecht, Rz. 27.

1.67 Hiervon ist die andere Frage zu unterscheiden, ob das herrschende Unternehmen den aktuellen Liquiditätsbedarf der Konzerntochtergesellschaft sogar dann befriedigen muß, wenn der Bedarf nicht auf angewiesene Ausschüttungen an das herrschende Unternehmen oder eine andere Konzerngesellschaft zurückzuführen ist, sondern auf Vorgänge allein bei der Tochtergesellschaft - etwa auf die Zahlungsschwierigkeiten eines Tochterschuldners.

1.68 Während Teile des Schrifttums eine Verpflichtung des herrschenden Unternehmens, der abhängigen Gesellschaft die für deren Fortbetand erforderliche Liquidität notfalls neu zuzuführen, nicht anerkennen wollen,

> Priester, ZIP 1989, 1301, 1304 f;
> siehe auch schon
> Koppensteiner, Kölner Komm. z. AktG,
> § 302 Rz. 8 a.E.,

ist von anderer Seite die These von der umfassenden Liqiditätsverantwortung des herrschenden Unternehmens im Vertragskonzern entwikkelt worden: Weil der beherrschungsvertraglich gebundenen Gesellschaft der notwendige Spielraum zu einer ihre Überlebensfähigkeit sichernden, eigenverantwortlichen Liquiditätsvorsorge genommen sei, habe das herrschende Unternehmen, unabhängig von der konkreten Ursache des Liquiditätsengpasses, die Untergesellschaft stetig und unverzüglich mit wenigstens soviel Liquidität auszustatten, wie diese zur reibungslosen und prompten Bedienung ihrer aktuell fälligen Verbindlichkeiten bedürfe.

> In diesem Sinne - mit eingehender Begründung - Kleindiek, Strukturvielfalt im Personengesellschafts-Konzern, S. 173 ff;
> siehe auch schon
> Schneider, ZGR 1984, 497, 534 f:
> Anspruch der konzernierten Gesellschaft

III. Legitimation der Umqualifizierung

auf Liquiditätsausstattung im zentral finanzierten (vertraglichen oder faktischen) Konzern.

Welche Rolle dem Liquiditätsschutz im **faktischen Konzern** zukommt, ist im Anschluß an das Video-Urteil, 1.69

> BGHZ 115, 187,

in die Diskussion geraten.

Zwar liegt es nahe, die konzerninterne Liquiditätsabgabe als möglicherweise nachteilige Maßnahme i. S. d. § 311 AktG oder als möglicherweise schädigende Handlung zu untersuchen. Das aber setzt voraus, daß die Substanz der konzernabhängigen Tochtergesellschaft, die zweifellos als werthaftes Vermögen geschützt ist,

> siehe Geßler/Hefermehl/Eckardt/Kropff, § 311 AktG Rz. 107,

zugleich und überdies in ihrem Liquiditätszustand unter dem Schutz der Rechtsordnung steht. Soweit es um die existenznotwendige Liquidität der Tochtergesellschaft geht, zeichnet sich im Schrifttum ihr kompensationsloser Abzug als Erscheinungsform des qualifizierten faktischen Konzerns ab.

> Westermann, in: Hommelhoff/Stimpel/Ulmer (Hrsg.), Der qualifizierte faktische GmbH-Konzern, 1992, S. 34;
> Krieger, in: Der qualifizierte faktische GmbH-Konzern, S. 55;
> Hommelhoff, in: Der qualifizierte faktische GmbH-Konzern, S. 253;
>
> a. A. Ulmer, in: Der qualifizierte faktische GmbH-Konzern, S. 81;
> siehe auch
> Kowalski, GmbHR 1993, 253, 256;
> Drygala, GmbHR 1993, 317, 325.

(3)   Aspekte des Liquiditätsschutzes verbinden sich daneben mit dem **eigenkapitalersetzenden Gesellschafterdarlehen**. Denn soweit die §§ 30, 31 GmbHG diese Darlehen gegen Rückzahlungen sperren, ver- 1.70

hindern diese Bestimmungen nicht bloß den Eintritt einer Unterbilanz (dazu unten Rz. 2.5) oder deren Vertiefung; zugleich bewahren sie die Gesellschaft davor, ihren Bestand an liquiden Mitteln verringern zu müssen: Wer nicht zahlen muß, braucht nicht in die Kasse zu greifen.

Dazu
Rümker, ZGR 1988, 494, 499.

1.71 Über diese bloße Reflexwirkung des Ersatzkapital-Rechts hinaus wird im Schrifttum ein gezielter Liquiditätsschutz oberhalb der Stammkapitalziffer erörtert: Wenn eine DM 50 000-GmbH mit DM 30 000 überschuldet ist, so sind DM 100 000 eigenkapitalersetzende Gesellschafterdarlehen nach den auf eine Unterbilanz abstellenden §§ 30, 31 GmbHG bloß in Höhe von DM 80 000 gebunden; konsequent bleiben DM 20 000 von diesen Bestimmungen unverstrickt und können ohne Verstoß gegen § 30 GmbHG zurückgezahlt werden. Aber gilt das auch dann, wenn die Rückzahlung dieser "freien" DM 20 000 die Gesellschaft in die Illiquidität treiben würde?

Lutter/Hommelhoff, ZGR 1979, 31, 42;
a. A. Hachenburg/Goerdeler/Müller,
7. Aufl., 1979, § 30 Rz. 33 a.E.

Insofern geht es um die Frage, ob der Gedanke eines gegenstandsbezogenen Vermögensschutzes in der GmbH (oben Rz. 1.64) auf die Rückzahlung des eigenkapitalersetzenden Gesellschafterdarlehens unabhängig davon übertragbar ist, wie sich das Gesellschaftsvermögen finanziell darstellt.

1.72 Der Bundesgerichtshof hatte in seinem Urteil vom 27. September 1976 (II ZR 162/75),

BGHZ 67, 171, 174,

offenbar gewisse Sympathien für einen solchen Liquiditätsschutz gehegt und formuliert, einer unerlaubten Auszahlung zu Lasten des Stammkapitals komme es gleich, wenn sich ein Gesellschafter Darlehensbeträge zurückgewähren lasse, bevor die Gesellschaft unabhängig von der Darlehensvaluta **zahlungsfähig** (Hervorhebung vom Verfas-

III. Legitimation der Umqualifizierung

ser) und ein Aktivvermögen in Höhe des satzungsmäßigen Stammkapitals vorhanden sei. - In seiner für das eigenkapitalersetzende Gesellschafterdarlehen grundlegenden Entscheidung vom 24. März 1980,

BGHZ 76, 326, 335 = ZIP 1980, 361,

hat er die Frage des Liquiditätsschutzes ausdrücklich offengelassen: Ob von der strikten Begrenzung der Rückzahlungssperre des § 30 Abs. 1 GmbHG durch den Nennbetrag des Stammkapitals für den Fall eine Ausnahme zu machen sei, daß dieser Betrag zwar noch voll durch Aktivvermögen gedeckt, die Gesellschaft aber bei Rückgewähr der Gesellschafterleistung zahlungsunfähig sei oder werden würde, brauche nicht entschieden zu werden. - Nach diesem Urteil ist das Gericht auf den Liquiditätsschutz beim eigenkapitalersetzenden Gesellschafterdarlehen, soweit ersichtlich, nicht mehr zurückgekommen.

d) Ansatzpunkte hätte der Gedanke der "Finanzierungsverantwortung" ebenfalls liefern können, um bestimmte Gesellschafter aus dem Anwendungsbereich der Regeln über das eigenkapitalersetzende Gesellschafterdarlehen herauszunehmen, diese Regeln also **restriktiv** zu interpretieren. Schon im "BuM/WestLB"-Urteil hat der Bundesgerichtshof, 1.73

BGHZ 90, 381, 389 ff = ZIP 1984, 572,

die "Mitverantwortlichkeit für die seriöse Gesellschaftsfinanzierung" eingesetzt, um in der Aktiengesellschaft nicht das Darlehen eines jeden Aktionärs schlechthin den Bindungen für Eigenkapitalersatz zu unterwerfen, sondern um in diese spezielle Verantwortlichkeit allein jene Aktionäre zu stellen, die über eine mindestens 25 %ige Sperrminorität und damit über u. U. ausschlaggebende Mitspracherechte in besonders wichtigen Angelegenheiten der Gesellschaft verfügen.

Dazu
Rümker, ZGR 1988, 494, 503.

Diese Wertungen auf den GmbH-Gesellschafter zu übertragen, begegnet im Schrifttum ausgeprägter Reserve, 1.74

A. Unternehmensfinanzierung und Gesellschafterdarlehen

> vgl. nur
> Henze, Höchstrichterliche Rechtsprechung zum Recht der GmbH, S. 207 f;
> Röhricht, Steuerberater-Jahrbuch 1991/92, S. 333,

und wird in der Rechtsprechung glatt abgelehnt.

> OLG München GmbHR 1993, 439.

Dazu ist kritisch anzumerken: Der GmbH-Gesellschafter ist keineswegs rechtsformspezifischer Mitunternehmer und wird dies auch nicht dadurch zwingend, daß er seiner Gesellschaft in der Krise ein Darlehen gewährt oder sein zunächst als normalen Fremdkredit ausgereichtes Darlehen bei Kriseneintritt stehen läßt. Der Inhaber eines Zwerganteils ist typischerweise lediglich Finanzier der GmbH (nicht anders als der Aktionär) und sollte deshalb nicht ohne weiteres in die unternehmerische Finanzierungsverantwortung einbezogen werden.

IV. Grundbegriffe zur Finanzierungssituation

1.75 In der Diskussion um die eigenkapitalersetzenden Gesellschafterdarlehen und nun auch um die Gesellschafterdarlehen mit Rangrücktritt und um die Finanzplankredite wird die jeweilige Vermögens- und Finanzlage der kreditnehmenden Gesellschaft mit bestimmten Stichworten und Begriffen gekennzeichnet.

1. Nominelle Unterkapitalisierung

1.76 Mit dem Begriff der "Unterkapitalisierung" wird jener Zustand der Gesellschaft beschrieben, daß ihr risikotragendes Haftkapital (gezeichnetes Kapital nach § 272 Abs. 1 HGB zuzüglich Kapital und Gewinnrücklagen nach § 272 Abs. 2 und Abs. 3 HGB) außer Verhältnis zum Eigenkapitalbedarf der Gesellschaft steht, wie er aus der Art ihrer Aktivitäten, deren Umfang und Risiken resultiert. Lediglich "nominell" ist eine solche Unterkapitalisierung dann, wenn die Gesellschafter den Kapitalbedarf nicht ungedeckt gelassen haben, aber statt, wie an sich geboten, haftendes Eigenkapital zuzuführen, Kapital bloß im formellen Gewand von Fremdkapital ausgereicht haben.

IV. Grundbegriffe zur Finanzierungssituation

Karsten Schmidt, ZIP 1981, 689, 690;
Hachenburg/Ulmer, Anh. § 30 Rz. 21;
Wiedemann, Gesellschaftsrecht, S. 568.

An diese nominelle Unterkapitalisierung knüpfen die Rechtsregeln für eigenkapitalersetzende Gesellschafterdarlehen an. Folglich geht es bei den Ersatzkapitalregeln nicht um die Rechtsfolgen unterlassener Mittelzuführung, sondern um die rechtlich gebotene Qualifizierung und Behandlung von den Gesellschaftern tatsächlich gewählter und ausgeübter Finanzierungsmethoden. 1.77

So deutlich
Scholz/Karsten Schmidt, §§ 32a, 32b Rz. 3, 16;
siehe auch schon
Lutter/Hommelhoff, ZGR 1979, 31, 57 f.

2. Materielle Unterkapitalisierung

Von der nominellen Unterkapitalisierung unterscheidet sich die materielle dadurch, daß die Gesellschafter den dringenden Kapitalbedarf der Gesellschaft überhaupt nicht decken, auch nicht in der Form von Fremdkapital. Bei einer materiellen Unterkapitalisierung reichen die in der Gesellschaft vorhandenen Finanzmittel nicht hin, um den mittel- und langfristigen Finanzierungsbedarf des Unternehmens abzudecken. 1.78

Scholz/Karsten Schmidt, §§ 32a, 32b
Rz. 3, 15;
Hachenburg/Ulmer, Anh. § 30 Rz. 21.

In Konsequenz einer solchen Finanzlage der Gesellschaft stellen sich als mögliche Rechtsfragen die eines Haftungsdurchgriffs, eines Verbots völlig unzureichender Eigenkapitalausstattung (oben Rz. 1.12 ff), die einer Verlustübernahmepflicht und schließlich die einer prognostischen Überschuldungsprüfung.

Siehe Scholz/Karsten Schmidt, §§ 32a,
32b Rz. 15 m. w. N.;

A. Unternehmensfinanzierung und Gesellschafterdarlehen

3. Passivbilanz

1.79 Wenn die Passiva in einer (nach §§ 242 ff, 266 ff HGB aufgestellten) Handelsbilanz deren Aktiva übersteigen, so hat die Gesellschaft einen Verlust erlitten, hat eine Passivbilanz. Diese führt nicht unbedingt zwingend zu rechtlichen Konsequenzen. Die Gesellschaft kann nämlich über (Kapital- und/oder Gewinn-)Rücklagen verfügen, deren Auflösung den Verlust vollständig aufwiegen würde.

> Dazu
> Scholz/Westermann, § 30 Rz. 17.

Erst wenn sich als Ergebnis einer Saldierung zwischen ausgewiesenem Verlust und Rücklagen herausstellen sollte, daß die Hälfte des Stammkapitals (§ 49 Abs. 3 GmbHG) bzw. des Grundkapitals (§ 92 Abs. 1 AktG) verloren ist, sind die Gesellschafter bzw. die Aktionäre zu informieren.

> Zur Berechnung
> Lutter/Hommelhoff, § 49 Rz. 13 m. w. N.

4. Unterbilanz

1.80 Eine Unterbilanz kennzeichnet den (teilweisen oder völligen) Verlust des Stamm- bzw. des Grundkapitals. Sie liegt vor, sobald das Nettovermögen der Gesellschaft (also ihr gesamtes Aktivvermögen abzüglich der Summe aller Verbindlichkeiten einschließlich der Rückstellungen, aber ohne Rücklagen) in seinem rechnerischen Wert unter die Ziffer des Stammkapitals bzw. des Grundkapitals sinkt.

> Vgl. Lutter/Hommelhoff, § 30 Rz. 2.

Die Unterbilanzrechnung ist nach den Ansatz- und Bewertungsregeln aufzustellen, die für die Handelsbilanz gelten.

> Dazu Fleck, in: Festschrift Döllerer,
> 1988, S. 109;
> Baumbach/Hueck, § 30 Rz. 6.
> siehe auch
> BGH ZIP 1994, 295, 296.

IV. Grundbegriffe zur Finanzierungssituation

Sollte das in der oben erwähnten Weise zu errechnende Nettovermögen der Gesellschaft unter Null sinken, so ist dieser Überschuß der Passiv- über die Aktivposten nach § 268 Abs. 3 HGB gesondert unter der Bezeichnung "Nicht durch Eigenkapital gedeckter Fehlbetrag" in der Bilanz am Ende der Aktivseite auszuweisen. Denn bei negativem Nettovermögen ist das Eigenkapital der Gesellschaft durch Verluste vollständig aufgebraucht, ist die Gesellschaft bilanziell überschuldet. Allerdings folgt aus der bilanziellen Überschuldung nicht unbedingt die Verpflichtung der Geschäftsleiter zum Konkursantrag. Denn für diese Antragspflicht gelten andere Regeln. **1.81**

> Zum "ungedeckten Fehlbetrag" näher
> Hommelhoff, in: Leffson u. a., Handwörterbuch unbestimmter Rechtsbegriffe im Bilanzrecht des HGB, 1986, S. 137 ff;
> Herrmann, ZGR 1989, 273;
> Sarx, Beck'scher Bilanz-Kommentar, 2. Aufl., 1990, § 268 HGB Rz.75 ff.

5. Überschuldung

Konkursantrag wegen Überschuldung ist zu stellen, wenn die Gesellschaft nicht mehr in der Lage ist, mit ihrem Vermögen ihre Schulden zu begleichen. Für die Zwecke einer möglichen Antragspflicht ist das "Schuldendeckungspotential" der Gesellschaft anhand eines besonderen Überschuldungsstatus zu messen. Für ihn gelten Ansatz- und Bewertungsregeln, die eigenständig gegenüber denen für die Handelsbilanz sind. **1.82**

> Meyer-Landrut/Miller/Niehus, § 63 Rz. 3 f;
> Rowedder, § 63 Rz. 9 ff;
> Scholz/Karsten Schmidt, 7. Aufl., 1988, § 63 Rz. 13 ff;
> Baumbach/Hueck/Schulze-Osterloh, § 63 Rz. 7 ff.

Im Rahmen der mehrstufigen Überschuldungsprüfung, **1.83**

> zu ihr grundlegend
> Karsten Schmidt, AG 1978, 334, 337 f;
> Hachenburg/Ulmer, § 63 Rz. 34 ff,

A. Unternehmensfinanzierung und Gesellschafterdarlehen

bildet der Überschuldungsstatus die Grundlage für die Prognose, ob die Gesellschaft fortbestehen wird, und weiter für die Frage, welche Anforderungen an die Wahrscheinlichkeit zu stellen sind, daß die Gesellschaft mittelfristig überleben werde.

> Näher hierzu Hommelhoff,
> in: Festschrift Döllerer, S. 247 ff.

Wie eigenkapitalersetzende Gesellschafterdarlehen im Überschuldungsstatus zu behandeln sind, ist im Schrifttum noch streitig und in der höchstrichterlichen Rechtsprechung noch nicht entschieden (näher unten Rz. 6.22 ff, 6.37).

B. Grundstrukturen im Recht des Eigenkapitalersatzes

Seit mehr als zehn Jahren verdichtet und verwirklicht sich Schritt für Schritt die Gefahr, daß die Regeln für den Eigenkapitalersatz unüberschaubar und deshalb für die Geschäftsleitungen, Gerichte und Konkursverwalter immer weniger handhabbar werden. Diese Gefahren haben drei wesentliche Ursachen: 2.1

- zum ersten die immer weitergehende und immer kunstvollere Auffächerung und Verästelung der Rechtsregeln zu eigenkapitalersetzenden Gesellschafterleistungen,

- zum zweiten die Erstreckung dieser zunächst für die GmbH und GmbH & Co. entwickelten Rechtsregeln auf andere Gesellschaftsformen und

- zum dritten die Tendenzen, die Rechtsregeln für den Eigenkapitalersatz aufzuweiten zu Rechtsregeln für einlagegleiche Gesellschafterleistungen (unten Rz. 9.10 ff).

Dagegen hat das nur wenig abgestimmte Nebeneinander von Rechtsprechungsregeln (§§ 30, 31 GmbH analog) und Novellenregeln (§§ 32a, 32b GmbHG, § 32a KO, § 3b AnfG) im Gefolge des "Nutzfahrzeug"-Urteils, 2.2

BGHZ 90, 370 = ZIP 1984, 698,

in den letzten zehn Jahren überraschend wenig Probleme in der Praxis bereitet. Den Grund wird man zum einen in der Tatsache sehen dürfen, daß es fast ausschließlich in Konkurs gefallene Gesellschaften waren, bei denen die Ersatzkapitalregeln zum Zuge kamen. Zum anderen bereitet offenbar die Jahresfrist aus § 32a Satz 2 KO keine praktischen Schwierigkeiten, weil sich die Krise einer Gesellschaft wohl schlecht über mehr als ein Jahr hinziehen läßt. Dennoch wird man die fünfjährige "Reservefrist" aus § 31 Abs. 5 GmbHG in ihrer rechtstatsächlichen Bedeutung nicht unterschätzen dürfen.

Mit der steigenden Unüberschaubarkeit verlieren nicht nur die Grundwertungen hinter den Ersatzkapitalregeln (die Finanzierungsveranwortung der Gesellschafter und das an sie gerichtete Verbot, ihr Finanzie- 2.3

B. Grundstrukturen im Recht des Eigenkapitalersatzes

rungsrisiko auf die außenstehenden Gesellschaftsgläubiger abzuwälzen) an Kraft; weiter und vor allem zu so großer Rechtsunsicherheit führt die Unüberschaubarkeit, daß den finanzierenden Gesellschaftern inakzeptable Zusatzrisiken aus dem Bereich des Rechts aufgebürdet zu werden drohen. Auch deswegen ist es geboten, die Grundstrukturen im Recht des Eigenkapitalersatzes herauszustellen und zu unterstreichen.

I. Zweistufiges Schutzrecht

2.4 Bekanntlich unterliegen nicht bloß die vor dem 1. Januar 1981 ausgereichten sog. Altdarlehen der Gesellschafter den in der Rechtsprechung des Bundesgerichtshofs herausgearbeiteten Bindungen aus §§ 30, 31 GmbHG, sondern ebenfalls die nach diesem Stichtag ausgereichten Neudarlehen. Denn nach dem "Nutzfahrzeug"-Urteil des Bundesgerichtshofs,

BGHZ 90, 370 = ZIP 1984, 698,

haben die Novellen-Regeln der §§ 32a, 32b GmbHG, § 32a KO, § 3b AnfG die für eigenkapitalersetzende Gesellschafterdarlehen überkommenen Schutzregeln aus §§ 30, 31 GmbHG mitnichten außer Kraft gesetzt. Selbst die mancherorts zunächst formulierten Bedenken aus rechtsmethodischer Sicht,

Karsten Schmidt, JZ 1984, 880, 881:
Revolte gegen den "Unverstand der
Gesetzesverfasser";
Ulmer, Richterrechtliche Entwicklungen im Gesellschaftsrecht, 1971-1985,
1986, S. 44: richterlicher Ungehorsam,

haben dem "Nutzfahrzeug"-Urteil nicht den Boden zu entziehen vermocht. Zu sehr waren und sind alle gesellschaftsrechtlich Orientierten von der inhaltlichen Richtigkeit und rechtsmethodischen Zulässigkeit dieser BGH-Entscheidung überzeugt.

Dazu
Seidl, ZGR 1988, 296, 311 f;
Wank, ZGR 1988, 314, 378 f;
Hommelhoff, ZGR 1988, 460, 478 ff,

I. Zweistufiges Schutzrecht

sowie die Diskussionsberichte von
Frey/Hirte, ZGR 1988, 381, 387 ff;
sowie Hellwege, ZGR 1988, 516;

siehe auch
Baumbach/Hueck, § 32a Rz. 74;
aus dem neueren Schrifttum
Hachenburg/Ulmer, § 32a,b Rz. 14;
Scholz/Karsten Schmidt, §§ 32a, 32b
Rz. 13 jeweils m. w. N.

Das Nebeneinander der beiden Systeme von Rechtsprechungs-Regeln 2.5
und von Novellen-Regeln wurde im bisherigen Schrifttum verbreitet
dahin gedeutet, für eigenkapitalersetzende Gesellschafterdarlehen
gelte ein zweispuriges (oder duales) Schutzsystem.

Baumbach/Hueck, § 32a Rz. 74;
Fischer/Lutter/Hommelhoff, 12. Aufl.,
1987, §§ 32a/b Rz. 4;
v. Gerkan, GmbHR 1986, 218, 219;
Westermann, in: Festschrift Fleck,
1988, S. 423 f.

Bei näherem Hinsehen jedoch läßt sich diese Interpretation nicht aufrechterhalten. Denn innerhalb der Grenzen ihres Anwendungsbereichs verdrängen die Rechtsprechungs-Regeln mit ihren spezifischen Rechtsfolgen namentlich aus § 30 Abs. 1 und aus § 31 Abs. 1 GmbHG die Regeln der GmbH-Novelle (§§ 32a, 32b GmbHG, § 32a KO): Soweit die Rückzahlung eines eigenkapitalersetzenden Gesellschafterdarlehens zu einer Unterbilanz (oben Rz. 1.80) bei der Gesellschaft führen oder eine bereits eingetretene Unterbilanz (oder gar Überschuldung) noch weiter vertiefen würde, ist das Darlehen gesperrt und darf nicht getilgt werden; insoweit dürfen es Geschäftsführer und Gesellschafter also nicht darauf ankommen lassen, ob sich nach der Rückzahlung wohl ein Gesellschaftsgläubiger finden wird, der diese Tilgung nach § 3b AnfG innerhalb Jahresfrist anficht, oder gar ein Konkursverwalter, der nach § 32a KO gegen den empfangenden Gesellschafter vorgeht.

Zur Begründung im einzelnen
Hommelhoff, ZGR 1988, 460, 480 ff;
wie hier Röhricht, Steuerberater-Jahrbuch
1991/92, S. 341 f und im Ergebnis wohl auch

B. Grundstrukturen im Recht des Eigenkapitalersatzes

> Hachenburg/Ulmer, § 32a,b Rz. 18;
> nur modifiziert ähnlich
> Scholz/Karsten Schmidt, §§ 32a, 32b Rz. 76:
> rechtspraktische Obsolenz;
> siehe auch Henze, Höchstrichterliche Rechtsprechung zum Recht der GmbH, S. 178:
> lediglich ergänzende Funktion der Rechtsprechungsregeln.

2.6 Deshalb muß von einem **zweistufigen Schutzsystem** ausgegangen werden: Bis hinauf zur Stammkapitalziffer sind eigenkapitalersetzende Gesellschafterdarlehen gesperrt und dürfen vom Geschäftsführer nicht zurückgezahlt werden (Tilgungs**verbot**). Erst oberhalb der Stammkapitalziffer sind diese Darlehen trotz ihrer Ersatzkapital-Qualität frei und müssen bei Fälligkeit vom Geschäftsführer bedient werden (Tilgungs**gebot**), solange sie nicht konkursverstrickt sind.

2.7 Im Recht des Eigenkapitalersatzes bestehen demnach zwei verschiedene Schutzzonen,

> so plastisch
> Priester, in: Festschrift Döllerer,
> 1988, S. 483,

die durch die Stammkapitalziffer voneinander getrennt sind und dennoch aufeinander aufbauen:

- den **Sockel** bis zur Stammkapitalziffer bilden die strengen (gesellschaftsrechtlichen) Regeln aus §§ 30, 31 GmbHG,

- den **Aufbau** oberhalb der Stammkapitalziffer geben die ein wenig freieren (insolvenzrechtlichen) Regeln der §§ 32a, 32b GmbHG etc. ab.

II. Grundtatbestand und Auffächerungen - Überblick

2.8 Wie gesagt, gelten im Recht des Eigenkapitalersatzes die Grundsätze der BGH-Rechtsprechung neben den Regeln, die mit der GmbH-Novelle 1980 eingeführt worden sind.

II. Grundtatbestand und Auffächerungen

1. Rechtsprechungsgrundsätze

a) In seiner mit dem "Lufttaxi"-Fall schon 1959 begonnenen,

BGHZ 31, 258,

und mit dem Urteil

BGHZ 76, 326 = ZIP 1980, 361

endgültig konsolidierten Rechtsprechungslinie hat der Bundesgerichtshof folgende richterrechtlichen Rechtssätze entwickelt:

(1) Gewährt ein Gesellschafter der GmbH, die bei gesellschaftsfremden Dritten kreditunwürdig oder die gar konkursreif ist, anstelle einer in dieser Lage benötigten weiteren Kapitaleinlage Darlehensbeträge, so sind diese Gelder so zu behandeln, als seien sie haftendes Kapital.   2.9

(2) Diese Darlehensbeträge dürfen erst dann an den Gesellschafter zurückbezahlt werden, wenn bei der Gesellschaft trotz der Rückzahlung ein Aktivvermögen in Höhe des satzungsmäßigen Stammkapitals verbleibt, also durch die Rückzahlung keine Unterbilanz eintritt oder eine bereits vorhandene Unterbilanz nicht noch weiter vertieft wird. Andernfalls ist das Gesellschafterdarlehen in der Gesellschaft gesperrt.   2.10

(3) Darlehensbeträge, die vor Aufhebung dieser Sperre zurückgezahlt worden sind, muß der Geschäftsführer und kann der Konkursverwalter ins Gesellschaftsvermögen erstattet verlangen.   2.11

Zu den Rückforderungsmöglichkeiten der
Gesellschafter Brandi, ZIP 1995, 1391.

Damit setzt sich der **Grundtatbestand** der Rechtsprechungsgrundsätze aus diesen Elementen zusammen: 2.12

- eine Darlehensgewährung
- ein Gesellschafter als Darlehensgeber
- die GmbH als Darlehensnehmerin

B. Grundstrukturen im Recht des Eigenkapitalersatzes

- die Kreditunwürdigkeit der Gesellschaft im Augenblick der Darlehensgewährung
- die Fortdauer der Kreditunwürdigkeit.

2.13 An diesen Grundtatbestand knüpfen zwei **Rechtsfolgen** an:

- das Gesellschafterdarlehen darf nicht zurückgezahlt werden, soweit es zur Abdeckung des Stammkapitals benötigt wird;
- wird es dementgegen dennoch zurückgezahlt, so hat die Gesellschaft einen entsprechenden Erstattungsanspruch, der nach fünf Jahren verjährt.

2.14 b) Gesperrt ist aber nicht nur das an eine kreditunwürdige GmbH ausgereichte Gesellschafterdarlehen von Anbeginn; auch das einer zunächst durchaus kreditwürdigen GmbH gewährte und deshalb als normales Fremdkapital zu behandelnde Gesellschafterdarlehen kann nachträglich in den Anwendungsbereich der Rechtsprechungsgrundsätze zum Eigenkapitalersatz gelangen und nachträglich gesperrt werden - nämlich dann, wenn die Gesellschaft im nachhinein in eine Krise gerät und der Gesellschafter trotzdem nicht reagiert, sondern sein Darlehen unverändert "stehenläßt". In diesem Falle unterliegt das Darlehen nach der Rechtsprechung vom Moment des "Stehenlassens" an den Regeln für eigenkapitalersetzende Gesellschafterdarlehen.

BGHZ 75, 334, 338 f = ZIP 1980, 115.

2.15 Beim "stehengelassenen" Gesellschafterdarlehen setzt sich der **Tatbestand** aus folgenden Grundelementen zusammen, die im einzelnen aber noch streitig sind:

- Darlehensgewährung eines Gesellschafters an die GmbH
- Kreditwürdigkeit im Augenblick der Kapitalzufuhr
- nachträglicher Eintritt der Kreditunwürdigkeit
- kein Abzug des Gesellschafterdarlehens

II. Grundtatbestand und Auffächerungen

- der darleihende Gesellschafter hätte den Eintritt der Gesellschaftskrise erkennen und entsprechend handeln können (streitig, dazu näher unten Rz. 4.34 ff)
- die Fortdauer der Kreditunwürdigkeit.

Was die **Rechtsfolgen** anbelangt, so unterscheiden diese sich beim "stehengelassenen" Gesellschafterdarlehen in nichts von denen beim bereits von Anbeginn eigenkapitalersetzenden Gesellschafterdarlehen: Rückzahlungssperre bis hinauf zur Stammkapitalziffer; Erstattungsanspruch der Gesellschaft bei sperrwidriger Rückzahlung an den Gesellschafter. 2.16

2. Novellen-Regelungen

Als Teil des zweistufigen Schutzsystems zum Eigenkapitalersatz (oben Rz. 2.4 ff) unterscheiden sich die Novellenregeln aus §§ 32a, 32b GmbHG, § 32 KO, § 3b AnfG im wesentlichen bloß in den Rechtsfolgen von den Rechtsprechungsgrundsätzen, aber nicht im Tatbestand. 2.17

> Baumbach/Hueck, § 32a Rz. 75;
> im Ergebnis auch
> Scholz/Karsten Schmidt, §§ 32a, 32b Rz. 76;
> Hachenburg/Ulmer, § 32a,b Rz. 162 ff.

Deshalb kann für die einzelnen **Tatbestandselemente** auf die Darlegungen zu den Rechtsprechungsregeln verwiesen werden (oben Rz. 2.8 ff).

a) Gewichtig weichen die Novellen-Regeln jedoch hinsichtlich der **Verfahrenssituation** und hinsichtlich der Person des **Anspruchsführers** von den Rechtsprechungsgrundsätzen ab: 2.18

(1) Nach den Novellen-Regeln kann der Ersatzkapitalcharakter eines Gesellschafterdarlehens allein dann geltend gemacht werden, wenn das Konkurs- oder Vergleichsverfahren eröffnet oder die Einzelzwangsvollstreckung betrieben wird. Außerhalb dieser Verfahren ist der besondere Charakter des "Darlehens" ohne Bedeutung. - Genau

B. Grundstrukturen im Recht des Eigenkapitalersatzes

umgekehrt die Rechtsprechungsgrundsätze: Der Ersatzkapitalcharakter kann jederzeit geltend gemacht werden, solange dieser nur besteht.

> Hierzu BGHZ 90, 370, 378 f
> = ZIP 1984, 698, 700
> - Nutzfahrzeuge;
> Hommelhoff, Zur Haftung bei unternehmerischer Beteiligung an Kapitalgesellschaften, S. 3.

2.19 (2) Nach den Bestimmungen der §§ 32a, 32b GmbHG etc. kann der Rückgewähranspruch aus §§ 37, 32a KO nur vom **Konkursverwalter** geltend gemacht werden. Falls die Darlehensvaluta noch nicht an den Gesellschafter zurückgeflossen ist und dieser seinen Anspruch zur Tabelle anmeldet, steht dem Konkursverwalter (bzw. dem Vergleichsverwalter, § 107 VglO) die Disposition über den geltend gemachten Anspruch zu. - Anders nach der Rechtsprechung: Schon vor Konkurseröffnung und unabhängig von der konkursspezifischen Lage der Gesellschaft kann und muß der Geschäftsführer den Erstattungsanspruch und damit den Ersatzkapitalcharakter des Gesellschafterdarlehens geltend machen (§§ 43 Abs. 3, 30, 31 GmbHG analog).

2.20 b) Somit läßt sich innerhalb des zweistufigen Schutzsystems feststellen: In den Aufbau-Bereich oberhalb der Stammkapitalziffer gelangen lediglich der nach § 3b AnfG anfechtende Gesellschaftsgläubiger bzw. nach Eröffnung der entsprechenden Verfahren der Konkurs- oder Vergleichsverwalter. Für den GmbH-Geschäftsführer dagegen enden die Möglichkeiten an der Stammkapitalziffer. Und das ist nach der überkommenen Lehre auch richtig so: Die Kapitalerhaltungsregeln schützen lediglich das Stammkapital, und konsequent ist auch der GmbH-Geschäftsführer nur insoweit verantwortlich.

2.21 c) Die wesentlichen Unterschiede zwischen den Rechtsprechungs- und den Novellen-Regeln liegen auf der Seite der Rechtsfolgen:

(1) Die §§ 32a, 32b GmbHG etc. verstricken den Eigenkapitalersatz in seiner vollen Höhe, also nicht bloß in jenem Umfang, in dem er benötigt wird, um den Eintritt oder die Vertiefung einer Unterbilanz zu vermeiden.

II. Grundtatbestand und Auffächerungen

(2) Diese (insolvenzrechtliche),   **2.22**

a. A. Scholz/Karsten Schmidt, §§ 32a, 32b Rz. 15: gesellschaftsrechtliche Vorschriften mit konkursspezifisch geregelten Rechtsfolgen,

Verstrickung prägt sich unterschiedlich in drei Richtungen aus:

- die Verstrickung hindert den Geschäftsführer nicht, das Gesellschafterdarlehen (bis hinab zur Stammkapitalziffer) zu tilgen;

- wenn und soweit das Darlehen bei Konkurseröffung noch nicht getilgt ist, kann der darleihende Gesellschafter seinen Rückzahlungsanspruch (in seiner vollen Höhe) nicht zur Konkurstabelle anmelden (§ 32a Abs. 1 GmbHG);

- wenn und soweit das Darlehen im Bereich oberhalb der Stammkapitalziffer vor Konkurseröffnung getilgt wurde, kann der Konkursverwalter die Rückzahlung anfechten (§ 32a Satz 2 KO); dies allerdings nur innerhalb Jahresfrist seit Verfahrenseröffnung. Liegt zwischen Tilgung und Verfahrenseröffnung mehr als ein Jahr, so kann der Gesellschafter die Valuta behalten. - Entsprechendes gilt außerhalb eines Konkursverfahrens für die Gläubigeranfechtung nach § 3b AnfG.

3. Gesellschafterbesicherte Drittdarlehen

Sobald eine Gesellschaft kreditunwürdig bzw. anderweitig eigenkapitalbedürftig ist, sind nicht nur Gesellschafterdarlehen als Eigenkapitalersatz gebunden; vielmehr gelten dann komplizierte Rechtsfolgen gleichfalls für die Kredite gesellschaftsfremder Dritter, sofern sich ein Gesellschafter für den Rückzahlungsanspruch verbürgt oder eine sonstige Kreditsicherheit gestellt hat. Bei den Rechtsfolgen sind drei Rechtsbeziehungen zu unterscheiden: **2.23**

- die **erste** zwischen dem darleihenden Dritten und der Gesellschaft,

B. Grundstrukturen im Recht des Eigenkapitalersatzes

- die **zweite** zwischen dem Dritten und dem sichernden Gesellschafter und

- die **dritte** zwischen dem Gesellschafter und seiner Gesellschaft.

Mit diesen - unten in Rz. 5.20 ff noch näher darzustellenden - Rechtsfolgen haben Rechtsprechung,

BGHZ 67, 171, 182,

und ihr folgend der Novellen-Gesetzgeber (§§ 32a Abs. 2, 32b GmbHG) bestimmte Drittdarlehen in den Schutzbereich des Eigenkapitalersatzes mit einbezogen, um die Schutzregeln für eigenkapitalersetzende Gesellschafterdarlehen gegen allzu naheliegende Umgehungsversuche abzusichern. Bei der Ausformulierung der Rechtsfolgen für diese besonderen Drittdarlehen war jedoch der Tatsache Rechnung zu tragen, daß die gesellschaftsfremden Dritten nicht die Finanzierungsverantwortung der Gesellschafter trifft. Aus dieser Gemengelage rühren die komplizierten Differenzierungen im Recht des gesellschafterbesicherten Drittdarlehens her.

4. Langfristige Fremdkapitalfinanzierung

2.24 Bei der Entwicklung der Regeln zum Eigenkapitalersatz standen zunächst jene Gesellschafterdarlehen im Mittelpunkt der Betrachtung, die an eine zahlungsunfähige und damit konkursreife GmbH ausgereicht worden waren. Im Kriterium der Konkursreife steht ein hinreichend rechtsgewisses Merkmal zur Verfügung, um eigenkapitalersetzende Gesellschafterdarlehen sicher gegenüber solchen Darlehen abzugrenzen, die Gesellschafter mit der Rechtsqualität normalen Fremdkapitals an die Gesellschaft gewährt haben. Diese Rechtssicherheit hat den Bundesgerichtshof aber nicht davon abgehalten, Gesellschafterdarlehen auch außerhalb des Stadiums der Konkursreife umzuqualifizieren in Eigenkapitalersatz - nämlich dann, wenn die Gesellschaft mit ihrem vorhandenen Kapital nicht existenzfähig wäre, insbesondere, wenn die Gesellschaft außerstande wäre, ihren Kapitalbedarf durch Fremdkredite zu befriedigen.

BGHZ 76, 326, 329 f = ZIP 1980, 361, 362.

Mit diesem Ansatz hat der Bundesgerichtshof die "Kreditunwürdigkeit" nicht nur zum zentralen Umqualifizierungskriterium erhoben; sie ist vielmehr zugleich Ausdruck einer Tendenz, den durch das Ersatzkapitalrecht verwirklichten Schutz namentlich der Gesellschaftsgläubiger nach vorne vor die Konkurssituation zu verlagern. **2.25**

Diese Tendenz haben die Urteile "RH" und "Lagergrundstück II",

BGHZ 104, 33 = ZIP 1988, 638;
BGHZ 121, 31 = ZIP 1993, 189;
dazu EWiR 1993, 155 (Fleck);
siehe auch
OLG Karlsruhe ZIP 1994, 1183, 1185,

aufgegriffen und nun auch langfristig ausgerichtetes Fremdkapital der Gesellschafter einlagegleich behandelt. Freilich hat das Gericht die Laufzeit dieser Gesellschafterdarlehen nur als ein, wenn auch besonders bedeutsames Indiz für die materielle Eigenkapitalfunktion dieser Kapitalzufuhr gewertet.

Damit ist die Umqualifizierung endgültig von den ausschließlichen Momenten der Unternehmenskrise und der Konkursreife abgekoppelt: Wenn die Gesellschafter Beiträge in der Form von Fremdkapital ausreichen, so können sie unter bestimmten Voraussetzungen selbst dann zwangsweise in materielles Eigenkapital umqualifiziert werden, wenn die Gesellschaft in voller Blüte oder auch nur am Beginn ihrer unternehmerischen Aktivitäten steht. **2.26**

III. Rechtsformspezifisches Schutzrecht
1. GmbH & Co. KG

Die für eigenkapitalersetzende Gesellschafterdarlehen in der GmbH entwickelten Regeln hatte der Bundesgerichtshof schon früh auf die GmbH & Co. erstreckt und judiziert, daß die §§ 30, 31 GmbHG gleichfalls dann zum Zuge kommen, wenn das Gesellschafterdarlehen unmittelbar aus dem Vermögen der KG zurückgezahlt und auf mittelbarem Wege über § 128 HGB das Vermögen der GmbH betroffen worden ist. **2.27**

B. Grundstrukturen im Recht des Eigenkapitalersatzes

> BGHZ 60, 324;
> BGHZ 67, 171;
> zur dogmatischen Aufbereitung näher
> Scholz/Karsten Schmidt, §§ 32a, 32b Rz. 163;
> Hachenburg/Ulmer, § 32a,b Rz. 193 ff.

2.28 Genauer läßt sich sogar feststellen, daß die Regeln zur Behandlung des Eigenkapitalersatzes in der GmbH überwiegend anhand von Fällen ausgebaut worden sind, in die GmbH & Co. verstrickt waren. Das GmbH-Recht zum eigenkapitalersetzenden Gesellschafterdarlehen gilt daher in grundsätzlich gleicher Weise für die GmbH & Co. - Diesen Gleichklang hat der Gesetzgeber der GmbH-Novelle 1980 aufgenommen und über §§ 129a, 172a HGB die Novellen-Regeln der §§ 32a, 32b GmbHG auf Personenhandelsgesellschaften ohne eine natürliche Person als voll haftenden Gesellschafter übertragen. Alles Nähere unten in Rz. 10.1 ff.

2. "Echte" Kommanditgesellschaft

2.29 Im Schrifttum ist von einigen die These aufgestellt worden, auch in der Kommanditgesellschaft mit einer oder mehreren natürlichen Personen als Vollhaftern gebe es eigenkapitalersetzende Gesellschafterdarlehen, nämlich Kommanditistendarlehen.

2.30 a) Dabei stützt sich die eine Ansicht auf die Überlegung, kapitalersetzende Kommanditistendarlehen vergrößerten das in der Gesellschaft gebundene Vermögen und deshalb müsse der Kommanditist ohne Beschränkung auf die Haftsumme entsprechend §§ 172 Abs. 4, 171 HGB den Gesellschaftsgläubigern einstehen, wenn ihm ein solches Darlehen zurückgezahlt worden sei. Allerdings komme es zu dieser Außenhaftung bloß dann und insoweit, als die Rückzahlung bei der Kommanditgesellschaft zu einer Unterbilanz führe oder diese gar noch verstärke.

> Joost, ZGR 1987, 370, 398 ff.

2.31 Diesen Erwägungen ist entgegengehalten worden, sie übertrügen Grundstrukturen aus dem Recht der Kapitalgesellschaften unzulässig ins Recht der Personenhandelsgesellschaften. Dies kenne keine rechtlich sanktionierte Unterbilanz, und außerdem hafte der Kommanditist selbst dann nur in Höhe seiner Haftsumme, wenn ihm die Gesellschaft mehr als seine Einlage zurückzahle.

> Rümker, ZGR 1988, 494, 509 f;
> siehe auch
> Karsten Schmidt, GmbHR 1986, 337, 341 f.

b) Eine andere Ansicht sieht in den Ersatzkapitalregeln, wie sie für die GmbH und für die GmbH & Co. normiert bzw. allgemein anerkannt sind, generelle Grundsätze, die nicht bloß für diese Rechts- und Organisationsformen gelten, sondern für sämtliche Gesellschaftsformen schlechthin. Das Problem des Eigenkapitalersatzes stelle sich bei allen Verbänden, bei denen zwischen Eigenkapital und Fremdkapital unterschieden werden müsse, und damit gleichfalls bei der KG mit natürlichen Personen als Vollhaftern.

2.32

> Karsten Schmidt, Gesellschaftsrecht, 2. Aufl., 1991, S. 432 ff.

Solche allgemeinen Grundsätze über eigenkapitalersetzende Kredite aus Gesellschafterhand ließen genügend Spielraum, um im gebotenen Maße rechtsformspezifisch zu differenzieren.

In der "echten" KG könne deshalb weder auf §§ 30, 31 GmbHG noch auf §§ 32a, 32b GmbHG, § 32 KO zurückgegriffen werden. Vielmehr kämen nur die allgemeinen Anfechtungsbestimmungen der §§ 30, 31 KO in Betracht sowie in entsprechender Anwendung die Bestimmung des § 237 HGB.

> Karsten Schmidt, GmbHR 1986, 337, 342.

Diese Ansicht ist ebenfalls auf Widerstand u. a. mit der Begründung gestoßen, es bestehe kein praktisches Bedürfnis dafür, Kredite aus Kommanditistenhand als Eigenkapital zu behandeln, solange sie in der KG Eigenkapital ersetzten. Die Gegenansicht verweist insoweit auf die Auslegung der Finanzierungsabrede oder des Gesellschaftsvertrages und auf die gesellschafterliche Treuepflicht des Kommanditisten.

2.33

> Häuselmann/Rümker/Westermann,
> Die Finanzierung der GmbH durch
> ihre Gesellschafter, S. 21;
> Rümker, ZGR 1988, 494, 512 ff.

c) Zum eigenkapitalersetzenden Kommanditistendarlehen hat sich bislang noch keine eindeutig überwiegende Meinung etablieren können. Der weitere Gang der Diskussion wird abzuwarten sein.

> Siehe den Diskussionsbericht von
> Hellwege, ZGR 1988, 516, 517.

3. Stille Gesellschaft

2.34 Wer sich am Geschäft einer GmbH als stiller Gesellschafter beteiligt, wird damit nicht zum Gesellschafter der GmbH, bleibt ihr gegenüber gesellschaftsfremder Dritter. Ihn trifft keine Finanzierungsverantwortung (oben Rz. 1.49), und deshalb kann seine Einlage nicht zwangsweise umqualifiziert werden. Unter den Voraussetzungen aus § 236 Abs. 1 HGB kann der Stille sogar seine auf Rückzahlung der Einlage gerichtete Forderung zur Konkurstabelle anmelden.

> Näher
> Schlegelberger/Karsten Schmidt, HGB,
> 5. Aufl., § 341 Rz. 14 ff.

Sollte der Stille zusätzlich der Gesellschaft ein Darlehen gewähren, so handelt es sich dabei unabhängig vom Zustand der Gesellschaft um ein Drittdarlehen, das unter keinen Umständen in Eigenkapitalersatz zwangsweise umqualifiziert werden kann.

> Baumbach/Hueck, § 32a Rz. 22;
> Hachenburg/Ulmer, § 32a,b Rz. 124.

2.35 a) Anders hingegen, falls die Beteiligung des Stillen atypisch ausgestaltet sein sollte. In diesem Falle ist nach ganz herrschender Ansicht davon auszugehen, daß der Stille einem GmbH-Gesellschafter gleichsteht.

> Siehe etwa
> v. Gerkan, GmbHR 1986, 218, 223;
> Scholz/Karsten Schmidt, §§ 32a, 32b Rz. 123;
> Hachenburg/Ulmer, § 32a,b Rz. 125;
> tendenziell zurückhaltender
> Baumbach/Hueck, § 32a Rz. 22.

III. Rechtsformspezifisches Schutzrecht

Damit kann die vom atypisch Stillen an eine kreditunwürdige GmbH ausgereichte Einlage als eigenkapitalersetzendes Gesellschafterdarlehen mit der Folge behandelt werden, daß diese Einlage nicht bloß den restriktiven Bestimmungen aus §§ 236, 237 HGB unterliegt, sondern den einschneidenden BGH-Regeln aus §§ 30, 31 GmbHG sowie den Novellen-Regeln aus §§ 32a, 32b GmbHG etc.

Offen ist insoweit noch, ob es für die Umqualifizierung der Rechtsstellung des atypisch Stillen allein auf seine gesteigerten Mitverwaltungsrechte ankommen soll, 2.36

> in diesem Sinne
> v. Gerkan, GmbHR 1986, 218, 223,

oder ob zusätzlich eine Beteiligung des stillen Gesellschafters am Unternehmensvermögen erforderlich ist,

> zu den einzelnen Erscheinungsformen
> einer atypischen stillen Gesellschaft:
> Schlegelberger/Karsten Schmidt,
> § 335 Rz. 67 ff,

oder ob gar beide Abweichungen vom Leitbild des typischen Gesellschafters, nämlich Mitverwaltungsrechte und Vermögensbeteiligung zusammenkommen müssen, um den Stillen einem GmbH-Gesellschafter gleichstellen zu können.

> So Hachenburg/Ulmer, § 32a,b Rz. 124;
> Scholz/Karsten Schmidt, §§ 32a, 32b Rz. 123.

b) Falls sich dagegen ein **GmbH-Gesellschafter** zusätzlich mit einer stillen Einlage am Unternehmen der GmbH beteiligt, wird diese Einlage wie ein eigenkapitalersetzendes Gesellschafterdarlehen behandelt, sofern im übrigen dessen Voraussetzungen erfüllt sind. Dabei kommt es auf die Ausgestaltung der stillen Beteiligung als typisch oder atypisch nicht an. Für die Novellen-Regeln folgt das aus § 32a Abs. 3 GmbHG. 2.37

> Baumbach/Hueck, § 32a Rz. 22;
> Scholz/Karsten Schmidt, §§ 32a, 32b Rz. 105;
> Hachenburg/Ulmer, § 32a,b Rz. 96 f.

B. Grundstrukturen im Recht des Eigenkapitalersatzes

4. Aktiengesellschaft

2.38 a) Sämtliche Gesichtspunkte, die es im GmbH-Recht legitimieren, eigenkapitalersetzende Gesellschafterdarlehen zwangsweise in haftendes und, wenn auch unterschiedlich gesperrtes Risikokapital umzuqualifizieren (oben Rz. 1.45 ff, 2.4 ff), kommen in grundsätzlich gleicher Weise bei Aktiengesellschaften zum Tragen: Auch ein Aktionär kann "seiner" kreditunwürdigen AG ein Darlehen anstelle an sich gebotenen Eigenkapitals gewähren, und es sind keine letztlich überzeugenden Gründe ersichtlich, warum ein Aktionär anders als ein GmbH-Gesellschafter keinen Sanktionen ausgesetzt sein sollte.

2.39 Zwar ist das Recht der Kapitalerhaltung in den §§ 57 ff AktG sehr viel strenger angelegt als das Erhaltungsrecht der GmbH.

> Zu den Einzelheiten
> BGHZ 90, 381, 386 = ZIP 1984, 572, 574;
> OLG Düsseldorf ZIP 1983, 786, 790.

Das aber kann nicht, wie der Bundesgerichtshof in seinem BuM/WestLB-Urteil,

> BGHZ 90, 381, 387 = ZIP 1984, 572, 574,

überzeugend dargelegt hat, die Gefahr gänzlich bannen, daß die Gesellschaft ihr Eigenkapital verwirtschaftet und daß Aktionäre dann entgegen ihrer Finanzierungsverantwortung den Kapitalbedarf der AG mit Aktionärsdarlehen decken. Unter diesen Voraussetzungen ist es im Interesse der Gesellschaft selbst, all ihrer Aktionäre und der Gesellschaftsgläubiger geboten, diese Darlehen umzuqualifizieren, sie den Regeln zur Erhaltung des gebundenen Gesellschaftsvermögens zu unterstellen und ggf. gegen die Rückzahlung zu sperren.

> Eingehend
> Ketzer, Eigenkapitalersetzende
> Aktionärsdarlehen, 1989, S. 31 ff.

2.40 b) Freilich erfordern die rechtsformspezifischen Besonderheiten des Aktienrechts Modifikationen des Ersatzkapitalrechts sowohl im Tatbestand als auch möglicherweise auf der Seite der Rechtsfolgen:

III. Rechtsformspezifisches Schutzrecht

Was die **Gesellschafterstellung** des Aktionärs anbelangt, so ist die Tatsache zu berücksichtigen, daß die Mitentscheidungs-, Kontroll- und Informationsrechte eines GmbH-Gesellschafters gesetzestypisch sehr viel weiter reichen als die eines Aktionärs. Finanzierungsverantwortung kann einem Aktionär deshalb erst dann auferlegt werden, wenn er zumindest über das Einflußpotential eines Sperrminoritärs verfügt, der auf diesem Wege Kapitalerhöhungen und ganz allgemein Satzungsänderungen von seiner Zustimmung abhängig machen kann.

> BGHZ 90, 381, 390 f = ZIP 1984, 572, 575;
> hierzu Ketzer, Eigenkapitalersetzende
> Aktionärsdarlehen, S. 66 ff, insbes. S. 77 ff;
> Lutter, Kölner Komm. z. AktG., 2. Aufl.,
> 1988, § 57 Rz. 93;
> Rümker, ZGR 1988, 494, 501 ff.

Dabei kann ein solches Einflußpotential auch für einen Aktienbesitz unter 25 % in Betracht kommen, wenn dieser durch weitere Momente verstärkt wird. Allerdings sollen diese Zusatzmomente nach der Ansicht des Bundesgerichtshofs allein dann bedeutsam werden, wenn sie ihre Wurzeln im Gesellschaftsrecht haben; Zusatzmomente außergesellschaftsrechtlicher Art, wie Kredit- oder ständige Geschäftsbeziehungen, sind danach irrelevant. **2.41**

> BGHZ 90, 381, 393 = ZIP 1984, 572, 576
> (externe Geldgeberinteressen).

Diese Einschränkung scheint nicht unproblematisch, wenn man bedenkt, daß auch ein zusätzliches schuldrechtliches Machtpotential auf die Gesellschafterstellung des Aktionärs ausstrahlt. Andererseits ist der Rechtssicherheit Rechnung zu tragen. Insoweit ist die Rechtslage weiterhin noch offen. **2.42**

> Siehe auch schon den Vermittlungs-
> vorschlag bei Hommelhoff, Zur Haftung
> bei unternehmerischer Beteiligung an
> Kapitalgesellschaften, S. 35,
> sowie eingehend Ketzer, Eigenkapital-
> ersetzende Aktionärsdarlehen, S. 80 ff.

Zum Tatbestand im übrigen unten Rz. 11.3 f.

B. Grundstrukturen im Recht des Eigenkapitalersatzes

2.43 Ebenfalls noch nicht ausdiskutiert ist die Frage, in welchem **Umfang** eigenkapitalersetzende Aktionärsdarlehen gebunden sind: nur bis hinauf zur Grundkapitalziffer oder unabhängig von einer möglichen Unterbilanz (oben Rz. 1.80) in ihrer vollen Höhe. Letzteres würde dem verschärften Recht der Kapitalerhaltung in der Aktiengesellschaft entsprechen (§§ 57, 62 AktG).

> Zur Kontroverse siehe
> Karsten Schmidt, AG 1984, 12, 15
> einerseits;
> Westermann, ZIP 1982, 379, 387
> andererseits,
> sowie die umfassende Dokumentation bei
> Hüffer, Aktiengesetz, 1993, § 57 Rz. 16 f
> sowie Ketzer, Eigenkapitalersetzende
> Aktionärsdarlehen, S. 175 f.

Der Bundesgerichtshof konnte die Frage nach dem Umfang der Bindung bislang offenlassen.

> BGHZ 90, 381, 387 = ZIP 1984, 572, 574.

2.44 Da die aktienrechtsspezifisch weitergehende Vermögensbindung aus § 58 AktG dazu dient, lediglich den Betriebsgewinn der Gesellschaft zur Ausschüttung bereitstellen zu können, aber nicht gezielt dazu, den Haftungsfonds der Gesellschaft zu verstärken, spricht insgesamt mehr dafür, daß der Umfang der Bindung sich auf das Grundkapital beschränkt,

> eingehend Ketzer, Eigenkapitalersetzende
> Aktionärsdarlehen, S. 178 ff,

- allerdings zuzüglich der tatsächlich gebildeten gesetzlichen Rücklage nach § 150 Abs. 1, 2 AktG,

> zutr. Lutter, Kölner Komm. z. AktG,
> § 57 Rz. 94;
> a. A. Ketzer, Eigenkapitalersetzende
> Aktionärsdarlehen, S. 181 f,
> aber mit richtig aufgefächertem Ansatz;
> nicht hinreichend differenziert
> Hüffer, § 57 AktG, Anm. 19.

C. Der Grundtatbestand im GmbH-Recht
I. Inhalt der gesetzlichen Regelung
1. Tatbestandliche Anknüpfungen in § 32a Abs. 1 GmbHG und bei den Grundsätzen zu den §§ 30, 31 GmbHG

a) Die von der Rechtsprechung zu den §§ 30, 31 GmbHG entwickelten Grundsätze für die Umqualifizierung von Gesellschafterkrediten zu Eigenkapitalersatz stellen darauf ab, daß die GmbH **nach marktüblichen Kriterien kreditunwürdig** ist, d. h. daß sie Fremdkapital zu marktüblichen Bedingungen nicht mehr erhalten kann und ohne die ihr zugeführten Gesellschafterleistungen liquidiert werden müßte.

3.1

> BGHZ 76, 326, 330 = ZIP 1980, 361, 362;
> BGHZ 81, 252, 262 f = ZIP 1981, 974, 978;
> BGHZ 81, 311, 314 f = ZIP 1981, 1200, 1202;
> BGHZ 81, 365, 366 f = ZIP 1981, 1332, 1333;
> BGHZ 90, 381, 390 = ZIP 1984, 572, 575;
> BGHZ 95, 188, 194 = ZIP 1985, 1198, 1201;
> dazu EWiR 1985, 793 (Crezelius);
> BGHZ 106, 7, 11 = ZIP 1989, 95, 97;
> dazu EWiR 1989, 587 (Koch).

b) Demgegenüber geht § 32a Abs. 1 GmbHG von einem Finanzierungszustand der Gesellschaft aus, bei dem der bestehende Kapitalbedarf von den Gesellschaftern "als **ordentlichen Kaufleuten**" durch Zuführung von (weiterem) Eigenkapital zu decken ist, dem sie aber statt dessen durch die Gewährung von Darlehen, also von Fremdmitteln begegnen. Diese Fremdmittel unterwirft das Gesetz als Eigenkapitalersatz gemäß den hieran anknüpfenden Regelungen einer entsprechenden Behandlung wie das sich aus den Gesellschaftereinlagen zusammensetzende Eigenkapital der Gesellschaft. Anders als die Grundsätze der Rechtsprechung, die von der Sicht eines Dritten als möglicher Kreditgeber der Gesellschaft ausgehen, wird hier das Finanzierungsverhalten der Gesellschafter als der Unternehmensträger zum Kriterium gemacht.

3.2

Jedoch ist die Formulierung des Gesetzes gegenüber dem von der Rechtsprechung erarbeiteten Merkmal der Kreditunwürdigkeit weniger klar konturiert, und sie wirft für die Abgrenzung des gebotenen Fi-

C. Der Grundtatbestand im GmbH-Recht

nanzierungsverhaltens der Gesellschafter zusätzliche Fragen auf. Sie kann daher kaum als Fortschritt für die Definition der Finanzierungskrise bewertet werden. Vor allem fehlt es an geeigneten Maßstäben, nach denen objektiv das Verhalten ordentlicher Kaufleute im Hinblick auf die Eigenkapitalversorgung ihres Unternehmens beurteilt werden kann. Auch betriebswirtschaftliche Faustregeln für eine angemessene Relation zwischen Eigen- und Fremdkapital führen hier nicht weiter und begründen die Gefahr einer schematisierenden Betrachtung.

> Hachenburg/Ulmer, § 32a,b Rz. 42 ff;
> Ulmer, Das neue GmbH-Recht in der Diskussion, 1981, S. 55, 61;
> Scholz/Karsten Schmidt, §§ 32a, 32b Rz. 35;
> Lutter/Hommelhoff, ZGR 1979, 31, 65.

3.3 Trotz des unterschiedlichen Ansatzes bestehen aber keine durchgreifenden Bedenken, in dem von der Rechtsprechung zugrundegelegten Merkmal der **Kreditunwürdigkeit** den **Hauptanwendungsfall** auch der neuen gesetzlichen Vorschriften zu sehen. Insbesondere läßt sich das "Finanzierungsverhalten ordentlicher Kaufleute" durch die auf einer Kreditunwürdigkeit beruhenden Liquidationsnotwendigkeit konkretisieren.

> Hachenburg/Ulmer, § 32a,b Rz. 45 f;
> Ulmer, Das neue GmbH-Recht, S. 55, 62 f;
> Scholz/Karsten Schmidt, §§ 32a, 32b Rz. 35;
> Lutter/Hommelhoff, §§ 32a/b Rz. 19;
> Baumbach/Hueck, § 32a Rz. 43;
> Fleck, in: Festschrift Werner, 1984,
> S. 107, 119 f.

Denn die Unmöglichkeit, Fremdkapital zu üblichen Bedingungen zu erhalten, stellt den Kaufmann regelmäßig vor die Alternative, entweder Eigenkapital aufzubringen oder die Liquidation zu betreiben. Wählt er als Ausweg die Hergabe eines rückzahlbaren Darlehens, so hat dieses dann kapitalersetzenden Charakter im Sinne der gesetzlichen Regelung.

2. Erweiterter Anwendungsbereich für § 32a GmbHG?

Wie bereits ausgeführt worden ist (oben Rz. 2.4 ff), wird der Geltungsbereich für die §§ 32a, 32b GmbHG, 32a KO gegenüber den von der Rechtsprechung entwickelten Grundsätzen zu den §§ 30, 31 GmbHG richtigerweise dahin zu bestimmen sein, daß er solche Kredite (oder Teile von Krediten) erfaßt, die nicht der Abdeckung fehlenden Stammkapitals oder einer hierüber hinausgehenden Überschuldung dienen, sondern oberhalb der Stammkapitalziffer fehlendes Eigenkapital ersetzen. Das ist z. B. der Fall, wenn die Gesellschaft infolge dauerhafter strukturbedingter Liquiditätsschwierigkeiten nicht mehr kreditwürdig ist. 3.4

BGHZ 105, 168, 182 = ZIP 1988, 1248, 1251 f;
dazu EWiR 1988, 1075 (Fleck).

Weiterhin nicht klar ist bislang dagegen, ob der in § 32a GmbHG vorgesehene Maßstab des ordnungsmäßigen Finanzierungsgebarens über den Fall der Kreditunwürdigkeit hinaus **zusätzliche Anwendungsmöglichkeiten** für die Gesetzesvorschriften eröffnet. Bisher haben sich greifbare Entwicklungen hierzu in der Rechtspraxis nicht abgezeichnet. Es sieht auch nicht so aus, daß in der Zukunft hier gegenüber den Grundsätzen zu den §§ 30, 31 GmbHG mit auseinanderlaufenden Bewertungen zu rechnen wäre, die die ohnehin vorhandenen Divergenzen der beiden Schutzsysteme zusätzlich ausweiten würden. Derartiges zeichnet sich - jedenfalls bei dem gegenwärtigen Stand der Rechtsprechung - auch nicht bei der Behandlung der Finanzplankredite ab, da die Rechtsprechung sie als kapitalersetzend nur dann einordnet, wenn die Kreditgewährung auch im Hinblick auf einen künftigen Krisenfall hin geschieht (Näheres dazu bei Rz. 4.45, 5.17 ff). 3.5

II. Gesellschafter als Darlehensgeber

1. Formale Beteiligung als Zurechnungskriterium

Wer als Darlehensgeber formal **Inhaber eines Geschäftsanteils** ist, wird grundsätzlich den vom Gesetz und von den Rechtsprechungsgrundsätzen vorgesehenen Rechtsfolgen unterworfen. Anders als beim kapitalersetzenden Darlehen in der Aktiengesellschaft (vgl. Rz. 2.40 ff 3.6

C. Der Grundtatbestand im GmbH-Recht

und 11.13 ff) kommt es weder auf ein unternehmerisches Eigeninteresse noch auf eine qualifizierte Beteiligung des Gesellschafters an.

> BGHZ 90, 381, 389 ff = ZIP 1984, 572, 575 ff;
> BGHZ 105, 168, 175 = ZIP 1988, 1248, 1250;
> dazu EWiR 1988, 1075 (Fleck);
> Hachenburg/Ulmer, § 32a,b Rz. 34 ff;
> Ulmer, ZIP 1984, 1163, 1164 ff;
> Scholz/Karsten Schmidt, §§ 32a, 32b Rz. 30, 41;
> Schlegelberger/Karsten Schmidt, HGB, 5. Aufl., Bd. III/2, 1986, § 172a Rz. 18;
> Baumbach/Hueck, § 32a Rz. 18, 19;
> Kuhn/Uhlenbruck, KO, 11. Aufl., 1994, § 32a Rz. 13;
> Fleck, in: Festschrift Werner, S. 107, 123;
> v. Gerkan, GmbHR 1986, 218, 221.

3.7 a) Abweichend hiervon wird teilweise vertreten, daß z. B. Gesellschafter mit sog. "Zweiganteilen", die bis zu einer (aus § 50 Abs. 1 und 2 GmbHG hergeleiteten) Beteiligung von 10 % erstreckt werden, oder Beteiligungen in **kapitalistisch strukturierten Gesellschaften** ohne unternehmerische Interessen des Anteilsinhabers von den Kapitalschutzregeln auszunehmen seien.

> So Lutter/Hommelhoff, §§ 32a/b Rz. 56 f;
> Hommelhoff, WM 1984, 1105, 1115;
> Rümker, ZGR 1988, 494, 503.

Demgegenüber bleibt aber fraglich, ob diese Gesellschaftergruppen schlechthin nicht erfaßt werden sollen oder ob eine Minimalbeteiligung oder ein lediglich auf die Vermögensanlage beschränktes Beteiligungsinteresse eines Gesellschafters nur im Rahmen einer Würdigung der gesamten Umstände gegen den Kapitalersatzcharakter seines Darlehens sprechen würde, dann nämlich, wenn jeder Zurechnungszusammenhang zwischen Mitgliedschaft und Kreditgewährung nach Sachlage ausscheidet. Dieses müßte von der Bewertung des Einzelfalles abhängen. Beteiligt sich z. B. der Inhaber einer Zwergbeteiligung an einer koordinierten Stützungsaktion aller Gesellschafter, so müßte der Umfang seines Geschäftsanteils ohne Einfluß auf die Einordnung des Kredits als Kapitalersatz bleiben.

II. Gesellschafter als Darlehensgeber

b) Viel diskutiert worden ist in diesem Zusammenhang ferner, ob für Ausnahmen insoweit Raum sein kann, als bei einem **institutionellen Kreditgeber** ein Handeln nur aus der Kreditgeberposition in Betracht komme. Diese Frage hängt eng mit derjenigen nach einem etwaigen Sanierungsprivileg (vgl. dazu unten Rz. 3.27) zusammen und wird zum Teil auch im Sinne eines auf Sanierungskredite beschränkten Bankenprivilegs aufgeworfen. 3.8

Vgl. zum Meinungsstand:

H. P. Westermann, ZIP 1982, 379, 386 ff;
Rümker, ZIP 1982, 1385, 1392 f;
Claussen, ZHR 147 (1983), 195, 216 ff;
ablehnend:
Hachenburg/Ulmer, § 32a,b Rz. 63;
Ulmer, ZIP 1984, 1163, 1164 ff;
Scholz/Karsten Schmidt, §§ 32a, 32b Rz. 34, 37, 41;
Schlegelberger/Karsten Schmidt, § 172a Rz. 18;
Karsten Schmidt, ZHR 147 (1983), 165, 175 ff, 180;
Lutter/Hommelhoff, §§ 32a/b Rz. 39;
Baumbach/Hueck, § 32a Rz. 11, 18;
Fleck, in: Festschrift Werner, S. 107, 120 ff:

Die Rechtsprechung hat derartige Ausnahmestellungen jedoch auch hier nicht akzeptiert:

BGHZ 81, 311, 314 f = ZIP 1981, 1200, 1202;
BGHZ 105, 168, 175 = ZIP 1988, 1248, 1250;
dazu EWiR 1988, 1075 (Fleck).

c) Keine Ausnahme gilt auch für den Gesellschafter, der den Anteil lediglich als **Treuhänder** für einen anderen hält. Denn mit der Übernahme der Gesellschafterstellung tritt er auch in die damit verbundenen Pflichten einschließlich der Finanzierungsverantwortung ein. 3.9

BGHZ 105, 168, 175 = ZIP 1988, 1248, 1250;
dazu EWiR 1988, 1075 (Fleck);
Hachenburg/Ulmer, § 32a,b Rz. 34;
Scholz/Karsten Schmidt, § 32a, 32b Rz. 30;
Lutter/Hommelhoff, §§ 32a/b Rz. 53;
Baumbach/Hueck, § 32a Rz. 23.

C. Der Grundtatbestand im GmbH-Recht

2. Gesellschaftereigenschaft und Zeitpunkt der Darlehensgewährung

3.10 Maßgebend für die Einordnung eines Gesellschafterdarlehens als kapitalersetzend ist grundsätzlich der Zeitpunkt, zu dem es gewährt wird: Zu diesem Termin muß die GmbH in der in § 32a Abs. 1 GmbHG vorausgesetzten Krise sein und die Gesellschafterstellung gegeben sein.

Für nachträgliche Veränderungen im Hinblick auf Krisenlage und Gesellschafterstellung gilt folgendes:

3.11 a) Tritt die **Krise** erst **nach Darlehenshingabe** ein, so wird das Darlehen nur dann kapitalersetzend, wenn in der Folge ein neuer Tatbestand eines "Gewährens" hinzukommt (vgl. unten Rz. 4.30 ff).

3.12 **Erholt sich** umgekehrt die GmbH nach zunächst vorhandener Krise, so kann ein Darlehen seinen bisher kapitalersetzenden Charakter verlieren. Jedoch kann dies im Falle einer erneuten Verschlechterung der Vermögenslage (die damit die Erholung als einen lediglich vorübergehenden Zustand erweist) nur gelten, wenn die Kontinuität des in der ursprünglichen Krise gegebenen Kredits dadurch unterbrochen war, daß es während der konsolidierten Zwischenphase zu einem erneuten Tatbestand eines "Gewährens" als des nunmehr für die Darlehenshergabe konstituierenden Aktes kommt.

> Baumbach/Hueck, § 32a Rz. 51;
> vgl. auch
> Schlegelberger/Karsten Schmidt,
> § 172a Rz. 31.

Zu den Fragen der **Entsperrung** eines kapitalersetzenden Darlehens bei späterer wirtschaftlicher Erholung vgl. das in Rz. 3.53 ff Ausgeführte.

3.13 b) **Scheidet** der darlehensgebende Gesellschafter später **aus der GmbH aus**, so behält das Darlehen, das kapitalersetzend war, diese Qualität.

> OLG Celle GmbHR 1983, 17, 18 f;
> Hachenburg/Ulmer, § 32a,b Rz. 40;

II. Gesellschafter als Darlehensgeber

Scholz/Karsten Schmidt, §§ 32a, 32b Rz. 29;
Baumbach/Hueck, § 32a Rz. 27.

Anders ist es aber, wenn das Darlehen erst zu einem Zeitpunkt nach dem Ausscheiden kapitalersetzende Bedeutung erlangt, ohne daß der ehemalige Gesellschafter etwa weiterhin noch eine Stellung einnimmt, die wirtschaftlich der eines Gesellschafters entspricht.

OLG Hamm EWiR 1993, 381 (v. Gerkan).

Hingegen bleibt die Bindung als Kapitalersatz bestehen, wenn der Anspruch auf Rückzahlung des Darlehens **an einen Dritten abgetreten** wird. 3.14

BGHZ 104, 33, 43 = ZIP 1988, 638, 641 f;
Hachenburg/Ulmer, § 32a,b Rz. 41.

Dasselbe gilt daher auch, wenn ein Dritter für ein kapitalersetzendes Gesellschafterdarlehen eine Sicherung bestellt und der Darlehensrückzahlungsanspruch nach Verwertung der Sicherung auf den Dritten übergeht.

Scholz/Karsten Schmidt, §§ 32a, 32b Rz. 57;
Karsten Schmidt, ZIP 1981, 689, 696;
Baumbach/Hueck, § 32a Rz. 58.

c)   Wird ein Darlehen von einem **ehemaligen Gesellschafter** 3.15
nach seinem Ausscheiden gegeben, so kann für eine Anwendung von § 32a GmbHG jedenfalls dann Raum sein, wenn die rechtliche Grundlage für die Leistung bereits geschaffen war, als der Darlehensgeber noch Gesellschafter war.

BGHZ 81, 252, 258 f = ZIP 1981, 974, 976;
BGH ZIP 1985, 1075, 1077;
dazu EWiR 1985, 685 (Fleck).

Dies gilt auch für den Fall, daß ein ausscheidender Gesellschafter sein **Abfindungsguthaben** der GmbH **kreditiert**.

Hachenburg/Ulmer, § 32a,b Rz. 39;
Scholz/Karsten Schmidt, §§ 32a, 32b Rz. 32;
Lutter/Hommelhoff, §§ 32a/b Rz. 59.

C. Der Grundtatbestand im GmbH-Recht

3.16 d) Wird dagegen ein Darlehensgeber **in der Folgezeit Gesellschafter**, so kann das Darlehen nur dann kapitalersetzend sein bzw. werden, wenn es entweder bereits im Hinblick auf den vorgesehenen Beitritt gegeben worden ist oder wenn nach dem Beitritt ein erneutes "Gewähren" der Darlehensmittel (im Sinne eines Stehenlassens) stattfindet.

> BGHZ 81, 311, 317 f = ZIP 1981, 1200, 1203;
> Hachenburg/Ulmer, § 32a,b Rz. 39;
> Scholz/Karsten Schmidt, §§ 32a, 32b Rz. 33;
> Lutter/Hommelhoff, §§ 32a/b Rz. 58.

III. Erscheinungsformen des Eigenkapitalbedarfs in der GmbH

3.17 Die Erscheinungsformen eines zur Umqualifizierung von Gesellschafterdarlehen als Kapitalersatz führenden Eigenkapitalbedarfs bedürfen einer näheren Betrachtung.

1. Gesellschaftsbezogene Qualifikationsmerkmale

3.18 a) Ob die Gesellschaft noch als kreditwürdig angesehen werden kann, beurteilt sich grundsätzlich aus der Sicht eines **wirtschaftlich vernünftig denkenden außenstehenden Kreditgebers** zum **Zeitpunkt der Kreditvergabe**. Das Verhalten eines konkret engagierten Kreditgebers ist dagegen nicht entscheidend; es kann allerdings eine indizielle Bedeutung entfalten.

> Vgl. BGH ZIP 1992, 177, 178;
> dazu EWiR 1992, 363 (v. Gerkan);
> vgl. näher bei
> Lutter/Hommelhoff, §§ 32a/b Rz. 21.

Die Indizbedeutung kann sich - etwa im Falle einer Kreditgewährung durch einen Kreditgeber- zugunsten einer Kreditwürdigkeit der GmbH auswirken. Aber auch der umgekehrte Fall ist denkbar: So spricht es gegen eine Kreditwürdigkeit, wenn der Kreditgeber die Hergabe des Kredits davon abhängig macht, daß die Gesellschafter wegen ihrer eigenen Darlehen gegenüber der Gesellschaft einen Rangrücktritt erklären.

III. Erscheinungsformen des Eigenkapitalbedarfs in der GmbH

BGH ZIP 1990, 98, 100;
dazu EWiR 1990, 373 (Roeseler).

b) Sind der Gesellschaft **mehrere Darlehen** gegeben worden, so ist für jedes einzelne selbständig festzustellen, ob es eigenkapitalersetzende Bedeutung erlangt hat.   **3.19**

BGHZ 119, 201, 212 = ZIP 1992, 1382, 1385;
dazu EWiR 1992, 1093 (Hunecke).

c) Es ist eindeutig, daß ein Gesellschafterdarlehen, das der GmbH im Stadium der **Überschuldung** und der damit gegebenen Konkursreife (§ 63 Abs. 1 GmbHG) gegeben wird, ohne weiteres kapitalersetzenden Charakter hat. Gleiches gilt für eine Situation, in der eine künftige Insolvenz absehbar ist. In diesen Fällen kommt es nicht auf Überlegungen an, ob ein außenstehender Dritter der GmbH in dieser Lage noch einen Kredit gewährt haben würde; dies ist vielmehr nur für Fallgestaltungen von Bedeutung, bei denen sich die Frage einer Kreditwürdigkeit außerhalb des Tatbestandes der Überschuldung stellt.   **3.20**

BGHZ 31, 258, 272;
BGHZ 75, 334, 337 f = ZIP 1980, 115, 116;
BGH ZIP 1993, 1072, 1074;
dazu EWiR 1993, 1207 (v. Gerkan);
Hachenburg/Ulmer, § 32a,b Rz. 47 f, 54, 58;
Scholz/Karsten Schmidt, §§ 32a, 32b, Rz. 37;
Lutter/Hommelhoff, §§ 32a/b Rz. 33;
Baumbach/Hueck, § 32a Rz. 44.

Ob eine Überschuldung vorliegt, ist jeweils nach dem für die § 63 Abs. 1 GmbHG maßgeblichen **zweistufigen Überschuldungsbegriff** zu entscheiden, der sich aus den Merkmalen der rechnerischen Überschuldung (bei Ansatz von Liquidationswerten) und einer nach überwiegender Wahrscheinlichkeit mittelfristig negativen Überlebens- oder Fortbestehensprognose zusammensetzt.   **3.21**

BGHZ 119, 201, 213 ff = ZIP 1992, 1382, 1386;
dazu EWiR 1992, 1093 (Hunecke);
BGH ZIP 1994, 701, 703;
dazu EWiR 1994, 467 (v. Gerkan).

C. Der Grundtatbestand im GmbH-Recht

Das ab 1. Janaur 1999 geltende **neue Insolvenzrecht** sieht in § 19 Abs. 2 InsO eine Legaldefinition der Überschuldung vor, die jedoch materiell nichts Abweichendes enthält.

3.22 d) Liegt dagegen lediglich eine **Unterbilanz** vor, so lassen sich die vorstehenden Grundsätze hierauf nicht anwenden, da hier noch eine Kreditfähigkeit der GmbH bestehen kann.

> Hachenburg/Ulmer, § 32a,b Rz. 58;
> Scholz/Karsten Schmidt, §§ 32a, 32b Rz. 34;
> Lutter/Hommelhoff, §§ 32a/b Rz. 23;
> Baumbach/Hueck, § 32a Rz. 45;
> a. A. Geßler, ZIP 1981, 228, 232.

3.23 e) Was eine **Zahlungsunfähigkeit** der GmbH betrifft, so ist sie ebenfalls Konkursgrund (§ 63 Abs. 1 GmbHG) und führt ohne weiteres zur Kreditunwürdigkeit.

> BGHZ 67, 171, 175 f;
> BGH BB 1972, 111, 112;
> Hachenburg/Ulmer, § 32a,b Rz. 47, 54, 58;
> Scholz/Karsten Schmidt, §§ 32a, 32b Rz. 36;
> Baumbach/Hueck, § 32a Rz. 46.

Nicht anders als die bereits eingetretene Zahlungsunfähigkeit wird auch die **drohende Zahlungsunfähigkeit** zu bewerten sein, die nach dem ab 1999 geltenden neuen Insolvenzrecht (vgl. § 18 InsO) ebenfalls als Insolvenzeröffnungsgrund ausgestaltet ist.

3.24 f) Davon abgesehen läßt sich jedoch nicht allgemein sagen, daß **Liquiditätsschwierigkeiten** zur Qualifikation von Gesellschafterdarlehen als kapitalersetzend führen müßten. Ein allein zur Überbrückung eines kurzfristigen und **vorübergehenden Finanzbedarfs** gegebenes Darlehen, ohne daß sonstige Umstände eine Kreditunwürdigkeit der Gesellschaft begründen, wäre nicht betroffen. Denn die Überbrückung eines ephemeren Finanzierungsengpasses verlangt nach kaufmännischen Grundsätzen noch nicht die Schaffung zusätzlichen Eigenkapitals, so daß auch ein hierfür gegebenes Darlehen nicht notwendiges Eigenkapital substituieren würde.

> BGHZ 31, 258, 268 f;
> BGHZ 67, 171, 177 f;

III. Erscheinungsformen des Eigenkapitalbedarfs in der GmbH

BGHZ 75, 334, 337 = ZIP 1980, 115, 116;
BGHZ 90, 381, 394 = ZIP 1984, 572, 576 f;
Scholz/Karsten Schmidt, §§ 32a, 32b Rz. 39;
Schlegelberger/Karsten Schmidt, § 172a Rz. 27;
Karsten Schmidt, ZHR 147 (1983), 165, 188;
Lutter/Hommelhoff, §§ 32a/b Rz. 34.

Handelt es sich aber um **anhaltende Liquiditätsschwierigkeiten struktureller Art**, so kann dies zum Wegfall der Kreditunwürdigkeit führen, und zwar ungeachtet eines etwa gegebenen konzernrechtlichen Verlustausgleichsanspruches. 3.25

BGHZ 105, 168, 182 = ZIP 1988, 1248, 1252;
dazu EWiR 1988, 1075 (Fleck);
Lutter, ZIP 1989, 477, 481.

Eine Bindung als Eigenkapitalersatz wird daher eintreten, wenn wegen Struktur und Zusammensetzung der Aktiva nicht alsbald Liquidität für eine Ablösung benötigter Kredite erlangt werden kann und daher mit einer alsbaldigen Kreditrückzahlung nicht zu rechnen ist. Es kommt deshalb auch nicht darauf an, ob der Kredit nach der subjektiven Zweckbestimmung der Beteiligten nur kurzfristig sein sollte, sondern auf die tatsächliche Finanzierungssituation der Gesellschaft.

OLG Düsseldorf WM 1989, 1168, 1170 f;
OLG Frankfurt DB 1993, 154;
dazu EWiR 1993, 157 (Winkler);
Lutter/Hommelhoff, §§ 32a/b Rz. 28, 34, 36;
auch Lutter/Hommelhoff, ZGR 1979, 31, 40 f.

Insbesondere ist eine zur Abwendung einer sonst unvermeidlichen Insolvenz gewährte Kapitalhilfe auch im Falle ihrer Kurzfristigkeit in jedem Falle kapitalersetzend.

BGH ZIP 1990, 95, 97;
dazu EWiR 1990, 61 (Kort);
Scholz/Karsten Schmidt, §§ 32a, 32b Rz. 39.

Davon abgesehen werden Liquiditätsprobleme ohnehin vielfach indizielle Bedeutung für das Vorhandensein einer Finanzierungskrise haben.

C. Der Grundtatbestand im GmbH-Recht

3.26 Zur Diskussion gestellt worden ist eine Privilegierung solcher **Zwischenkredite**, die innerhalb der Drei-Wochen-Frist des § 64 Abs. 1 Satz 1 GmbHG den Beteiligten eine "Verschnaufpause" dafür verschaffen sollen, sich über eine etwa noch **mögliche Sanierung** der Gesellschaft klar zu werden.

    Lutter/Hommelhoff, §§ 32a/b Rz. 35;
    Hommelhoff, WM 1984, 1105, 1108 f.

Doch bleibt hier der - zu Lasten der Gläubiger gehende - Dispens von der gesellschafterlichen Finanzierungsverantwortung problematisch, namentlich beim Ausbleiben einer Sanierung (siehe hierzu auch die neuere bei Rz. 3.25 wiedergegebene neuere Rechtsprechung). Die bestehenden Bedenken wären aber wohl dann zu überwinden, wenn es zu einem Vergleichsverfahren kommt und der Zwischenkredit (im Wege einer Vorfinanzierung) in ein dann nach § 106 VglO privilegiertes Darlehen einmünden könnte.

3.27 g) Was die konkrete Zweckbestimmung eines Darlehens betrifft, so hat die Frage nach der Einordnung von **Sanierungsdarlehen** besondere Aufmerksamkeit gefunden. Teilweise ist verneint worden, daß derartige Darlehen von § 32 a Abs. 1 GmbHG erfaßt seien bzw. sein sollten.

    Vor allem:
    H. P. Westermann, ZIP 1982, 379, 386 ff;
    Rümker, ZIP 1982, 1385, 1393 ff;
    Uhlenbruck, GmbHR 1982, 141, 152 ff;
    vgl. auch
    Claussen, ZHR 147 (1983), 195, 214 f.

Doch widerspricht dies der Wertung des Gesetzes. Denn bei einem Sanierungsdarlehen handelt es sich regelmäßig um einen besonders typischen Fall kapitalersetzender Mittelzuführung.

    BGHZ 81, 311, 314 f = ZIP 1981, 1200, 1202;
    Hachenburg/Ulmer, § 32a,b Rz. 59;
    Scholz/Karsten Schmidt, §§ 32a, 32b Rz. 36;
    Schlegelberger/Karsten Schmidt, § 172a Rz. 18;
    Karsten Schmidt, ZHR 147 (1983), 165, 175 ff;
    Lutter/Hommelhoff, §§ 32a/b Rz. 38;

III. Erscheinungsformen des Eigenkapitalbedarfs in der GmbH

> Baumbach/Hueck, § 32a Rz. 11, 18, 29;
> Fleck, in: Festschrift Werner, S. 107, 123 f.

Hier gibt es auch keine Privilegierung für Banken mit Gesellschafterstellung, die der GmbH Kredite gewähren (vgl. Rz. 3.8).

Den gesetzlichen Rechtsfolgen ist ein solches Darlehen nur dann nicht unterworfen, wenn es auch von dritter Seite zu marktüblichen Bedingungen zu erlangen gewesen wäre.

> Fleck, in: Festschrift Werner, S. 107, 123 ff;
> vgl. auch
> Karsten Schmidt, ZHR 147 (1983), 165, 175 ff.

Die Sonderregelung in § 106 VglO (betreffend bestimmte Darlehen während des Vergleichsverfahrens) ist nicht verallgemeinerungsfähig.

h) Ist die Gesellschaft aufgrund ihrer Vermögensverhältnisse 3.28
imstande, einen Kredit **aus dem Gesellschaftsvermögen vollwertig abzusichern**, so spricht dies regelmäßig für ihre Kreditwürdigkeit.

> BGH ZIP 1987, 1541, 1542;
> dazu EWiR 1988, 67 (Fleck).

Doch kann die Beurteilung auch anders ausfallen, z. B. wenn der durch Sicherheiten der Gesellschafter abgedeckte Kredit nicht ausreicht, dem bestehenden Kapitalmangel abzuhelfen.

> BGH ZIP 1985, 158;
> dazu EWiR 1985, 105 (Kübler).

Im übrigen muß es noch nicht ohne weiteres schädlich sein, wenn der Wert einer Sicherung zeitweilig unter den Betrag der Kreditschuld absinkt, wenn damit zu rechnen ist, daß sich der Bestand der Sicherungswerte wieder auffüllt.

> OLG Hamburg ZIP 1990, 791, 793 f;
> dazu EWiR 1990, 787 (Brandes).

i) Nicht in gleicher Weise läßt sich eine **Kreditbesicherung** 3.29
durch die Gesellschafter bewerten. Das zeigt sich schon daran, daß das Gesetz vom Gesellschafter gestellte Kreditsicherheiten unter den Vor-

C. Der Grundtatbestand im GmbH-Recht

aussetzungen von § 32a Abs. 2 GmbHG als kapitalersetzende Kredithilfen einordnet. Ein solcher Tatbestand ist regelmäßig gegeben, wenn die Gesellschaft das von dritter Seite gegebene Darlehen nicht erhalten hätte, ohne daß der Gesellschafter bereit gewesen wäre, die benötigte und auf andere Weise nicht mögliche Kreditabsicherung zu gewährleisten.

Lutter/Hommelhoff, §§ 32a/b Rz. 30 f.

3.30 Neutral und kein Indiz für eine Kreditunwürdigkeit der Gesellschaft sind jedoch solche Sicherheiten der Gesellschafter, die bei Vergabe von Krediten an eine GmbH (namentlich an kleinere Gesellschaften) in der **Bankpraxis üblich** sind. Solche vielfach routinemäßig und unabhängig von der Geschäftslage der Gesellschaft angeforderten Gesellschaftersicherheiten sagen noch nichts über die Kreditwürdigkeit aus. Hier kommt es jeweils auf eine nähere Überprüfung der Finanzierungssituation der Gesellschaft an.

BGH ZIP 1987, 169, 170;
dazu EWiR 1986, 1209 (v. Gerkan);
BGH ZIP 1987, 1541, 1542;
dazu EWiR 1988, 67 (Fleck);
BGH ZIP 1990, 95, 96;
dazu EWiR 1991, 61 (Kort);
Scholz/Karsten Schmidt, §§ 32a, 32b Rz. 37;
Lutter/Hommelhoff, §§ 32a/b Rz. 30;
Baumbach/Hueck, § 32a Rz. 66;
Fleck, in: Festschrift Werner, S. 107, 118.

Allerdings dürfte für einen derartigen Zusammenhang die Beweislast beim Gesellschafter liegen.

Hachenburg/Ulmer, § 32a,b Rz. 133.

Der Einwand des in Anspruch genommenen Gesellschafters, seine Kreditbesicherung habe eine "neutrale" Bedeutung im dargestellten Sinne gehabt, wird in der Praxis recht häufig erhoben. Jedoch verlieren solche Besicherungen diesen Charakter regelmäßig bei späterem Eintritt einer Finanzierungskrise der Gesellschaft und werden dann zu Kapitalersatz umqualifiziert (vgl. Rz. 5.14 ff).

III. Erscheinungsformen des Eigenkapitalbedarfs in der GmbH

Ein Indiz für die Kreditwürdigkeit einer Gesellschaft wird darin zu sehen sein, wenn ein Kreditinstitut eine Gesellschaftersicherheit nach Überprüfung freigibt. 3.31

OLG Hamburg ZIP 1990, 1262, 1263 f;
dazu EWiR 1990, 1095 (Gehling).

k) Eine erforderliches Eigenkapital ersetzende Kreditgewährung wird sodann indiziert sein, wenn die GmbH von Anfang an im Verhältnis zur bezweckten Unternehmensbetätigung nur mit **unzureichendem Eigenkapital** ausgestattet ist. Hier wird mitunter ein vorhandenes Mißverhältnis zwischen den Größenordnungen des Eigenkapitals und des Darlehensumfanges von Bedeutung werden, namentlich auch bei einem längerfristigen Finanzbedarf für Investitionszwecke oder aus Anlaß einer Ausweitung der Geschäftstätigkeit. Die Finanzierung des Mittelbedarfs der Gesellschaft durch Gesellschafterdarlehen kann dann im Rahmen der erforderlichen Gesamtwürdigung aller maßgeblichen Umstände zur Bewertung führen, daß es sich um kapitalersetzende Mittel handelt. 3.32

Hachenburg/Ulmer, § 32a,b Rz. 59;
Scholz/Karsten Schmidt, §§ 32a, 32b Rz. 35;
Lutter/Hommelhoff, §§ 32a/b Rz. 25;
Baumbach/Hueck, § 32a Rz. 46.

l) Auch ein **Mißmanagement** bei der Gesellschaft oder die auf einem **Mißtrauen gegenüber der unternehmerischen Kompetenz** der Geschäftsführung beruhende Ablehnung eines Kreditantrages durch ein Kreditinstitut können im Einzelfall indiziell gegen die Kreditwürdigkeit der Gesellschaft sprechen. 3.33

OLG Hamburg ZIP 1986, 1113, 1119 f;
dazu EWiR 1986, 901 (Priester);
OLG Hamburg GmbHR 1991, 103, 107;
siehe auch
Lutter/Hommelhoff, §§ 32a/b Rz. 23 (a.E.);

a. A.: Häuselmann/Rümker/Westermann,
Die Finanzierung der GmbH durch ihre
Gesellschafter, 1992, S. 71.

2. Kreditbezogene Qualifikationsmerkmale

3.34 Auch die Ausgestaltung des Kreditverhältnisses kann Hinweise darauf geben, ob der Kredit der Krisenfinanzierung bei Kreditunwürdigkeit der Gesellschaft dient und daher eigenkapitalersetzende Bedeutung hat. Auf der anderen Seite können die Begleitumstände eines Kredits auch gegen seine Kapitalersatzfunktion sprechen.

3.35 a) Als **Indizien für einen Eigenkapitalersatz** kommen etwa in Betracht:

- längerfristiger Kapitalbedarf;

- Längerfristigkeit eines Darlehens;

- fehlende oder unvollkommene Absicherung eines Darlehens, besonders wenn der Darlehensgeber gleichzeitig in die Gesellschaft eintritt;

- fehlende oder geringe Verzinsung für ein Gesellschafterdarlehen;

- hohe, über dem üblichen liegende Verzinsung für ein Darlehen von dritter Seite;

- Absicherung eines Gesellschafterdarlehens durch einen Mitgesellschafter.

3.36 b) Als **Gegenindizien** können relevant werden:

- Beteiligung außenstehender Kreditgeber an der Darlehensgewährung;

- Beteiligung des Gesellschafters an einem Konsortialdarlehen von außenstehenden Kreditgebern, ebenso Beteiligung an einem Sanierungsdarlehen Dritter (vgl. dazu auch nachfolgend Rz. 3.38 ff);

- kurze Laufzeit des Darlehens, soweit dieses nur Überbrückungsfunktion hat (vgl. dazu auch unter Rz. 3.24 ff);

III. Erscheinungsformen des Eigenkapitalbedarfs in der GmbH

- der GmbH eingeräumte Kreditlinien sind noch in erheblichem Umfange ungenutzt;

- Eintritt eines Gesellschafters in ein Kreditangebot eines Dritten; auch Koordinierung des Gesellschafterdarlehens mit einer Kreditvergabe durch einen Dritten;

- nachfolgende Aufnahme von Drittdarlehen durch die GmbH;

- gutachterliche Absicherung der Kreditvergabe.

Zu etwa möglichen Gegenschlüssen aus der Art der gesellschaftlichen Beteiligung vgl. Rz. 3.7.

c) Wegen der - zum Teil kontroversen - Diskussion über die wiedergegebenen Indizumstände vgl. im einzelnen bei: 3.37

Hachenburg/Ulmer, § 32a,b Rz. 54 f;
Ulmer, Das neue GmbH-Recht, S. 55, 61 f;
Scholz/Karsten Schmidt, §§ 32a, 32b Rz. 37;
Karsten Schmidt, ZHR 147 (1983), 165, 185 ff;
Lutter/Hommelhoff, §§ 32a/b Rz. 23 ff, ;
Baumbach/Hueck, § 32a Rz. 47;
Fleck, in: Festschrift Werner, S. 107, 118, 126 ff.

Es ist jedenfalls davor zu warnen, die erwähnten Indizien und Gegenindizien zu verabsolutieren. Ihre Relevanz und ihr Stellenwert sind sehr von den Umständen des Einzelfalls abhängig; sie werden je nach gegebener Konstellation ganz unterschiedliche Bedeutung haben.

Zum meist von einer Gesamtwürdigung
aller in Betracht kommender Umstände
abhängigen Beweiswert der Indizien
vgl. Lutter/Hommelhoff, §§ 32a/b Rz. 21;
v. Gerkan, GmbHR 1986, 218, 220.

d) Wird einer Gesellschaft ein **Konsortialkredit** gewährt, so ist für die Frage, unter welchen Umständen die Mittel, die ein als Konsorte an der Aufbringung des Kredits beteiligter Gesellschafter einbringt, eigenkapitalersetzend sein können, folgendes zu beachten: 3.38

C. Der Grundtatbestand im GmbH-Recht

3.39 (1) Handelt es sich um ein **echtes Außenkonsortium**, so vollzieht sich die Kreditgewährung in der Weise, daß der Konsortialführer kraft seiner Geschäftsführungs- und Vertretungsbefugnis den Kreditvertrag im Namen und für Rechnung aller beteiligten Konsortialbanken abschließt. Jeder Konsorte wird dabei alleiniger Kreditgeber im Umfang der von ihm aufgebrachte Quote des Gesamtkredits. Es handelt sich dann nur bei der **Kreditquote** des Gesellschafter-Konsorten um einen Gesellschafterkredit, da er nur in diesem Umfange Vertragspartner der GmbH wird und ein eigenes Kreditrisiko übernimmt. Da an dem Konsortium aber zumeist - und zwar sogar in der Mehrheit - auch außenstehende Kreditgeber beteiligt sein werden, wird es bei der Gewährung des Konsortialkredits regelmäßig an einer Kreditunwürdigkeit der GmbH fehlen, so daß die Voraussetzungen für eine Anwendung der §§ 32a, 32b bzw. 30, 31 GmbHG auch im Hinblick auf die vom Gesellschafter-Kreditgeber aufgebrachte Kreditquote nicht gegeben sein werden. Das kann anders werden, wenn bei später eintretender Krise der Gesellschafter-Kreditgeber seinen Teilkredit in der GmbH stehenläßt (zum Stehenlassen vgl. Rz. 4.30 ff), jedoch nur, wenn er das allein tut, nicht aber die übrigen Konsorten sich so verhalten. Lassen aber auch sie ihre jeweiligen Kreditquoten stehen, so spricht auch dies für eine fortbestehende Kreditwürdigkeit der GmbH und damit gegen eine Umqualifizierung der Gesellschafterkreditquote in ein kapitalersetzendes Gesellschafterdarlehen.

Lutter/Hommelhoff, §§ 32a/b Rz. 40.

3.40 Nicht anders sind die Rechtsfolgen bei einem **unechten Außenkonsortium**, bei dem jede der Konsortialbanken selbst einen eigenen Kreditvertrag mit der GmbH abschließt (sog. Parallelkredite).

3.41 (2) Schwieriger wird es, wenn sich die Kreditgewährung auf der Grundlage eines **Innenkonsortiums** vollzieht. Hier schließt der Konsortialführer den Kreditvertrag über die Gesamtsumme der von allen Konsorten aufgebrachten Quoten im eigenen Namen ab. Die übrigen Konsorten sind lediglich intern an dem Kredit mit Rechten und Pflichten beteiligt; sie bilden eine Innengesellschaft des bürgerlichen Rechts. Jeder Konsorte trägt danach intern entsprechend der von ihm aufgebrachten Kreditquote das Risiko eines Ausfalls des Kredits.

III. Erscheinungsformen des Eigenkapitalbedarfs in der GmbH

Ist in einem solchen Falle der nach außen in voller Höhe als Kreditgeber auftretende **Konsortialführer** an der kreditnehmenden GmbH beteiligt, so ist formal der gesamte Kredit ein Gesellschafterkredit. Allerdings verwaltet der Konsortialführer dabei das Kreditengagement der anderen Konsorten nur treuhänderisch und übernimmt ein eigenes Kreditrisiko im Ergebnis nur für die eigene interne Quote. Hieraus ergibt sich die Frage, ob daher auch nur in diesem Umfange materiell von einem Gesellschafterkredit gesprochen werden kann. **3.42**

Mit dieser Tendenz:
Lutter, ZIP 1989, 477, 483;
v. Gerkan, GmbHR 1990, 384, 386;
Häuselmann/Rümker/Westermann, S. 71.

Doch ist demgegenüber darauf hinzuweisen, daß die Verteilung des Kreditrisikos unter die Konsorten ja lediglich ein Dritten gegenüber gar nicht in Erscheinung tretendes Internum bleibt; dem als Konsortialführer auftretenden Gesellschafter wird lediglich intern aufgrund der Konsortialabrede von den anderen Innenkonsorten das Kreditrisiko abgenommen. Damit spricht mehr dafür, den gesamten Kredit als Gesellschafterkredit einzuordnen.

So mit Recht:
Lutter/Hommelhoff, §§ 32a/b Rz. 41.

Ist dagegen einer der nur im **Innenverhältnis** beteiligten sonstigen Konsorten Gesellschafter, so liegt zwar formal ein Darlehensverhältnis zur GmbH nicht vor, da der Konsorte nach außen nicht als Kreditgeber aufgetreten ist. Nach der auch hier durchschlagenden Wertung, wie sie durch § 32a Abs. 3 GmbHG vorgegeben ist, wäre aber der interne Kreditanteil, den der Gesellschafter-Konsorte aufbringt und für den er das Kreditrisiko trägt, als ein Kredit einzuordnen, der einem Gesellschafterdarlehen wirtschaftlich entspricht. **3.43**

Zur Frage der kapitalersetzenden Natur der Kreditbeiträge im Falle ihres späteren Stehenlassens kommen die gleichen Gesichtspunkte zum Zuge, die zuvor für die Fällen des Außenkonsortiums angesprochen worden sind. **3.44**

C. Der Grundtatbestand im GmbH-Recht

Soweit hiernach vielfach die Folge ist, daß Konsortialkredite wegen der damit verbundenen Überprüfung der Kreditwürdigkeit der GmbH durch außenstehende Kreditgeber von den Regeln für kapitalersetzende Gesellschafterdarlehen praktisch selten betroffen sein werden, so muß hier gleichwohl auf Besonderheiten des Sachverhalts geachtet werden. So kann es sein, daß ein Beteiligter, der Gesellschafter der Kreditnehmerin ist, eine **Ausfallhaftung** für den Konsortialkredit übernommen hat, so daß er das entscheidende Kreditrisiko trägt. Wenn daher die Entschließung der Konsorten, Kredit zu gewähren, von der Absicherung durch den Gesellschafter-Konsorten beeinflußt ist, so würde es sich um einen gesellschafterbesicherten Kredit i. S. d. § 32a Abs. 2 GmbHG handeln, dessen Abwicklung dann die gesetzlich vorgesehenen Rechtsfolgen auslöst (siehe dazu Rz. 5.1 ff).

Vgl. BGHZ 105, 168, 184 f
= ZIP 1988, 1248, 1253;
dazu EWiR 1988, 1075 (Fleck).

3.45 e) Bei einem **Förderkredit** (einem zweckgebundenen Kredit der öffentlichen Hand oder eines öffentlichen Kreditinstituts, der aufgrund eines im öffentlichen Interesse verfolgten Kreditprogramms, meist mit vergünstigten Bedingungen, vergeben wird) ist zu unterscheiden:

Wird der Kredit als **Verwaltungskredit** vergeben, bei dem das eingeschaltete und an der GmbH beteiligte Kreditinstitut nur im Namen und für Rechnung der öffentlichen Vergabestelle auftritt, handelt es sich nicht um einen Gesellschafterkredit.

Vollzieht sich die Kreditvergabe in Form eines **durchlaufenden Kredits**, so leiht das Kreditinstitut die ihm von der öffentlichen Hand zur Verfügung gestellten Mittel zwar im eigenen Namen aus, fungiert aber dabei nur als Treuhänder der öffentlichen Hand, die ihrerseits auch allein über die Kreditvergabe zu entscheiden hat. Die Kreditrückzahlungsforderung wird wirtschaftlich auch nicht Bestandteil des Vermögens des Kreditinstituts. Das Kreditrisiko wird allein von der öffentlichen Vergabeinstanz getragen. Der Kredit ist danach auch dann, wenn das eingeschaltete Kreditinstitut an der kreditnehmenden GmbH beteiligt ist, mangels eines Zurechnungszusammenhanges mit der Gesellschafterstellung nicht als Gesellschafterkredit einzuordnen.

III. Erscheinungsformen des Eigenkapitalbedarfs in der GmbH

> Vgl. Rümker, in: Festschrift Stimpel,
> 1985, S. 673, 697 f;
> Scholz/Karsten Schmidt, §§ 32a, 32b Rz. 41.

Im Falle eines **durchgeleiteten Förderkredits** liegt es jedoch anders. Hier vergibt das Kreditinstitut ebenfalls fremde, von der Vergabestelle bewilligte Mittel, übernimmt aber das Risiko eines Kreditausfalls und tritt daher gewolltermaßen wirtschaftlich als Kreditgeber auf. Ist es zugleich Gesellschafter der kreditnehmenden GmbH, so verwirklicht sich der Tatbestand eines Gesellschafterdarlehens.

> Vgl. v. Gerkan, GmbHR 1986, 218, 220;
> Uhlenbruck, Die GmbH & Co. KG in
> Krise, Konkurs und Vergleich, 2. Aufl.,
> 1988, S. 695;
> anders (kein Gesellschafterdarlehen):
> Rümker, in: Festschrift Stimpel,
> S. 683, 697 f;
> Häuselmann/Rümker/Westermann, S. 74.

Die Sachlage ist hier nicht anders zu bewerten, wie wenn ein Gesellschafter die Kreditforderung eines Dritten gegen die GmbH erwirbt (vgl. dazu Rz. 4.18).

f) Um keinen Gesellschafterkredit handelt es sich, wenn ein Dritter der Gesellschaft Kredit gewährt und er sich dann bei einem Gesellschafter **refinanziert**. Denn hier werden zwei selbständige Kreditverhältnisse mit jeweils eigener Risikoverteilung begründet. Der Gesellschafter hat lediglich für den Refinanzierungskredit einzustehen, nicht aber für das primäre Kreditrisiko bei dem vom Dritten der GmbH gegebenen Darlehen. Mangels Verlagerung dieses Risikos auf den Gesellschafter handelt es sich auch nicht um eine gesellschaftliche Besicherung eines Drittdarlehens i. S. d. § 32a Abs. 2 GmbHG.

3.46

> Rümker, in: Festschrift Stimpel,
> S. 683, 702 f.

Umgekehrt versteht es sich, daß ein Gesellschafterdarlehen diesen Charakter nicht etwa deshalb verliert, weil der Gesellschafter sich seinerseits durch Aufnahme eines Kredites bei einem Dritten refinanziert.

C. Der Grundtatbestand im GmbH-Recht

3. Subjektiver Tatbestand

3.47 Da sowohl § 32a Abs. 1 GmbHG ("ordentliche Kaufleute") als auch der von der Rechtsprechung zugrunde gelegte Tatbestand der Kreditunwürdigkeit auf objektive Merkmale abstellen, kommt es - jedenfalls für den Fall der primären Hergabe eines Gesellschafterdarlehens - nicht auf zusätzliche **subjektive Voraussetzungen** bei den Gesellschaftern in Hinsicht auf eine Kenntnis der Krise an.

> BGHZ 75, 334, 337 ff = ZIP 1980, 115, 116 f;
> BGHZ 81, 311, 314 f = ZIP 1981, 1200, 1202;
> Hachenburg/Ulmer, § 32a,b Rz. 56;
> Ulmer, Das neue GmbH-Recht, S. 55, 64, und
> ZIP 1984, 1163, 1167;
> Scholz/Karsten Schmidt, §§ 32a, 32b Rz. 40;
> Karsten Schmidt, ZIP 1981, 689, 691;
>
> z. T. anders:
> Rowedder, GmbHG, 2. Aufl., 1990, § 32a Rz. 9a.

4. Beweislast

3.48 Die Beweislast für die Umstände, die die Anwendung der Schutzregeln zum Eigenkapitalersatz auslösen, trägt jeweils derjenige, der sich hierauf beruft, also die Gesellschaft, der Konkursverwalter, der pfändende Gläubiger. Umgekehrt muß der betroffene Gesellschafter beweisen, daß ein kapitalsetzender Kredit diese Funktion etwa wieder verloren hat.

> BGHZ 90, 370, 381 = ZIP 1984, 698, 701;
> Hachenburg/Ulmer, § 32a,b, Rz. 64, 64a;
> Scholz/Karsten Schmidt, §§ 32a, 32b Rz. 52
> Lutter/Hommelhoff, §§ 32a/b Rz. 66.

Jedoch trägt ein Gesellschafter, der der GmbH nicht mehr angehört und der nunmehr den Wegfall der kapitalsetzenden Funktion seines Kredites geltend machen will, hierfür nicht die Beweislast.

> BGH ZIP 1990, 98, 100;
> dazu EWiR 1990, 373 (Roeseler).

IV. Umfang und Fortdauer der Umqualifizierung

Dies setzt aber voraus, daß er auch wirtschaftlich nicht einem Gesellschafter gemäß § 32a Abs. 3 GmbHG gleichsteht.

BGH ZIP 1989, 93, 94;
dazu EWiR 1989, 369 (Martens).

Will ein Gesellschafter aufgrund seines Darlehensrückzahlungsanspruches Konkursantrag gegen die Gesellschaft stellen, so muß er seinerseits dartun, daß das Darlehen keinen Kapitalersatz darstellt. Dies folgt aus dem Erfordernis, das Bestehen einer im Konkurs zu berücksichtigenden Forderung glaubhaft zu machen (§§ 103, 105 Abs. 1 KO).

LG Dortmund ZIP 1986, 855, 857;
Scholz/Karsten Schmidt, §§ 32a, 32b Rz. 54;
Häuselmann/Rümker/Westermann, S. 140;

a. A. Hachenburg/Ulmer, § 32a,b Rz. 68.

Hat der Konkursverwalter den angemeldeten Anspruch aber zur Konkurstabelle festgestellt, so kann (wegen § 145 Abs. 2 KO) nachträglich nicht mehr geltend gemacht werden, das Darlehen habe Eigenkapital ersetzt.

BGH ZIP 1991, 456, 457;
dazu EWiR 1991, 493 (Brehm).

IV. Umfang und Fortdauer der Umqualifizierung

1. Umfang der Kapitalbindung

a) Nach der **Novellenregelung** wird ein Darlehen, welches der Ersetzung von Eigenkapital dient, nach überwiegender Auffassung in **vollem Umfange** von den angeordneten Rechtsfolgen betroffen. Eine Teilbarkeit der Darlehenssumme in einen Betrag, der kapitalersetzende Funktionen hat, und einen, der diese Bedeutung nicht hätte (z. B. die Überbrückung einer momentanen Geldverlegenheit), kommt danach nicht in Betracht.

3.49

Vgl. etwa
Hachenburg/Ulmer, § 32a,b Rz. 51;
Scholz/Karsten Schmidt, §§ 32a, 32b Rz. 49;

C. Der Grundtatbestand im GmbH-Recht

> Lutter/Hommelhoff, §§ 32a/b Rz. 11, 68;
> Rowedder, § 32a Rz. 11.

Nach anderen Stimmen, die sich jedoch nicht durchgesetzt haben, soll für eine Aufteilung dann Raum sein, wenn innerhalb der Darlehenssumme eine eindeutige rechnerische Abgrenzung möglich sei.

> Baumbach/Hueck, § 32a Rz. 48;
> Priester, in: Festschrift Döllerer,
> 1988, S. 475, 491.

3.50 b) Das Prinzip der Unteilbarkeit eines kapitalersetzenden Darlehens kann allerdings zu Abgrenzungsschwierigkeiten bei einem **Kontokorrentkredit** führen, der während seiner Laufzeit entsprechend seiner Bestimmung in wechselnder Höhe in Anspruch genommen wird. Daß auch ein Kontokorrentkredit kapitalersetzenden Charakter haben kann, ist dabei unbestritten.

> BGH WM 1986, 447, 448;
> Karsten Schmidt, ZIP 1981, 689, 693 f.

Da das Volumen des jeweils in Anspruch genommenen Kredits nach Maßgabe der jeweiligen Buchungen von Gutschriften und Belastungen ständig schwankt, fragt es sich, in welcher Höhe eine Eigenkapitalsubstitution vorliegt. Die Situation ist hier derjenigen vergleichbar, daß ein Gesellschafter der Gesellschaft jeweils neu gegen sie erworbene Forderungen (etwa aus Warenlieferungen) stundet und diese an die Stelle zuvor erworbener (ebenfalls gestundeter), nunmehr durch Verrechnungen erledigter Forderungen treten läßt (vgl. Rz. 4.17). Hier ist von einem Kredit an die Gesellschaft in Höhe des durchschnittlichen Forderungssaldos zugunsten des Gesellschafters auszugehen.

> BGH ZIP 1995, 23, 24;
> dazu EWiR 1995, 327 (Fleck).

3.51 c) Anders als die Novellenregelung knüpfen die **Grundsätze zu den §§ 30, 31 GmbHG** an die Beeinträchtigung des Stammkapitals an. Ein Gesellschafterkredit unterliegt danach einer Sperrung nach diesen Regeln jeweils in dem Umfange, zu dem er rechnerisch eine Unterbilanz oder eine etwa darüber hinausgehende Überschuldung abdeckt. Soweit eine Überschuldung vorliegt, ist daher der gesamte kapitaler-

IV. Umfang und Fortdauer der Umqualifizierung

setzende Kreditbetrag bis zur rechnerischen Wiederauffüllung der Stammkapitalziffer der Rückzahlungssperre unterworfen; für eine summenmäßige Begrenzung auf den Betrag des Stammkapitals ist in diesem Falle kein Raum.

Auf der anderen Seite führen die Grundsätze zu einer Aufteilung des Kredits, wenn dieser höher ist als dies für eine Wiederherstellung des Stammkapitals erforderlich wäre. Hier bleibt der den Fehlbetrag übersteigende Teil der Kreditsumme von einer Bindung nach § 30 GmbHG frei. Dementsprechend beschränkt sich auch der Erstattungsanspruch aus § 31 GmbHG auf die Wiederauffüllung des Stammkapitals, allerdings auch hier unter Abdeckung einer über die Stammkapitalziffer hinausgehenden Überschuldung.

BGHZ 31, 258, 276;
BGHZ 67, 171, 179;
BGHZ 69, 274, 280 f;
BGHZ 76, 326, 333 ff = ZIP 1980, 361, 363 ff;
BGHZ 81, 252, 261 = ZIP 1981, 974, 977;
BGHZ 90, 370, 378 = ZIP 1984, 698, 700;
BGHZ 95, 188, 193 = ZIP 1985, 1198, 1201;
dazu EWiR 1985, 793 (Crezelius);

Hachenburg/Ulmer, § 32a,b Rz. 15, 165;
Scholz/Karsten Schmidt, §§ 32a, 32b Rz. 77, 80;
Lutter/Hommelhoff, §§ 32a/b Rz. 8, 78 f.

d) **Zinsen und Nebenansprüche** aus dem Darlehensverhältnis sind grundsätzlich ebenso zu behandeln wie die Hauptforderung auf Rückzahlung des Darlehens. Sie können daher nicht geltend gemacht werden, soweit sie auf einen Zeitraum entfallen, in dem das Darlehen als eigenkapitalersetzend zu behandeln war oder ist. 3.52

BGHZ 67, 171, 179 f;
BGHZ 75, 334, 339 = ZIP 1980, 115, 116;
BGHZ 76, 326, 334 = ZIP 1980, 361, 363 f;
Hachenburg/Ulmer, § 32a,b Rz. 69, 79;
Lutter/Hommelhoff, §§ 32a/b Rz. 70, 80 f;
Baumbach/Hueck, § 32a Rz. 55.

C. Der Grundtatbestand im GmbH-Recht

Werden im übrigen Zinsen stehengelassen, so ist insoweit ihre kapitalersetzende Funktion selbständig zu prüfen.

> Kamprad, GmbHR 1984, 339, 340.

2. Fortdauer der Umqualifizierung

3.53 a) Ein nach § 32a GmbHG als Eigenkapital zu behandelndes Darlehen behält diese Bedeutung so lange, wie die zu dieser Einordnung führende Krisenlage der Gesellschaft andauert.

> Scholz/Karsten Schmidt, §§ 32a, 32b Rz. 50;
> vgl. auch
> Lutter/Hommelhoff, §§ 32a/b Rz. 59, 69.

Erholt sich die GmbH nachhaltig und gewinnt so ihre Kreditwürdigkeit zurück, so kommt es zur Entsperrung des Darlehens. Bei erneutem Auftreten einer Finanzierungskrise würde das Darlehen nur dann wieder kapitalersetzend werden, wenn der Gesellschafter es nunmehr in relevanter Weise "stehen läßt" (vgl. dazu Rz. 4.30 ff).

> Baumbach/Hueck, § 32a Rz. 51;
> vgl. auch
> Schlegelberger/Karsten Schmidt,
> § 172a Rz. 31.

3.54 Zu beachten ist allerdings, daß ein Freiwerden eines Darlehens nicht innerhalb der **Jahresfristen** in den §§ 32b Satz 1 GmbHG, 32a Satz 2 KO, § 3b Satz 2 AnfG in Betracht kommt. Der Bundesgerichtshof entnimmt den genannten Vorschriften eine unwiderlegbare Vermutung, daß ein bei seiner Gewährung kapitalersetzendes Darlehen diese Funktion auch noch bei seiner Rückzahlung an den Darlehensgeber gehabt hat, wenn es innerhalb eines Jahres danach zur Konkurseröffnung oder zur Individualanfechtung eines Gläubigers kommt.

> BGHZ 90, 370, 381 = ZIP 1984, 698, 700;
> zustimmend:
> Lutter/Hommelhoff, §§ 32a/b Rz. 69;
>
> kritisch dazu:
> Scholz/Karsten Schmidt, §§ 32a, 32b Rz. 50.

IV. Umfang und Fortdauer der Umqualifizierung

b)   Ist das Darlehen nach den **Grundsätzen zu den §§ 30, 31 GmbHG** zu beurteilen, so entfällt die sich daraus ergebende Rückzahlungssperre, sobald und soweit das Stammkapital anderweitig in nachhaltiger Weise wiederhergestellt wird. 3.55

BGHZ 81, 365, 367 = ZIP 1981, 1332, 1333.

Die Enthaftung setzt aber voraus, daß für die Darlehensrückzahlung über das Stammkapital hinaus freies Vermögen vorhanden ist.

BGH ZIP 1989, 93, 95;
dazu EWiR 1989, 369 (Martens).

Ebenso wie bei einer Wiederauffüllung des Stammkapitals ein Darlehen nicht mehr als Eigenkapitalersatz nach § 30 Abs. 1 GmbHG gebunden wäre, würde auch der bei vorzeitiger Rückzahlung an den Gesellschafter entstandene **Erstattungsanspruch** aus § 31 GmbHG vom Zeitpunkt der Wiederauffüllung entfallen, da die Grundsätze zur entsprechenden Anwendung der §§ 30, 31 GmbHG oberhalb des Stammkapitals nicht binden. Auf die (umstrittene) Rechtsprechung des Bundesgerichtshofes dazu, daß bei unmittelbarer Anwendung der §§ 30, 31 GmbHG eine anderweitige Wiederherstellung des Stammkapitals einen zuvor entstandenen Erstattungsanspruch aus § 31 GmbHG wegfallen lasse, 3.56

siehe BGH ZIP 1987, 1113, 1114 f;
dazu EWiR 1987, 1099 (K. Müller);

a. A. hierzu die ganz herrschende Lehre:
Scholz/H. P. Westermann, § 30 Rz. 6, 7;
Lutter/Hommelhoff, § 31 Rz. 11 f;
Ulmer, in: Festschrift 100 Jahre GmbH, 1992, S. 363, 385,

kommt es hier also nicht an.

Zu beachten ist, daß auch eine Wiederherstellung des Stammkapitals die Einordnung des Darlehens als Eigenkapitalersatz jedenfalls nur dann entfallen läßt, wenn zugleich die Gesellschaft ihre Kreditwürdigkeit zurückgewinnt (vgl. zuvor Rz. 3.53 f). Andernfalls verbleibt das Darlehen in der Bindung aufgrund der Vorschriften der GmbH-Novelle 1980. 3.57

C. Der Grundtatbestand im GmbH-Recht

3.58 Kommt es hingegen zu einer Wiedergewinnung der Kreditwürdigkeit durch die Gesellschaft, ohne daß auch das Stammkapital wiederhergestellt wird, so bleibt für eine Qualifikation der Kreditmittel als Eigenkapitalersatz kein Raum. Trotz der verbleibenden Stammkapitalbeeinträchtigung lassen sich dann auch die Grundsätze zu den §§ 30, 31 GmbHG nicht mehr heranziehen.

> Vgl. Scholz/Karsten Schmidt, §§ 32a, 32b Rz. 50, 77;
> Baumbach/Hueck, § 32a Rz. 77;
>
> unklar
> BGHZ 75, 334, 337 = ZIP 1980, 115, 116.

V. Rechtsfolgen außerhalb des Konkurses

3.59 Da die durch die GmbH-Novelle 1980 eingeführten Vorschriften die Eröffnung eines Insolvenzverfahrens voraussetzen (Ausnahme: die Individualanfechtung nach § 3b AnfG), ergeben sich die für kapitalersetzende Darlehen in der Zeit davor maßgeblichen Rechtsfolgen im wesentlichen aus den fortgeltenden Grundsätzen zu den §§ 30, 31 GmbHG. Im einzelnen ist dazu auf folgendes hinzuweisen:

1. Auszahlungssperre (§ 30 Abs. 1 GmbHG)

3.60 Ein kapitalersetzendes Darlehen darf an den kreditgebenden Gesellschafter nicht zurückgewährt werden, soweit es rechnerisch fehlendes Stammkapital oder eine darüber hinaus vorhandene Überschuldung abdeckt.

3.61 a) Das Bestehen einer **Unterbilanz** ist dabei nach den fortgeführten **Buchwerten** der Handelsbilanz zu bestimmen. Stille Reserven sind nur zu berücksichtigen, wenn ihre Auflösung den Grundsätzen ordnungsmäßiger Buchführung entspricht. Aus schwebenden Geschäften sind Vorleistungen, Erfüllungsrückstände und drohende Verluste zu bilanzieren, nicht aber noch nicht fällige Forderungen.

> BGHZ 106, 7, 12 = ZIP 1989, 95, 97 f;
> dazu EWiR 1989, 587 (Koch);

V. Rechtsfolgen außerhalb des Konkurses

näher hierzu:
Lutter/Hommelhoff, § 30 GmbHG Rz. 10 ff.

Diese Regeln gelten auch, wenn es um die Feststellung einer über den Verlust des gesamten Stammkapitals hinausgehenden **Überschuldung** geht. Insoweit ist nicht der für den Überschuldungstatbestand in § 63 Abs. 1 GmbHG geltende zweistufige Überschuldungsbegriff (vgl. oben unter Rz. 3.21) maßgeblich, da es allein um die Erfassung der (im Rahmen der §§ 30, 31 GmbHG relevanten) buchmäßigen Verluste und um die Bindung der zu ihrer Abdeckung geleisteten Kapitalhilfen der Gesellschafter geht.

Vgl. v. Gerkan, GmbHR 1990, 384, 388.

Auf den zweistufigen Überschuldungsbegriff ist dagegen abzustellen, wenn die Frage beantwortet werden soll, ob eine Überschuldung als einer der Tatbestände, die eine Kreditunwürdigkeit begründen würden (siehe bei Rz. 3.20), vorhanden ist.

b) Es ist im übrigen aber darauf hinzuweisen, daß ein Verstoß gegen § 30 Abs. 1 GmbHG nicht immer und notwendigerweise zu einer nachteiligen Veränderung der Buchwerte in der Handelsbilanz führen muß; gegebenenfalls bedarf es daher für die Feststellung eines solchen Verstoßes weitergehender Überprüfungen. **3.62**

Vgl. Stimpel, in: Festschrift
100 Jahre GmbHG, S. 335, 338 ff.

c) Das Gesetz untersagt **jede Art einer Rückgewähr**, also auch Erfüllungssurrogate, insbesondere eine Aufrechnung oder Verrechnung mit Gegenforderungen der Gesellschaft. **3.63**

BGHZ 81, 365, 367 f = ZIP 1981, 1332, 1333;
BGHZ 90, 370, 376 = ZIP 1984, 698, 699;
BGHZ 95, 188, 191 = ZIP 1985, 1198, 1200;
dazu EWiR 1985, 793 (Crezelius);
BGH ZIP 1983, 1448;
Scholz/Karsten Schmidt, §§ 32a, 32b Rz. 78.

Einer **Aufrechnung** steht bereits entgegen, daß dem Gesellschafter - wie aus § 30 Abs. 1 GmbHG folgt - ein Anspruch auf Rückzahlung des Darlehens nicht zusteht, so daß es an einer Aufrechnungslage fehlt.

C. Der Grundtatbestand im GmbH-Recht

Unzulässig ist es insbesondere auch, die in die Gesellschaft eingebrachte (kapitalersetzende) Darlehensvaluta im Wege einer Kapitalerhöhung **in Stammkapital umzuwandeln** und so den vermeintlichen Rückzahlungsanspruch mit der Stammeinlageschuld zu verrechnen oder aufzurechnen.

> BGHZ 90, 370, 376 = ZIP 1984, 698, 699;
> BGHZ 95, 188, 191 = ZIP 1985, 1198, 1200 f;
> dazu EWiR 1985, 793 (Crezelius);
> Scholz/Karsten Schmidt, §§ 32a, 32b Rz. 79;
> Lutter/Hommelhoff, §§ 32a/b Rz. 81.

3.64 d) Ob bereits die **Bestellung einer Sicherheit** aus dem Gesellschaftsvermögen durch § 30 Abs. 1 GmbHG untersagt ist, kann im Hinblick darauf fraglich sein, daß es vorerst ungewiß ist, ob es in der Folge zu einer Verwertung der Sicherheit und damit zum endgültigen Mittelabfluß aus der GmbH kommt.

Zum Teil wird in der Sicherheitseinräumung zunächst nur eine bloße Gefährdung des Gesellschaftsvermögens gesehen, die erst bei späterer Verwertung in eine Auszahlung umschlägt.

> Hachenburg/Goerdeler/W. Müller, § 30 Rz. 66.

Ist allerdings der Verwertungsfall so wahrscheinlich, daß dafür in der Bilanz eine Rückstellung zu machen ist, und führt dies zu einer Unterbilanz, so steht die Sicherheitsbestellung einer Auszahlung gleich.

> Vgl. dazu
> Hachenburg/Goerdeler/W. Müller, § 30 Rz. 66;
> Scholz/H. P. Westermann, § 30 Rz. 31;
> Lutter/Hommelhoff, § 30 Rz. 29 ff;
> Baumbach/Hueck, § 30 Rz. 19;
> Meister, WM 1980, 390, 393.

Für das Recht der KG hat der Bundesgerichtshof in einem konkreten Fall die Sicherheitsbestellung ohne weiteres einer haftungsschädlichen Rückzahlung der Einlage (§ 172 Abs. 4 HGB) gleichbewertet.

> BGH NJW 1976, 751, 752.

V. Rechtsfolgen außerhalb des Konkurses

In Übereinstimmung hiermit wird auch in der parallel liegenden Frage im Zusammenhang der §§ 30, 31 GmbHG vertreten, daß bereits die Sicherheitsgewährung an einen Gesellschafter geignet ist, das Stammkapital zu beeinträchtigen, ohne daß es dafür darauf ankomme, ob die Inanspruchnahme der Sicherheit wahrscheinlich ist und ob der sich dann aktualisierende Erstattungsanspruch der Gesellschaft vollwertig ist. Die Frage erlangt namentlich bei der Besicherung eines Kredits zugunsten eines Konzernunternehmens durch ein anderes zum Konzern gehörendes Unternehmen Bedeutung.

> Vgl. Stimpel, in: Festschrift 100
> Jahre GmbHG, S. 335, 354 ff;
> Schön, ZHR 159 (1995), 375, 382.

Diese Bewertung ist jedoch zweifelhaft.

> Ablehnend z. B.:
> Sonnenhol/Groß, ZHR 159 (1995), 388, 398 ff;
> wohl auch
> Messer, ZHR 159 (1995), 375, 382;
> siehe auch den Diskussionsbericht in:
> ZHR 159 (1995), 418 ff.

Unabhängig davon, ob die Bestellung einer Sicherheit bereits als Kreditrückzahlung einzuordnen ist, ist aber (bei Beeinträchtigung des Stammkapitals) jedenfalls die **Verwertung der Sicherheit durch § 30 Abs. 1 GmbHG untersagt.**

> Vgl. BGHZ 75, 334, 339 = ZIP 1980, 115, 116;
> BGHZ 81, 252, 262 f = ZIP 1981, 974, 977 f;
> BGHZ 81, 311, 318 = ZIP 1980, 1200, 1203 f;
> Lutter/Hommelhoff, § 30 Rz. 33, §§ 32a/b Rz. 84.

Zu beachten ist, daß die Einräumung einer **akzessorischen Sicherheit** rechtlich unwirksam sein würde, da es mangels eines Auszahlungsanspruchs des Gesellschafters an einer zu sichernden Forderung fehlt.   3.65

> Hachenburg/Ulmer, § 32a,b Rz. 169;
> Lutter/Hommelhoff, §§ 32a/b Rz. 84.

C. Der Grundtatbestand im GmbH-Recht

2. Erstattungsanspruch (§ 31 Abs. 1 GmbHG)

3.66 Wird die Darlehensvaluta entgegen § 30 Abs. 1 GmbHG an den Gesellschafter zurückgewährt, so erwirbt die Gesellschaft gegen ihn den Erstattungsanspruch aus § 31 Abs. 1 GmbHG in Höhe des verbotswidrig Erlangten. Geltend zu machen ist der Anspruch durch den Geschäftsführer der GmbH.

3.67 a) **Schuldner des Anspruchs** ist der Gesellschafter, der das Darlehen zurückerlangt, und zwar einschließlich der nach Rz. 4.2 ff einem Gesellschafter gleichzustellenden Kreditgeber.

Erfolgt die Rückzahlung an einen anderen als den kreditgebenden Gesellschafter, so berührt dies dessen Erstattungshaftung nicht, wenn die Leistung an den Dritten auf seine Veranlassung oder auf seine Rechnung geschieht.

  Hachenburg/Ulmer, § 32a,b Rz. 172;
  Scholz/H. P. Westermann, § 31 Rz. 11;
  Scholz/Karsten Schmidt, §§ 32a, 32b Rz. 83;
  Lutter/Hommelhoff, § 30 Rz. 19, § 31 Rz. 5.

3.68 b) In Betracht kommt daneben aber u. U. auch eine **Haftung des Drittempfängers** (dann als Gesamtschuldner mit dem Gesellschafter), wenn dieser in einem qualifizierten Näheverhältnis zu einem Gesellschafter steht. Die Rechtsprechung hat dies bei Hintermännern und Treugebern, nahen Angehörigen (jedenfalls wenn für sie der Verstoß gegen das Rückzahlungsverbot erkennbar war), und bei verbundenen Unternehmen bejaht; hier stellt der Bundesgerichtshof weithin auf das Merkmal der "wirtschaftlichen Einheit" ab.

  BGHZ 31, 258, 265;
  BGHZ 75, 334, 335 f = ZIP 1980, 115;
  BGHZ 81, 365, 368 = ZIP 1981, 1332, 1334;
  BGH ZIP 1983, 1448;
  BGH ZIP 1986, 456, 458;
  dazu EWiR 1986, 369 (Lüke);
  BGH ZIP 1987, 1050, 1051;
  dazu EWiR 1986, 587 (Weipert);

  vgl. aus dem Schrifttum (z. T. kritisch):
  Scholz/H. P. Westermann, § 31 Rz. 29 ff;
  Scholz/Karsten Schmidt, §§ 32a, 32b Rz. 83;

V. Rechtsfolgen außerhalb des Konkurses

Lutter/Hommelhoff, § 30 Rz. 19, 21,
§ 31 Rz. 5, §§ 32a/b Rz. 83;
Baumbach/Hueck, § 31 Rz. 12.

c) Im übrigen gelten für den Erstattungsanspruch die Regelungen in § 31 Abs. 2 (Anspruchsbeschränkung bei gutgläubigem Empfang der Rückzahlung), Abs. 4 (Verbot einer Stundung) und Abs. 5 GmbHG (fünfjährige Verjährung im Regelfall) in gleicher Weise wie bei einer unmittelbaren Auszahlung des zur Erhaltung des Stammkapitals erforderlichen Gesellschaftsvermögens.   3.69

Von Bedeutung ist insbesondere die **Verjährungsregelung**. Danach ist der Erstattungsanspruch gegebenenfalls auch dann noch durchsetzbar, wenn die Rückerstattungsmöglichkeit kraft des Anfechtungsrechts aus § 32a Satz 2 KO, das nur innerhalb eines Jahres ab Konkurseröffnung gegeben ist (§ 41 Abs. 1 Satz 1 KO; die künftig an die Stelle der Konkursordnung tretende Insolvenzordnung sieht in § 146 eine Verlängerung der Anfechtungsfrist, die als Verjährungsfrist ausgestaltet wird, auf zwei Jahre vor) am eingetretenen Fristablauf scheitert (dazu näher im folgenden bei Rz. 3.86 ff).

3. Haftung der Mitgesellschafter (§ 31 Abs. 3 GmbHG)

a) Für die **Mitgesellschafter** kommt eine **anteilige Solidarhaftung** entsprechend § 31 Abs. 3 GmbHG in Betracht, sofern der primäre Erstattungsanspruch bei dem schuldenden Gesellschafter (oder einem daneben haftenden Dritten, vgl. oben Rz. 3.68) nicht einbringlich ist.   3.70

b) Der **Umfang** der Haftung würde sich grundsätzlich nach der Höhe der Erstattungsforderung gegen den Empfänger der Rückzahlung bestimmen. Diente aber das Darlehen der Abdeckung einer über den Betrag des Stammkapitals hinausgehenden Überschuldung (Rz. 3.51), so wäre eine entsprechend weite Ausdehnung der Mithaftung unangemessen. Denn da die §§ 30, 31 GmbHG unmittelbar nur die Erhaltung noch vorhandenen Stammkapitals gewährleisten sollen, kann auch eine erweiternde Anwendung dieser Vorschriften nicht zu einer über den Betrag der Stammkapitalziffer hinausgehenden Mithaftung der übrigen Gesellschafter führen.   3.71

C. Der Grundtatbestand im GmbH-Recht

Die **Rechtsprechung** hatte hierzu den Standpunkt eingenommen, daß im Falle von Auszahlungen, die nicht mehr aus noch vorhandenem Stammkapital erbracht werden können und demgemäß eine Überschuldung der Gesellschaft begründen oder vertiefen, die §§ 30, 31 GmbHG nur noch entsprechend anzuwenden seien. Doch sollte sich dies nicht auf § 31 Abs. 3 GmbHG erstrecken; für eine Mithaftung der übrigen Gesellschafter für eine Auszahlung dieser Art war danach kein Raum.

>Vgl. BGHZ 60, 324, 331.

3.72 Die herrschende Auffassung im Schrifttum ist dem entgegengetreten; sie hält die §§ 30, 31 GmbHG auch bei Auszahlungen im Zustand der Überschuldung für unmittelbar anwendbar und befürwortet auch hier eine Mithaftung, jedoch beschränkt auf den **Betrag des Stammkapitals als Obergrenze.**

>Hachenburg/Goerdeler/W. Müller, § 30 Rz. 46, § 31 Rz. 54;
>Hachenburg/Ulmer, § 32a,b Rz. 173;
>Lutter/Hommelhoff, § 31 Rz. 20, §§ 32a/b Rz. 82;
>Baumbach/Hueck, § 31 Rz. 21.

Dem hat sich inzwischen auch die Rechtsprechung angeschlossen.

>BGH ZIP 1990, 451, 452 f;
>dazu EWiR 1990, 481 (Joost);
>auch BGH EWiR 1992, 787 (Wissmann).

Abweichend wird zum Teil vertreten, daß sich die Mithaftung auf den Betrag des Stammkapitalanteils des primär nach § 31 Abs. 1 GmbHG erstattungspflichtigen Gesellschafters beschränken soll.

>Scholz/H. P. Westermann, § 31 Rz. 30;
>Scholz/Karsten Schmidt, §§ 32a, 32b Rz. 83;
>Schlegelberger/Karsten Schmidt, §§ 171, 172 Rz. 132.

Dies wird allerdings problematisch, wenn der Darlehensgeber formal nicht Gesellschafter ist (und daher auch über keinen Stammkapitalanteil verfügt), sondern lediglich wegen seiner wirtschaftlich entspre-

V. Rechtsfolgen außerhalb des Konkurses

chenden Stellung wie ein Gesellschafter behandelt wird. Davon abgesehen scheint die Haftungsbegrenzung auf den Betrag des in Betracht kommenden Stammanteils zu niedrig angesetzt.

4. Haftung der Geschäftsführer

a) Für eine gegen § 30 Abs. 1 GmbHG verstoßende Auszahlung haften die Geschäftsführer (und zwar mehrere als Gesamtschuldner) **der Gesellschaft** nach § 43 Abs. 1 bis 3 GmbHG auf Ersatz, soweit ihnen hinsichtlich der Auszahlung ein Pflicht- und Sorgfaltsverstoß zur Last fällt. Der Anspruch verjährt nach § 43 Abs. 4 GmbHG in fünf Jahren. Die Haftung tritt, wenn die Geschäftsführer zugleich Gesellschafter sind, neben eine sich etwa bereits aus § 31 Abs. 1, 3 GmbHG ergebende Erstattungspflicht.

3.73

Ebenso haftet ein Geschäftsführer, wenn er es versäumt, einen Gesellschafter, der einen Kredit eines Dritten für die Gesellschaft mit kapitalersetzender Weise besichert hat, auf die von ihm geschuldete **Freistellung der Gesellschaft** von der Kreditschuld (vgl. Rz. 5.32 ff) in Anspruch zu nehmen, und wenn es daraufhin zu einer Ablösung der Kreditschuld aus dem Vermögen der Gesellschaft kommt. Voraussetzung der Haftung ist allerdings, daß der Gesellschafter, der die Sicherheit gestellt hatte, zur rechtzeitigen Schuldablösung hätte veranlaßt werden können.

BGH ZIP 1992, 108, 109;
dazu EWiR 1992, 277 (Hunecke).

b) Soweit die **Mitgesellschafter** nach § 31 Abs. 3 GmbHG für einen Fehlbetrag aufzukommen haben, **haften ihnen die Geschäftsführer**, denen die verbotswidrige Auszahlung zum Verschulden gereicht, nach § 31 Abs. 6 GmbHG auf Ersatz des Geleisteten.

3.74

Streitig ist hier die Verjährung des Ersatzanspruchs. Zum Teil wird von einer 30-jährigen Frist (§ 195 BGB) ausgegangen; andere halten (richtigerweise) entsprechend den §§ 31 Abs. 5, 43 Abs. 4 GmbHG eine fünfjährige Frist für sachgemäß, und zwar mit Verjährungsbeginn vom Zeitpunkt der Leistung des nach § 31 Abs. 3 GmbHG in Anspruch genommenen Mitgesellschafters.

C. Der Grundtatbestand im GmbH-Recht

> Zum Meinungsstand vgl.
> Hachenburg/Goerdeler/W. Müller, § 31 Rz. 71;
> Scholz/H. P. Westermann, § 31 Rz. 39;
> Lutter/Hommelhoff, § 31 Rz. 30;
> Baumbach/Hueck, § 31 Rz. 22.

5. Gesellschafterhaftung wegen Veranlassung der Auszahlung

3.75 Ein Gesellschafter, der die gegen § 30 Abs. 1 GmbHG verstoßende Auszahlung (mit-)veranlaßt hat, haftet der Gesellschaft wegen Verletzung seiner gesellschafterlichen Treuepflicht auf Ersatz des durch die Auszahlung entstandenen Schadens.

> BGHZ 93, 146, 149 f = ZIP 1985, 279, 280;
> dazu EWiR 1985, 101 (Priester);
>
> kritisch gegenüber der Rechtsprechung:
> Hachenburg/Goerdeler/W. Müller, § 31 Rz. 57;
> Scholz/H. P. Westermann, § 31 Rz. 31;
> Lutter/Hommelhoff, § 31 Rz. 22;
> Ulmer, ZGR 1985, 598, 601 f.

6. Rechtsstellung der Gesellschaftsgläubiger

3.76 a) Ein Gesellschaftsgläubiger hat die Möglichkeit, nach Titulierung seines Anspruchs gegen die Gesellschaft deren Erstattungsansprüche gegen die Gesellschafter entsprechend §§ 829 ff ZPO zu **pfänden** und sich **überweisen** zu lassen.

3.77 b) Daneben eröffnet sich für einen Gesellschaftsgläubiger, dessen Vollstreckung in das GmbH-Vermögen ergebnislos geblieben ist (§ 2 AnfG), nach der GmbH-Novelle 1980 wahlweise die Möglichkeit, im Wege der **Individualanfechtung** nach § 3b AnfG gegen einen Gesellschafter vorzugehen, an den ein nach § 32a GmbHG als Kapitalersatz verstricktes Darlehen zurückgezahlt worden ist oder dem die Gesellschaft für seinen Rückzahlungsanspruch eine Sicherheit eingeräumt hat.

Die Voraussetzungen des Anfechtungstatbestandes entsprechen dabei denen in § 32a KO (vgl. dazu Rz. 3.86 ff).

Die Möglichkeit eines Vorgehens gemäß § 3b AnfG kann nicht damit in Frage gestellt worden, daß das Merkmal einer fruchtlosen Vollstreckung (§ 2 AnfG) etwa so lange nicht gegeben sei, wie der Gläubiger noch die Möglichkeit nicht ausgeschöpft habe, den Erstattungsanspruch der GmbH aus § 31 Abs. 1 GmbHG zu pfänden und zu verwerten. Denn ein die Individualanfechtung betreibender Gläubiger braucht sich im Hinblick auf § 2 AnfG grundsätzlich nicht darauf verweisen zu lassen, eine noch nicht rechtskräftig festgestellte Forderung zu pfänden.

Kilger/Huber, AnfG, 8. Aufl., 1995, § 2 Anm. V 4;
vgl. dazu auch
v. Gerkan, GmbHR 1986, 218, 224.

Im **neuen Insolvenzrecht**, das ab 1999 gilt, werden die Vorschriften des AnfG durch Art. 48 Nr. 1 EGInsO teilweise umgestaltet. § 3b AnfG wird dabei durch den künftigen § 6 AnfG ersetzt, der dem § 135 InsO nachgebildet ist und Sicherungsgewährungen aus den letzten 10 Jahren vor der Anfechtung sowie Befriedigungshandlungen aus dem letzten Jahr vor der Anfechtung erfaßt.

VI. Rechtsfolgen im Konkurs und im Vergleich

1. Fortgeltung der Grundsätze zu den §§ 30, 31 GmbHG

a) Obwohl der Gesetzgeber mit der GmbH-Novelle 1980 eine speziell insolvenzbezogene Abwicklung kapitalersetzender Gesellschafterdarlehen vorgesehen hat, bleiben die Ansprüche, die sich zugunsten der Masse aus den §§ 30, 31 GmbHG ergeben, unberührt und machen die teilweise weniger weit reichenden Möglichkeiten der Novellenregelung im Ergebnis teilweise gegenstandslos (vgl. Rz. 2.4 ff, 2.8 ff). Ein selbständiger Raum bleibt für die Novellenvorschriften danach im wesentlichen nur für solche Darlehen, deren Kapitalersatzcharakter gemäß § 32a GmbHG sich nicht auf den Betrag des fehlenden Stammkapitals und einer darüber hinausgehenden Überschuldung beschränkt.

3.78

b) Für die §§ 30, 31 GmbHG tritt im Insolvenzfall eine Änderung nur insoweit ein, als die der Gesellschaft zustehenden Ansprüche nicht mehr durch die Geschäftsführer zu verfolgen sind, sondern vom Konkursverwalter wahrzunehmen sind.

3.79

C. Der Grundtatbestand im GmbH-Recht

2. Keine Geltendmachung kapitalersetzender Darlehen nach § 32a Abs. 1 GmbHG

3.80 a) § 32a GmbHG stellt in Absatz 1 Satz 1 klar, daß kapitalersetzende Darlehen sowie nach Absatz 3 gleichstehende Rechtspositionen im Insolvenzfall **nicht zu berücksichtigen** sind. Der Gesellschafter ist daher wegen seiner Ansprüche kein Konkurs- oder Vergleichsgläubiger i. S. d. §§ 3 KO, 8 VglO. Er hat kein Konkursantragsrecht nach § 103 Abs. 2 KO. Auch für eine Anspruchsanmeldung zur Konkurstabelle (§§ 138 ff KO) ist kein Raum. Im Vergleichsverfahren entfällt die Möglichkeit, einen Rückzahlungstitel zu vollstrecken (§§ 29, 47, 108 Abs. 2 Satz 3 sowie § 13 VglO).

Nach dem **künftigen Insolvenzrecht** (mit Geltung ab 1. Januar 1999) hat der Gesellschafter die Stellung eines **nachrangigen Insolvenzgläubigers** (§ 32a Abs. 1 i. d. F. von Art. 48 Nr. 1 EGInsO), und zwar in der letzten Rangstufe (vgl. § 39 Abs. 1 Nr. 5 InsO). Er könnte daher erst nach einer vollständigen Befriedigung aller sonstigen Gläubiger etwas aus der Masse erwarten.

Die Gesetzesregelung schließt ein, daß der Gesellschafter seinen Rückzahlungsanspruch im Insolvenzfall auch nicht gegen eine Forderung der Gesellschaft **aufrechnen** oder mit ihr **verrechnen** kann.

BGH WM 1987, 284, 285;
dazu EWiR 1987, 1097 (v. Gerkan);
BGH ZIP 1995, 280, 282;
dazu EWiR 1995, 261 (v. Gerkan);
Hachenburg/Ulmer, § 32a,b Rz. 70;
Scholz/Karsten Schmidt, §§ 32a, 32b
Rz. 53, 55 64;
Lutter/Hommelhoff, §§ 32a/b Rz. 74, 76.

3.81 Eine Aufrechnung vor Konkurseröffnung ist allerdings nicht ausgeschlossen. Jedoch kann der Konkursverwalter nach Konkurseröffnung der Berücksichtigung einer solchen Aufrechnung dann die **Anfechtungseinrede** aus § 32a Satz 2 KO entgegenhalten.

Hachenburg/Ulmer, § 32a,b Rz. 70;
auch Lutter/Hommelhoff, §§ 32a/b Rz. 76.

VI. Rechtsfolgen im Konkurs und im Vergleich

b) Sind dem Gesellschafter **Sicherheiten seitens der GmbH** eingeräumt worden, so ist streitig, ob der Gesellschafter sich nach der Gesetzeslage für sein Darlehen aus der Sicherheit befriedigen darf, solange deren Gewährung nicht gemäß § 32a Satz 1 KO angefochten wird.

3.82

Ist allerdings die Sicherheit **akzessorisch** (z. B. § 1137 Abs. 1 BGB), so schlägt das Verbot in § 32a Abs. 1 Satz 1 GmbHG auch gegenüber einer Verwertung der Sicherheit durch.

> Hachenburg/Ulmer, § 32a,b Rz. 71;
> Scholz/Karsten Schmidt, §§ 32a, 32b Rz. 56;
> Lutter/Hommelhoff, §§ 32a/b Rz. 77;
> Baumbach/Hueck, § 32a Rz. 59.

Im Fall **nichtakzessorischer** Sicherheiten müßte nach dieser Auffassung der Konkursverwalter einer Verwertung mit der Anfechtungseinrede entgegentreten.

> Vgl. Hachenburg/Ulmer und
> Lutter/Hommelhoff, jeweils aaO.

Ist die Geltendmachung der Anfechtungseinrede bei der Sicherheitsverwertung unterblieben, so bleibt dem Konkursverwalter noch die Möglichkeit, die vom Gesellschafter aus dem Gesellschaftsvermögen erlangte Befriedigung gemäß § 32a Satz 2 KO anzufechten.

Nach anderer Auffassung soll sich aus dem Zusammenwirken der §§ 30 Abs. 1, 32a Abs. 1 Satz 1 GmbHG in allen Fällen ein Verwertungsverbot ergeben.

> Scholz/Karsten Schmidt, §§ 32a, 32b
> Rz. 56, 65.

c) Bei von **Dritten gestellten Sicherheiten** ist der Gesellschafter in keinem Falle an einer Verwertung aus diesen auch noch während des Insolvenzverfahrens gehindert.

3.83

> Hachenburg/Ulmer, § 32a,b Rz. 65, 71.

C. Der Grundtatbestand im GmbH-Recht

Dies gilt an sich auch für Sicherheiten, die **Mitgesellschafter** gestellt haben; doch werden solche Sicherheiten gegebenenfalls ihrerseits den Rechtsfolgen aus § 32a Abs. 2 GmbHG unterworfen sein.

Geht infolge der Verwertung einer akzessorischen Sicherheit der Kreditrückzahlungsanspruch auf den Sicherungsgeber über (z. B. nach § 774 oder § 1143 BGB), so bleibt diesem allerdings eine Geltendmachung innerhalb des Insolvenzverfahrens nach § 32a Abs. 1 Satz 1 GmbHG ebenso versagt, wie das auch bei dem Gesellschafter als bisherigem Anspruchsinhaber der Fall war.

Scholz/Karsten Schmidt, §§ 32a, 32b Rz. 57.

3.84   d)   Kommt es im Konkurs zu einem **Zwangsvergleich** oder im Vergleichsverfahren zu einem **Vergleich**, so wirkt dieser gemäß § 32a Abs. 1 Satz 2 GmbHG jeweils auch gegenüber dem Gesellschafter und begrenzt demgemäß auch seinen Rückforderungsanspruch. Die Vorschrift soll vor allem verhindern, daß der Gesellschafter nach Verfahrensabschluß seinen Anspruch unabhängig von den sich aus dem Vergleich ergebenden Beschränkungen zu Lasten der übrigen Gläubiger verfolgen kann und damit besser als sie stände. Sie läßt im übrigen den Grundsatz des § 32a Abs. 1 Satz 1 GmbHG unberührt, so daß der Gesellschafter insbesondere nicht an den Vergeichsausschüttungen teilnimmt. Einer solchen Möglichkeit werden zudem regelmäßig auch die §§ 30, 31 GmbHG entgegenstehen.

Vgl. BGH ZIP 1995, 816, 818 f;
Karsten Schmidt, ZIP 1995, 969 ff.

Da der Gesellschafter kein Konkurs- und Vergleichsgläubiger ist, nimmt er auch an der Abstimmung über einen Vergleich nach den §§ 182 KO, 74 VglO nicht teil. Im Ergebnis wird der Gesellschafter daher nur zu seinem Nachteil wie ein anderer Gläubiger vom Vergleich betroffen.

Im **ab 1999 geltenden Insolvenzrecht** treten die Regeln der §§ 217 ff InsO über den **Insolvenzplan** an die Stelle eines Vergleichs. § 32a Abs. 1 Satz 2 GmbHG entfällt daher. Die Rechtsstellung des Gesellschafters als nachrangiger Insolvenzgläubiger (vgl. oben Rz. 3.80) be-

VI. Rechtsfolgen im Konkurs und im Vergleich

stimmt sich dann nach den §§ 225, 246 und 264 Abs. 2 InsO; für den Regelfall sieht dabei § 225 Abs. 1 InsO das Erlöschen des Rückforderungsanspruchs vor.

e) Streitig ist, ob § 32a Abs. 1 Satz 1 GmbHG auch während eines nach § 106 KO angeordneten **Sequestrationsverfahrens** (ab 1999: bei Sicherungsmaßnahmen i. S. d. §§ 21 ff InsO, namentlich also bei einer vorläufigen Insolvenzverwaltung) gilt. **3.85**

Bejahend:
Hachenburg/Ulmer, § 32a,b Rz. 67;
Scholz/Karsten Schmidt, §§ 32a, 32b Rz. 59;
dagegen verneinend (wohl zu Recht):
Uhlenbruck, Die GmbH & Co. KG, S. 439, 669.

3. Die Anfechtung nach § 32a KO

a) Das Gesetz unterscheidet zwischen einer praktisch unbegrenzten Anfechtung von Rechtshandlungen, die dem Gesellschafter für seine noch nicht erfüllten Rückzahlungsansprüche eine **Sicherung** aus dem Gesellschaftsvermögen gewährt haben, und einer Anfechtung von Rechtshandlungen, durch die der Gesellschafter wegen seiner Ansprüche **befriedigt** worden ist. Im letzteren Fall ist die Anfechtung nur eröffnet, wenn die Befriedigung zeitlich nicht länger als ein Jahr vor der Konkurseröffnung gewährt worden ist. Ist ein Vergleichsverfahren vorausgegangen, ist statt des Tages der Konkurseröffnung der Tag der Eröffnung des Vergleichsverfahrens maßgebend (§ 107 Abs. 2 VglO); diese Vorverlegung gilt auch für die Vorfrist in § 32b Satz 1 GmbHG. **3.86**

In der **künftigen Insolvenzordnung** (die ab 1999 gelten soll) ist eine dem § 32a KO entsprechende Anfechtungsmöglichkeit in § 135 InsO mit zum Teil abweichender Erfassung der anfechtbaren Rechtshandlung und einer gewissen Verlängerung der Anfechtungsfrist vorgesehen (siehe dazu bei Rz. 3.88 bis 3.90).

b) Nach geltendem Recht muß die **Anfechtung innerhalb eines Jahres** seit der Konkurseröffnung erfolgen (§ 41 Abs. 1 Satz 1 KO). Mit der Anfechtung können zudem - wie bei Rz. 3.86 dargestellt - **Befriedigungen** von Gesellschaftern nur erfaßt werden, wenn sie nicht länger als **ein Jahr vor Konkurs- oder Vergleichseröffnung** zurückliegen. **3.87**

C. Der Grundtatbestand im GmbH-Recht

3.88 Die **zeitliche Begrenzung bei der Erfassung von Befriedigungshandlungen** ist wenig sachgerecht. Sie provoziert das Bestreben der Gesellschafter, die sich kapitalersetzende Mittel haben zurückgewähren lassen, die Eröffnung des Konkursverfahrens zu verzögern; das ist angesichts der oft undurchsichtigen Vermögensverhältnisse einer auf die Insolvenz zutreibenden GmbH oft nicht ohne Aussicht. Ein Ablauf der Vorausfristen in den § 32a Satz 2 KO, § 32b GmbHG liegt um so mehr im Bereich des Möglichen, als der Konkurseröffnung außer einem ergebnislos verlaufenen Vergleichsverfahren oft auch eine u. U. längerdauernde Sequestration (§ 106 KO) vorausgehen wird.

> Vgl. auch
> Hachenburg/Ulmer, § 32a,b Rz. 81,
> mit dem Vorschlag, den Zeitpunkt der
> Sequestrationsanordnung analog den
> §§ 107 Abs. 2 VglO, 46c KWG für die
> Berechnung der Vorausfrist zugrunde
> zu legen.

Die aus dem Gesetz resultierende Beschränkung der Anfechtungsmöglichkeiten nach schließlicher Konkurseröffnung und der Geltendmachung von Erstattungsansprüchen läßt sich allerdings gegebenenfalls durch die zu den §§ 30, 31 GmbHG entwickelten Grundsätze auffangen, da ein mit den Anfechtungsmöglichkeiten oft konkurrierender Erstattungsanspruch aus § 31 GmbHG regelmäßig erst in fünf Jahren verjährt.

Im **künftigen Insolvenzrecht** werden Befriedigungshandlungen aus der Zeit von einem Jahr vor dem Insolvenzeröffnungsantrag sowie für die Zeit nach Antragstellung einer Anfechtung unterworfen (§ 135 Nr. 2 InsO).

3.89 Problematisch ist hier auch die **Jahresfrist für die Ausübung des Anfechtungsrechts** (§ 41 Abs. 1 Satz 1 KO). Die Schwierigkeiten für den Konkursverwalter bei der Aufklärung der oft verdeckten und undurchsichtigen Geschehensabläufe im Zusammenhang mit der Abwicklung von Gesellschafterdarlehen und dergleichen sind überdurchschnittlich groß und lassen es fraglich sein, ob die für sonstige Anfechtungsfälle maßgebliche Anfechtungsfrist auch hier sachgerecht ist.

VI. Rechtsfolgen im Konkurs und im Vergleich

Vgl. dazu etwa
v. Gerkan, GmbHR 1986, 218, 223 f.

Für die Zukunft wird erst die ab 1999 geltende **Insolvenzordnung** auch in Fällen, in denen nicht auf die §§ 30, 31 GmbHG zurückgegriffen werden kann, eine gewisse Abhilfe bringen, indem § 146 InsO dem Insolvenzverwalter eine **zweijährige Frist für die Anfechtung** zur Verfügung stellt. Die Anfechtungsfrist wird dabei als Verjährungsfrist ausgestaltet.

c) Unter einer **Befriedigung** i. S. v. § 32a Satz 2 KO müssen auch Erfüllungssurrogate verstanden werden wie z. B. eine Aufrechnung oder eine sonstige Verrechnung. 3.90

BGHZ 81, 311, 314, 320
= ZIP 1981, 1200, 1202, 1204;
BGHZ 95, 188, 191
= ZIP 1985, 1198, 1200 f;
dazu EWiR 1985, 793 (Crezelius);
Hachenburg/Ulmer, § 32a,b Rz. 79;
Scholz/Karsten Schmidt, §§ 32a, 32b Rz. 70;
Kilger/Karsten Schmidt, KO,
16. Aufl., 1993, § 32a Anm. 5 b) aa);
Kuhn/Uhlenbruck, KO, § 32a Rz. 20.

Erfaßt werden auch Mittelrückflüsse, die nicht an den Gesellschafter selbst gehen, aber - ähnlich wie bei § 31 GmbHG (vgl. dazu Rz. 3.68) - wirtschaftlich für seine Rechnung geleistet werden, z. B. an einen nahen Angehörigen.

BGHZ 81, 365, 368 ff
= ZIP 1981, 1332, 1333 f;
Kilger/Karsten Schmidt, KO,
§ 32a Anm. 6a).

d) Als anfechtbare **Sicherung** sind nicht nur Sicherheiten zu verstehen, die die GmbH dem Gesellschafter für ein unmittelbares Gesellschafterdarlehen oder andere unmittelbar zugeführte Kapitalsurrogate gestellt hat, sondern auch solche, die dem Gesellschafter zur Absicherung seiner Ersatz- und Rückgriffsansprüche aufgrund eines von ihm besicherten Darlehens eines Dritten gewährt worden sind. 3.91

§ 32a KO erfaßt auch den Fall, daß der den Kredit eines Dritten besichernde Gesellschafter den Kreditgeber befriedigt und er mit der damit auf ihn übergehenden Kreditforderung (z. B. nach § 774 Abs. 1 BGB) zugleich auch von der GmbH dem Dritten eingeräumten Sicherungen erwirbt (§§ 412, 401 BGB).

BGHZ 81, 252, 259 = ZIP 1981, 974, 978.

Dies folgt aus der Gleichstellung von mittelbaren und unmittelbaren gesellschafterlichen Kapitalhilfen aufgrund des § 32a Abs. 2 GmbHG, auf den § 32a KO Bezug nimmt.

Ebenso ist als Sicherung i. S. d. § 32a Satz 1 KO zu begreifen, wenn der Gesellschafter sich die dingliche Rechtsinhaberschaft an Gegenständen verschafft, die er der GmbH in einer Weise zugeführt hat, die Eigenkapital ersetzt (vgl. Rz. 4.25 ff).

Erfaßt wird aber auch, wenn ein Gesellschafter bei Lieferungen an die GmbH den Kaufpreisanspruch mit kapitalersetzender Wirkung stundet und sich dabei das Eigentum am Lieferungsgegenstand vorbehält.

Hachenburg/Ulmer, § 32a,b Rz. 102;
Scholz/Karsten Schmidt, §§ 32a, 32b Rz. 73.

Während nach geltendem Recht alle Sicherungsgewährungen aus den letzten 30 Jahren vor der Anfechtung erfaßt werden (§ 41 Abs. 1 Satz 3 KO), begrenzt der **künftig geltende § 135 Nr. 1 InsO** die Anfechtung auf Vorgänge in den letzten 10 Jahren vor dem Antrag auf Insolvenzeröffnung und aus der Zeit nach der Antragstellung.

3.92 e) Zu beachten ist, daß sich die Konstellationen, in denen das **Stehenlassen** kapitalersetzend gewordener Mittel einem anfänglichen Gewähren gleichsteht (Rz. 4.30 ff), auch auf das **konkursrechtliche Schicksal einer Sicherung** auswirken müssen, die vor Eintritt der in § 32a Abs. 1 GmbHG vorausgesetzten Krisenlage einem Gesellschafter aus dem GmbH-Vermögen eingeräumt worden ist. Die Gleichwertigkeit von Gewähren und Stehenlassen, die zur Unterwerfung belassener Kapitalmittel (einschließlich gestellter Gesellschaftersicherheiten) unter die Regelung von § 32a Abs. 1 und 3 GmbHG führt, muß konsequenterweise dazu kommen, daß auch in Hinsicht auf die Sicherung,

VI. Rechtsfolgen im Konkurs und im Vergleich

die eine GmbH ihrem Gesellschafter gibt, das Bestehenlassen durch die GmbH und die Weiterbeanspruchung durch den Gesellschafter einer anfänglichen Sicherungseinräumung für - ebenfalls - von Anfang an kapitalersetzende Mittel gleichzubewerten ist.

> So OLG Hamburg ZIP 1986, 227, 228
> (für den Paralleltatbestand des
> § 3b Satz 1 AnfG);
> dazu EWiR 1986, 9 (Fleck).

Andernfalls liefe die gesetzliche Regelung in diesem Bereich leer und verfehlte den mit ihr verfolgten Zweck.

Die Bejahung einer "Rechtshandlung" i. S. d. § 32a Satz 1 KO bezogen auf das Bestehenlassen der von der Gesellschaft gewährten Sicherung macht in diesem Zusammenhang keine Schwierigkeiten.

> Zum Begriff der Rechtshandlung:
> BGH WM 1975, 1182, 1184;
> Kuhn/Uhlenbruck, KO, § 32a Rz. 18
> Kilger/Karsten Schmidt, KO, § 29
> Anm. 8 ff sowie § 32a Anm. 3 b);
> jedoch gegen die Einbeziehung von
> einseitigen Verhaltensweisen bei
> § 32a Abs. 3 GmbHG:
> Hachenburg/Ulmer, § 32a,b Rz. 85 ff, 89 ff;
> Scholz/Karsten Schmidt, §§ 32a, 32b Rz. 100
> (vgl. dazu nachfolgend unter Rz. 4.34 ff).

D. Erweiterungen des Grundtatbestandes
I. Erfassung von Nichtgesellschaftern und anderen Kapitalhilfen (§ 32a Abs. 3 GmbHG)

Außer Gesellschaftern im formalen Sinne werden auch andere Kreditgeber, die eine einem Gesellschafter wirtschaftlich vergleichbare Rechtsstellung innehaben, von den Regeln über eigenkapitalersetzende Darlehen erfaßt. Ferner werden einem Darlehen Kapitalhilfen anderer Art, die ihm wirtschaftlich entsprechen, gleichgestellt. Die hierzu gemäß § 32a Abs. 3 GmbHG maßgeblichen Gesichtspunkte entsprechen denen, die für die Grundsätze zu den §§ 30, 31 GmbHG in Betracht kommen. 4.1

1. Gesellschaftergleiche Behandlung von Nichtgesellschaftern

Für eine Gleichbehandlung kommt es grundsätzlich darauf an, ob es sich um eine Rechtsstellung handelt, die wirtschaftlich derjenigen eines unmittelbar an der GmbH beteiligten Gesellschafters entspricht. 4.2

> Siehe etwa
> OLG Hamburg ZIP 1989, 373, 374;
> dazu EWiR 1989, 371 (Rümker).

Hier kommen für eine Einbeziehung folgende Personengruppen in Betracht:

a) Beim treuhänderisch gehaltenen Geschäftsanteil wird auch der **Treugeber**, der mittelbar (wirtschaftlich) Anteilsinhaber ist, als Gesellschafter behandelt. 4.3

> BGHZ 31, 258, 266 f;
> BGHZ 75, 334, 335 f = ZIP 1980, 115, 116;
> BGHZ 95, 188, 193 = ZIP 1985, 1198, 1201;
> dazu EWiR 1985, 793 (Crezelius);
> Hachenburg/Ulmer, § 32a,b Rz. 123;
> Scholz/Karsten Schmidt, §§ 32a, 32b
> Rz. 30, 123;
> Lutter/Hommelhoff, §§ 32a/b Rz. 61.

b) Ein **stiller Gesellschafter** der GmbH, der nicht zugleich GmbH-Gesellschafter ist, kann einem solchen wirtschaftlich gleichstehen, wenn es sich um eine **atypische** Beteiligung handelt, sei es bei ei- 4.4

D. Erweiterungen des Grundtatbestandes

ner vereinbarten schuldrechtlichen Teilhabe am Wert des Gesellschaftsvermögens wie ein Gesamthänder oder sei es im Falle der Verleihung von Geschäftsführungskompetenzen innerhalb des Unternehmens, die ihm Einfluß auf die unternehmerischen Entscheidungen wie bei einer unmittelbarer Beteiligung gewähren.

> BGH ZIP 1985, 347;
> BGHZ 106, 7, 9 ff = ZIP 1989, 95, 96 f;
> dazu EWiR 1989, 587 (Koch);
> Lutter/Hommelhoff, § 30 Rz. 17

4.5 Der **typische** stille Gesellschafter, dessen Beteiligung den dispositiven Regelungen in den §§ 230 ff HGB entspricht, wird dagegen nicht erfaßt. Er nimmt mit seinem Auseinandersetzungsanspruch am Konkurs teil (§ 236 HGB); für ein von ihm zusätzlich gewährtes Darlehen kann nichts anderes gelten.

> Hachenburg/Ulmer, § 32a,b Rz. 124;
> Scholz/Karsten Schmidt, §§ 32a, 32b Rz. 123;
> Rümker, in: Festschrift Stimpel, S. 673, 692 ff;
> Kollhosser, WM 1985, 929, 933 f;
>
> zu den Erscheinungsformen der atypischen Beteiligung vgl. näher:
> Schlegelberger/Karsten Schmidt, § 335 (§ 230 n. F.) Rz. 67 ff.

4.6 c) Für einen **Unterbeteiligten** an einem GmbH-Anteil müssen vergleichbare Abgrenzungskriterien gelten. Einem GmbH-Gesellschafter kann der Unterbeteiligte nur dann gleichgestellt werden, wenn seine Rechtsstellung in atypischer Weise so ausgestaltet ist, daß er schuldrechtlich am Wert des Geschäftsanteils beteiligt ist oder ihm Befugnisse bei der Anteilsverwaltung zustehen, die ihn wirtschaftlich als (Mit-)Inhaber des Anteils erscheinen lassen.

> Vgl. dazu
> Hachenburg/Ulmer, § 32a,b Rz. 126;
> Scholz/Karsten Schmidt, §§ 32a, 32b Rz. 123;

I. Erfassung von Nichtgesellschaftern und anderen Kapitalhilfen

zur atypischen Unterbeteiligung vgl. bei
Schlegelberger/Karsten Schmidt,
§ 335 (§ 230 n. F.) Rz. 189 ff.

d) Ein **Nießbraucher** oder **Pfandgläubiger** eines Gesellschaftsanteils wird als Gesellschafter ebenfalls nur dann behandelt werden können, wenn seine Position nach ihrer konkreten Ausgestaltung wirtschaftlich der eines Anteilsinhabers gleichkommt und ihn in den Stand setzt, die Geschicke des Unternehmens wie ein Gesellschafter mitzubestimmen. 4.7

BGHZ 119, 191, 195 f = ZIP 1992, 1300, 1301;
dazu EWiR 1992, 999 (v. Gerkan);
Hachenburg/Ulmer, § 32a,b Rz. 126;
Scholz/Karsten Schmidt, §§ 32a, 32b Rz. 123;
Baumbach/Hueck, § 32a Rz. 21.

e) Umstritten und in den Einzelheiten noch nicht überall abschließend geklärt ist die Einbeziehung **verbundener Unternehmen** (i. S. d. §§ 15 ff AktG). Die Rechtsprechung ist hier unter dem Gesichtspunkt der **wirtschaftlichen Einheit** zu einer weitreichenden Erfassung von Unternehmensverbindungen und Beteiligungsverhältnissen gelangt. 4.8

Vgl. BGHZ 81, 311, 315
= ZIP 1981, 1200, 1202 f;
BGHZ 81, 365, 368
= ZIP 1981, 1332, 1333;
BGH ZIP 1983, 1448, 1449;
BGH ZIP 1986, 456, 458;
dazu EWiR 1986, 369 (Lüke);
BGH ZIP 1987, 1050, 1051;
dazu EWiR 1986, 587 (Weipert);
BGH ZIP 1990, 1467, 1468 f;
dazu EWiR 1990, 1211 (G. Müller).

Insbesondere in der zuletzt genannten Entscheidung hat der Bundesgerichtshof klargestellt, daß eine Mehrheitsbeteiligung (hier zu 75 %) an der Alleingesellschafterin einer GmbH zu einer gesellschaftergleichen Behandlung des Inhabers der Beteiligung führt und daß ein Abhängigkeitstatbestand (i. S. d. §§ 15 ff AktG) eine wirtschaftliche Einheit der Unternehmen begründet.

D. Erweiterungen des Grundtatbestandes

Die Rechtsprechung hat auch eine Gebietskörperschaft einer gesellschaftergleichen Behandlung unterworfen, die sich über eine von ihr auf der Grundlage des öffentlichen Rechts errichtete Staatsbank an einer GmbH beteiligt hatte.

> BGHZ 105, 168, 175 ff
> = ZIP 1988, 1248, 1250 f;
> dazu EWiR 1988, 1075 (Fleck).

Ferner hat der Bundesgerichtshof ein Unternehmen zur Erstattung zurückgezahlter kapitalersetzender Mittel für verpflichtet angesehen, dessen Schwestergesellschaft als Treugeberin eines GmbH-Gesellschafters mittelbar an der GmbH beteiligt war. Maßgebend hierfür waren die Verbundenheit beider Schwesterunternehmen und ihre beiderseitige Abhängigkeit von einer Muttergesellschaft; danach stand die Mittelauszahlung an das Unternehmen einer solchen an die Schwestergesellschaft gleich.

> BGH ZIP 1990, 1593, 1595;
> dazu EWiR 1991, 67 (v. Gerkan).

Bemerkenswert ist auch eine weitere Entscheidung, die eine Kreditgewährung an eine GmbH durch ein Bankunternehmen (in der Rechtsform der KG) betraf, dessen persönlich haftender Gesellschafter über seine Ehefrau und vermittels der von dieser sowohl am Bankunternehmen als auch (mittelbar über eine zwischengeschaltete Gesellschaft) an der GmbH gehaltenen maßgeblichen Beteiligungen beide Unternehmen seiner einheitlichen Leitung unterworfen hatte. Der Bundesgerichtshof ist auf dieser Grundlage zu der Bewertung gelangt, daß die Ehefrau ihre Beteiligungen nur als Treuhänderin ihres Ehemannes innegehabt habe; aber auch bei Verneinung eines Treuhandverhältnisses hätten die Eheleute jedenfalls ihre Rechte aus einer gemeinsam betriebenen Unternehmenspolitik in Form einer gemeinsamen Herrschaft einheitlich wahrgenommen, so daß der Unternehmensverbund eine wirtschaftliche Einheit dargestellt habe.

> BGH ZIP 1992, 242, 244;
> dazu EWiR 1992, 279 (Joost).

I. Erfassung von Nichtgesellschaftern und anderen Kapitalhilfen

Ein praktisch bedeutsamer Anwendungsfall einer gesellschaftergleichen Behandlung eines verbundenen Unternehmens sind im übrigen die von Kreditunternehmen betriebenen **Beteiligungsgesellschaften** im Zusammenhang mit einem vom Kreditinstitut an eine GmbH gewährten Darlehen.   4.9

Auch bei einer **Betriebsaufspaltung** wird die Besitzgesellschaft typischerweise wie eine Gesellschafterin der Betriebsgesellschaft zu behandeln sein, darüber hinaus aber auch die Gesellschafter der Besitzgesellschaft, die nicht selbst unmittelbar an der Betriebsgesellschaft beteiligt sind.   4.10

> Hachenburg/Ulmer, § 32a,b Rz. 122;
> Scholz/Karsten Schmidt, §§ 32a, 32b Rz. 122;
> Uhlenbruck, Die GmbH & Co. KG, S. 707.

Im Schrifttum ist die Rechtsprechung zum Teil auf Widerspruch gestoßen, da die Gefahr bestehe, daß rechtlich selbständige Unternehmen unter Umständen sachwidrig als Einheitsunternehmen behandelt würden. Insbesondere ist geltend gemacht worden, daß eine Mehrheitsbeteiligung oder eine einfache Abhängigkeit noch keine Grundlage für eine Zurechnung der Finanzierungsverantwortung bilden dürfe.   4.11

> Vgl.
> Scholz/Karsten Schmidt, §§ 32a, 32b Rz. 120 f;
> Lutter/Hommelhoff, §§ 32a/b Rz. 63 f;
> Lutter, ZIP 1989, 477, 480;
> Hommelhoff, WM 1984, 1105 ff.

Allerdings stellt § 32a Abs. 3 GmbHG nicht etwa auf eine wirtschaftliche Identität eines einzubeziehenden Dritten mit einem Gesellschafter im formalen Sinne ab, sondern auf den Tatbestand einer eigenen gesellschafterähnlichen Stellung des Dritten. Insoweit kann für eine Unternehmensverbindung nichts anderes gelten wie für andere mit einem Gesellschafter rechtlich nicht identische, aber einem solchen nach ihrer Rechtsstellung gleichzustellende Rechtsträger. Entscheidend muß jeweils sein, ob die Stellung des verbundenen Unternehmens der Sache nach als eine (eigenständige) Gesellschafterposition im wirtschaftlichen Sinne verstanden werden kann.

D. Erweiterungen des Grundtatbestandes

> Gegen eine Beschränkung auf bestimmte Arten einer Unternehmensverbindung insbesondere: Hachenburg/Ulmer, § 32a,b Rz. 121.
>
> Zu sonstigen Gesichtspunkten des Eigenkapitalschutzes in verbundenen Unternehmen und in Konzernverhältnissen vgl. des weiteren in Abschnitt L III (Rz. 11.27 ff).

4.12 f) Unklarheiten haben sich auch dazu ergeben, unter welchen Voraussetzungen **nahe Angehörige** eine Behandlung wie formal beteiligte Gesellschafter zu erfahren hätten. Auch hier hatte es zunächst den Anschein, als ob die Rechtsprechung hier einen strengen Standpunkt einnehmen würde. Insbesondere hatte sich der Bundesgerichtshof auf die Regelungen über Organkredite (§§ 89 Abs. 3, 115 Abs. 2 AktG) und zur Unterwerfung von Angehörigen unter die Anfechtungstatbestände (§§ 31 Nr. 2, 32 Nr. 2 KO, 3 Nr. 2 und 4 AnfG) bezogen, namentlich wenn die Darlehensvaluta wirtschaftlich aus dem Vermögen des Gesellschafters stammt.

> BGHZ 81, 311, 315 f
> = ZIP 1981, 1200, 1202 f;
> BGHZ 81, 365, 368 f
> = ZIP 1981, 1332, 1333 f;
> BGH ZIP 1986, 456, 458;
> dazu EWiR 1986, 369 (Lüke).

In der Folgezeit hat der Bundesgerichtshof jedoch klargestellt, daß Kapitalhilfen naher Angehöriger eines Gesellschafters - soweit es um die **Novellenregeln** geht - nur dann als Kapitalersatz erfaßt werden können, wenn die Mittel entweder **vom Gesellschafter stammen** oder wenn dieser seine Beteiligung lediglich als **Treuhänder des Angehörigen** hält. Im übrigen wird die Behandlung Angehöriger dahin differenziert, daß der durch die §§ 89 Abs. 3, 115 Abs. 2 AktG umschriebene Kreis von Angehörigen (Ehegatten und minderjährige Kinder) zwar dem **Auszahlungsverbot des § 30 GmbHG** unterliege (mit der Folge, daß auch eine entstehende Erstattungshaftung aus § 31 GmbHG in Betracht kommt); dabei bleibe offen, ob dies auch für sonstige nahe Angehörige gelte. Davon abgesehen könnten jedoch Angehörige nur in den beiden zuvor genannten Sonderfällen den Regeln betreffend die Kapitalerhaltung unterworfen werden.

I. Erfassung von Nichtgesellschaftern und anderen Kapitalhilfen

> BGH ZIP 1991, 366 f;
> dazu EWiR 1991, 681 (Frey).

Mit dieser Rechtsprechung bewegt sich der Bundesgerichtshof im wesentlichen konform zu der herrschenden Meinung im Schrifttum, das Bedenken gegen eine Gleichbehandlung von Angehörigen eines Gesellschafters allein wegen einer familienbezogenen Interessengleichrichtung geltend gemacht hatte.

> Zum Meinungsstand vgl. etwa:
> Hachenburg/Ulmer, § 32a,b Rz. 120;
> Scholz/Karsten Schmidt, §§ 32a, 32b Rz. 119;
> Schlegelberger/Karsten Schmidt, § 172a Rz. 35;
> Lutter/Hommelhoff, §§ 32a/b Rz. 62, 83.

Im weiteren Zusammenhang mit der Behandlung Angehöriger ist darauf hinzuweisen, daß die Rechtsprechung im Gesellschaftskonkurs gemäß § 31 Nr. 2 KO sowohl einen Gesellschafter als auch gegebenenfalls dessen nahe Angehörige jeweils als "nahe Angehörige" der Gemeinschuldnerin angesehen hat und daß sie darüber hinaus im Konkurs eines Gesellschafters auch die GmbH selbst (jedenfalls bei maßgeblicher Beteiligung des Gemeinschuldners) als "nahe Angehörige" des Gesellschafters eingeordnet hat. 4.13

> Vgl. BGHZ 58, 20, 23 f;
> BGH GmbHR 1976, 11;
> BGHZ 96, 352, 358 f = ZIP 1986, 170, 173;
> dazu EWiR 1986, 177 (Gerhardt);
> siehe auch
> BGH ZIP 1986, 456, 458;
> dazu EWiR 1986, 369 (Lüke).

Das ab 1999 geltende **neue Insolvenzrecht** enthält in § 138 Abs. 2 InsO konkrete Definitionen, wer bei einem Personenverband als "nahestehende Personen" anzusehen ist. Das wird auch im hier erörterten Zusammenhang Bedeutung gewinnen.

g) Schließlich werden von § 32a Abs. 3 GmbHG auch sonstige Personen einbezogen, die bei der Darlehensgewährung intern für **Rechnung eines Gesellschafters** (oder einer einem Gesellschafter gleichzustellenden Person) handeln oder die mit einem Gesellschafter zum Schaden der Gesellschaft zusammenwirken. 4.14

D. Erweiterungen des Grundtatbestandes

> BGHZ 81, 365, 368 = ZIP 1981, 1332, 1333;
> BGH WM 1982, 1402;
> Hachenburg/Ulmer, § 32a,b Rz. 119;
> Baumbach/Hueck, § 32a Rz. 26.

2. Andere kapitalersetzende Gesellschafterleistungen

4.15 Als Finanzierungsbeiträge, die nach § 32 Abs. 3 GmbHG einem Gesellschafterdarlehen gleichgestellt sein können, kommen die nachfolgend aufgeführten Kapitalhilfen in Betracht (die eigenkapitalersetzende Gebrauchsüberlassung wird gesondert in Abschnitt H, Rz. 8.1 ff, behandelt):

4.16 a) Gleichzustellen ist zunächst die **stille Beteiligung** eines Gesellschafters, natürlich unter Einschluß aller Zwischenformen partiarischer Beteiligungen zwischen Darlehen und stiller Einlage.

> Hachenburg/Ulmer, § 32a,b Rz. 96 f;
> Scholz/Karsten Schmidt, §§ 32a, 32b Rz. 105;
> Karsten Schmidt, ZIP 1981, 689, 693;
> Baumbach/Hueck, § 32a Rz. 30.

4.17 b) Einzubeziehen ist sodann die **Stundung anderer Forderungen** eines Gesellschafters gegenüber der GmbH, und zwar auch soweit die Forderung eine Drittgläubigerstellung für den Gesellschafter begründet hatte (z. B. aus einem Warenlieferungsgeschäft). Voraussetzung ist, daß sich in der Abrede wirtschaftlich eine Krediteinräumung für die GmbH manifestiert. Dies kann z. B. auch in der Hingabe eines Wechsels erfüllungshalber durch die Gesellschaft an den Gesellschafter liegen.

> Vgl. BGHZ 81, 252, 262 f = ZIP 1981, 974, 978;
> Hachenburg/Ulmer, § 32a,b Rz. 93 f;
> Scholz/Karsten Schmidt, §§ 32a, 32b Rz. 101, 102;
> Baumbach/Hueck, § 32a Rz. 35, auch 31.

Auch hier führt bereits das schlichte Nichtgeltendmachen der Forderung (wie beim Stehenlassen eines Darlehens, vgl. Rz. 4.30 ff, insbesondere Rz. 4.34 ff) zur Umqualifizierung.

I. Erfassung von Nichtgesellschaftern und anderen Kapitalhilfen

BGH WM 1987, 284, 285;
dazu EWiR 1987, 1097 (v. Gerkan).

Stundet ein Gesellschafter der Gesellschaft jeweils neue Forderungen, die ihm (etwa aus Warenlieferungen) gegen die Gesellschaft erwachsen und die aufgrund von Verrechnungen an die Stelle zuvor erworbener (ebenfalls gestundeter) Forderungen treten, gewährt er mithin der Gesellschaft eine Art fortlaufenden Kontokorrentkredit (vgl. dazu auch Rz. 3.50), so ist darin nicht ein Gesellschafterkredit in Höhe jeder einzelnen gestundeten Forderung zu sehen, sondern nur ein solcher in Höhe des durchschnittlich offenen Forderungssaldos.

BGH ZIP 1995, 23, 24;
dazu EWiR 1995, 367 (Fleck).

c) Erörtert worden ist ferner der Fall des **Erwerbs einer gestundeten Forderung** durch einen Gesellschafter, in erster Linie der Erwerb eines Darlehensrückzahlungsanspruchs eines Dritten gegen die GmbH, aber z. B. auch die Diskontierung eines Wechsels durch einen Gesellschafter. Hier wird zwar nicht ohne Plausibilität argumentiert, daß der Inhaberwechsel für sich allein rechtlich neutral sei und daß daher eine Unterwerfung dieses Sachverhalts unter die Regeln zur Behandlung kapitalersetzender Leistungen nur in Betracht komme, wenn mit dem Erwerb der Forderung die Finanzierungssituation der GmbH (z. B. durch weitere Stundung, aber wohl auch, wenn der Erwerb geschieht, um die Stundung bestehen lassen zu können) verbessert werde.

4.18

Rümker, in: Festschrift Stimpel,
S. 673, 704.

Nach überwiegender und zutreffender Auffassung ist diese Einschränkung aber mit dem Wertungszusammenhang in § 32a Abs. 2 GmbHG nicht zu vereinbaren: Wenn die bereits bestehende Stundung der Forderung des Dritten die Bedeutung einer Kapitalsurrogation hat, so führt der Forderungserwerb durch den Gesellschafter dazu, daß nunmehr er der GmbH Kredit gewährt. Er kann seinen Anspruch dann in Krise und Insolvenz ebensowenig durchsetzen wie das z. B. im Falle von § 32a Abs. 2 GmbHG ein Gesellschafter-Bürge, der vom Dritten

D. Erweiterungen des Grundtatbestandes

zur Zahlung herangezogen worden ist, im Hinblick auf seine Rückgriffsansprüche gegen die Gesellschaft (aus § 774 BGB oder aus dem Innenverhältnis, z. B. nach den §§ 670, 683 BGB) tun könnte.

> Hachenburg/Ulmer, § 32a,b Rz. 95;
> Scholz/Karsten Schmidt, §§ 32a, 32b Rz. 104;
> Baumbach/Hueck, § 32a Rz. 36.

4.19 d) Es dürften ferner **Pensionsgeschäfte** einzubeziehen sein, bei denen entgeltlich Vermögenswerte (Forderungen oder Wertpapiere) durch den Pensionsgeber an den Pensionsnehmer übertragen werden; nach Ende der Pensionsdauer sind die Werte gegen Entrichtung des empfangenen (oder eines sonst vereinbarten) Betrages auf den Pensionsgeber zurückzuübertragen. Hier fällt dem Pensionsgeber wirtschaftlich vergleichbar die Stellung eines Darlehensnehmers zu, der beim Pensionsnehmer ein Gelddarlehen gegen Gewährung von Sicherheiten (den übertragenen Pensionswerten) aufnimmt. Die beim sog. unechten Pensionsgeschäft (bei dem die Rücknahme von einem Verlangen des Pensionsnehmers abhängig gemacht wird) bestehende Streitfrage, ob es sich um einen Rückkaufvertrag oder ein Darlehen handelt, ist hier angesichts von § 32a Abs. 3 GmbHG ohne Bedeutung.

> Vgl. hierzu
> Rümker, in: Festschrift Stimpel, S. 673, 696.

4.20 e) Im Falle des **unechten Factorings** werden die einzuziehenden Forderungen (anders als beim echten Factoring, bei dem eine reguläre Zession stattfindet) zu Sicherungszwecken an den Factor abgetreten. Dieser bevorschußt die zedierten Forderungen. Lassen sie sich nicht realisieren, stellt der Factor sie dem Zedenten wieder zur Verfügung und rückbelastet ihn mit dem gezahlten Vorschuß. Hier liegt ein Kreditgeschäft zugunsten des zedierenden Unternehmens vor, das seinerseits den Kredit mit der Zession besichert. Ist der Factor an dem Unternehmen als Gesellschafter beteiligt, kann der Kredit kapitalersetzende Bedeutung haben.

> OLG Köln ZIP 1986, 1585, 1586 f;
> dazu EWiR 1986, 1213 (Roth);
> Scholz/Karsten Schmidt, §§ 32a, 32b Rz. 102.

I. Erfassung von Nichtgesellschaftern und anderen Kapitalhilfen

Beim **echten Factoring** handelt es sich hingegen um einen Forderungserwerb, der nach den zuvor (Rz. 4.18) erörterten Grundsätzen zu behandeln ist.   **4.21**

f)   Der Situation beim unechten Factoring entspricht diejenige bei der **Diskontierung von Wechseln** eines Unternehmens. In der Diskontierung liegt eine Kreditgewährung gegen Übertragung der Wechselrechte.   **4.22**

> Scholz/Karsten Schmidt, §§ 32a, 32b Rz. 103.

g)   Bei Unternehmen bedeutenderer Art ist eine Beschaffung von Kapital durch die **Emission von Industrieobligationen** anzutreffen. Dabei handelt es sich durchweg um Inhaberschuldverschreibungen i. S. v. § 793 BGB.   **4.23**

Üblicherweise wird ein aus Kreditinstituten zusammengesetztes **Emissionskonsortium** (auch Übernahmekonsortium genannt) eingeschaltet. Dieses stellt dem Unternehmen sofort das benötigte Kapital zur Verfügung und übernimmt dafür die von dem Unternehmen ausgestellten Obligationen. Diese werden den am Konsortium beteiligten Banken entsprechend ihrem jeweiligen Finanzierungsbeitrag zugeteilt. Jedem Konsorten obliegt es nunmehr, den übernommenen Anteil von Obligationen auf dem Anlagemarkt zu plazieren. Bei der Übernahme der Papiere handelt meist ein Konsortialführer im Namen der Konsorten. Es handelt sich dann um ein echtes Außenkonsortium. Jeder Konsorte wird dabei Rechtsinhaber des von ihm übernommenen Anteils an den Obligationen. Die anschließende Weiterveräußerung an das Anlegerpublikum, die der Konsorte im eigenen Namen besorgt, geschieht auf eigene Rechnung und Risiko des Konsorten (Festübernahme auf eigene Rechnung).

> Näheres vgl. bei
> Canaris, Großkomm. HGB, 3. Aufl.,
> Bd. III/3, 2. Bearb., 1981, Rz. 2236,
> 2239, 2262, 2264.

Auch wenn ein Konsorte zugleich Gesellschafter des emittierenden Unternehmens ist, wird es hier **regelmäßig an den Voraussetzungen für eine kapitalersetzenden Gesellschafterleistung fehlen**. Eine anfäng-   **4.24**

D. Erweiterungen des Grundtatbestandes

liche Kreditunwürdigkeit des Unternehmens wird wegen des staatlichen Genehmigungserfordernisses (§ 795 BGB) kaum je in Betracht kommen. Und auch für eine Umqualifizierung der vom Konsorten zur Verfügung gestellten Kapitalmittel durch "Stehenlassen" wird kein Raum sein, da die Umqualifizierung jedenfalls die rechtliche Möglichkeit für den Gesellschafter voraussetzt, die Mittel bei Eintritt der Krisenlage abzuziehen. Der Konsorte kann aber auf das Kreditverhältnis zum emittierenden Unternehmen nicht mehr zurückgreifen, da dessen Kreditschuld bereits durch die Verschaffung der Rechte an den Obligationen im Wege der Leistung an Erfüllungs Statt (§ 364 Abs. 1 BGB) abgelöst worden ist.

>Hierzu vgl. Canaris, Rz. 2243.

Aus diesen Zusammenhängen würde sich daher kein Ansatz für eine Anwendung der Regeln über kapitalersetzende Gesellschafterkredite ergeben.

>Vgl. Rümker, in: Festschrift Stimpel,
>S. 673, 699 f.

Anders wäre es nur dann, wenn der Gesellschafter-Konsorte die im eigenen Bestand gehaltenen Obligationen über deren Laufzeit hinaus gegenüber dem emittierenden Unternehmern prolongiert. Hier wäre Raum für eine Umqualifizierung aufgrund Stehenlassens der Einlösungsansprüche.

4.25   h)   Von einiger Bedeutung sind Austauschgeschäfte zwischen der GmbH und einem Gesellschafter, bei welchem der letztere den Preis für von ihm erbrachte Lieferungen unter **Eigentumsvorbehalt** kreditiert. Einer Gestaltung dieser Art steht auch der Fall gleich, daß der Gesellschafter sich **Sachwerte aus dem Vermögen** der GmbH zwecks Sicherung seines Anspruchs übertragen läßt.

>OLG Karlsruhe ZIP 1989, 588, 590 f;
>dazu EWiR 1989, 181 (Fleck);
>Hachenburg/Ulmer, § 32a,b Rz. 102;
>Scholz/Karsten Schmidt, §§ 32a, 32b Rz. 56;
>Lutter/Hommelhoff, §§ 32a/b Rz. 125.

I. Erfassung von Nichtgesellschaftern und anderen Kapitalhilfen

i) Ebenfalls erfaßt wird ein **Sale-and-lease-back-Geschäft**, bei dem ein Gesellschafter sich Vermögenswerte der Gesellschaft übertragen läßt und sie ihr sodann gegen ein Nutzungsentgelt zur Verfügung stellt. Wirtschaftlich handelt es sich auch hier um eine Darlehensgewährung gegen Stellung von Sicherheiten.   4.26

> Hachenburg/Ulmer, § 32a,b Rz. 99;
> Scholz/Karsten Schmidt, §§ 32a, 32b Rz. 108.

k) In gleicher Weise ist ein **Finanzierungsleasing** einzuordnen, bei dem der Gesellschafter als Leasinggeber gegenüber der GmbH auftritt. Bei diesem Geschäft steht der Aspekt einer Finanzierung der Gesellschaft im Vordergrund und führt zur Gleichbehandlung mit einem (durch das Sacheigentum besicherten) Gesellschafterdarlehen.   4.27

> Hachenburg/Ulmer, § 32a,b Rz. 100 f;
> Ulmer, ZIP 1984, 1163, 1173 f;
> Scholz/Karsten Schmidt, §§ 32a, 32b Rz. 108;
> Lutter/Hommelhoff, §§ 32a/b Rz. 125;
> Schulze-Osterloh, ZGR 1983, 123, 127.

l) In Betracht kommt weiter die Möglichkeit, daß der Gesellschafter der GmbH Wertgegenstände als **Sicherheiten** zur Verfügung stellt, die dann die **Grundlage für eine Kreditaufnahme** bei einem Dritten bilden sollen. Es handelt sich insoweit also nicht um Sicherheiten, die der Gesellschafter selbst unmittelbar für einen Fremdkredit bestellt und die dann von § 32a Abs. 2 GmbHG erfaßt würden (dazu Rz. 5.1 ff).   4.28

Derartige der GmbH selbst zugeführte Sicherheiten gehören ohne weiteres dann nach § 32a Abs. 3 GmbHG zu den kapitalersetzenden Mittelzuführungen, wenn dabei eine dingliche Übertragung an die Gesellschaft geschieht.

Aber auch dann, wenn es an einem **Übertragungsakt** fehlt, das jeweilige Herrschaftsrecht also beim Gesellschafter verbleibt, ändert sich am Ergebnis nichts. Denn auch dann gewährt der Gesellschafter der Gesellschaft Kredit, indem er sie ermächtigt, den Gegenstand als Sicherung für das aufzunehmende Darlehen zu verwenden.   4.29

D. Erweiterungen des Grundtatbestandes

> OLG Hamburg ZIP 1986, 1113, 1115 f;
> dazu EWiR 1986, 901 (Priester);
> Hachenburg/Ulmer, § 32a,b Rz. 103 f;
> Scholz/Karsten Schmidt, §§ 32a, 32b Rz. 118.

Der Rechtsvorbehalt des Gesellschafters hat hierbei die Funktion, daß der Gesellschafter sich einen Anspruch auf die Rückgabe des Sicherungsgegenstandes bewahren und sichern will. Befriedigt sich der Kreditgläubiger in der Folge aus dem Gesellschaftsvermögen, so verwirklicht sich der Tatbestand des § 32b GmbHG; und der Gesellschafter wird insoweit erstattungspflichtig. Im Falle einer Rückgabe des Sicherungsgutes an den Gesellschafter würde zudem § 32a Satz 2 KO einschlägig.

> Vgl. zur Rechtslage insbesondere
> Hachenburg/Ulmer und
> Scholz/Karsten Schmidt, jeweils aaO;
> Schlegelberger/Karsten Schmidt, § 172a Rz. 40.

II. Stehengelassene Gesellschafterdarlehen

4.30 Ein Darlehen (oder eine andere vergleichbare Kapitalhilfe) kann auch nachträglich den Regeln über den Eigenkapitalersatz unterfallen, wenn es zwar bei seiner Gewährung hiervon noch nicht betroffen war, der Gesellschaft aber in der Folgezeit unter solchen Begleitumständen weiter zur Verfügung gestellt bleibt, die zu einer Umqualifizierung führen, d. h. also im Falle einer **später, in der Zeit nach der Darlehensgewährung eingetretenen Finanzierungskrise**. Unter diesen Voraussetzungen kann auch ein Darlehen, das vor Inkrafttreten der GmbH-Novelle 1980 am 1. Januar 1981 gegeben worden ist und dessen Kapitalersatzcharakter daher nur nach den Grundsätzen zu den §§ 30, 31 GmbHG zu beurteilen war, zusätzlich von den Vorschriften der GmbH-Novelle erfaßt werden, sofern es nach ihrem Inkrafttreten in relevanter Weise stehengelassen worden ist. Es ist darauf hinzuweisen, daß es sich bei den **in der Praxis auftretenden Streitfällen ganz überwiegend** um das **Stehenlassen von Kredithilfen** in der Krise handelt.

Die Frage, ob ein Belassen von Mitteln in der GmbH als ein Fall des "Gewährens" in § 32a Abs. 1 GmbHG aufzufassen ist oder unter Abs. 3 der Vorschrift zu subsumieren ist, bleibt dabei ohne praktische Bedeutung.

II. Stehengelassene Gesellschafterdarlehen

1. Stehenlassen aufgrund Vereinbarung

Keine grundsätzlichen Probleme bereiten hier Mittelbelassungen, die ihre Grundlage in entsprechenden Absprachen zwischen der Gesellschaft und dem Gesellschafter haben.   **4.31**

a)   Hier kommen folgende Möglichkeiten in Betracht: **4.32**

Zunächst ist die **Prolongation** eines fällig gewordenen Darlehens zu nennen.

> Vgl. Hachenburg/Ulmer, § 32a,b Rz. 28;
> Baumbach/Hueck, § 32a Rz. 34.

In Betracht kommt ferner die **Stundung** eines Rückzahlungsanspruchs, sei es aus einem Darlehen oder aus einem anderen Rechtsverhältnis.

> BGHZ 76, 326, 329 = ZIP 1980, 361, 362;
> BGHZ 81, 252, 263 = ZIP 1981, 974, 978;
> Hachenburg/Ulmer, § 32a,b Rz. 29, 93;
> Ulmer, ZIP 1984, 1163, 1168;
> Scholz/Karsten Schmidt, §§ 32a, 32b Rz. 45, 101.

Weiter ist die **Rücknahme einer Kündigung** zu nennen.

> BGHZ 81, 311, 317 f = ZIP 1981, 1200, 1203.

Darüber hinaus können auch **Änderungen der Darlehensbedingungen** (Zinsherabsetzungen, Tilgungsaussetzungen), **Schuldumschaffungen**, ein **pactum de non petendo** oder sonstige Absprachen, die sich im Sinne eines Weiterbelassens auswirken, so etwa die **Hingabe eines Wechsels**, eine Umqualifizierung begründen.

> Hachenburg/Ulmer, § 32a,b Rz. 94;
> Scholz/Karsten Schmidt, §§ 32a, 32b Rz. 101;
> Baumbach/Hueck, § 32a Rz. 34.

b)   Wird die Laufzeit eines Darlehens **prolongiert, bevor es zur Rückzahlung fällig** geworden ist, so kommt es für die Kreditunwürdigkeit der Gesellschaft und der daraus folgenden Umqualifizierung des Kredits zu Kapitalersatz auf den **Zeitpunkt der Prolongationsabrede** und nicht auf die Lage zur Zeit des ursprünglichen Laufzeitendes an.   **4.33**

D. Erweiterungen des Grundtatbestandes

> OLG Hamburg ZIP 1986, 1048, 1049 f;
> dazu EWiR 1986, 689 (Hommelhoff);
> Hachenburg/Ulmer, § 32a,b Rz. 28;
> Scholz/Karsten Schmidt, §§ 32a, 32b Rz. 45;
> Lutter/Hommelhoff, §§ 32a/b Rz. 50.

Im übrigen kann es hier zu Abgrenzungsschwierigkeiten kommen. So kann z. B. einer GmbH ein in jährlichen Raten rückzahlbares Gesellschafterdarlehen gegeben worden sein. Wenn nun nach Eintritt der Finanzierungskrise eine Absprache getroffen wird, nach der die Rückzahlung der noch ausstehenden Raten auf jeweils ein Jahr später als zunächst vereinbart festgelegt wird, so fragt sich, in welcher **Höhe** der GmbH durch die Prolongation zusätzliches Kapital zur Verfügung gestellt worden ist. Obwohl die Prolongation sich formal auf die gesamte noch ausstehende Darlehensvaluta bezog, ist der GmbH dadurch zusätzliches Kapital wirtschaftlich doch nur in Höhe einer jährlichen Rückzahlungsrate zugeführt worden. Denn die zunächst vorgesehene Tilgung des Darlehens in Raten verschob sich lediglich um ein Jahr in die Zukunft; und die Veränderung läßt sich wirtschaftlich so kennzeichnen, als ob nur die Rückzahlung der nächstfälligen Rate ausgesetzt und an das Ende des ursprünglichen Tilgungszeitraums angehängt worden ist.

2. Schlichtes Stehenlassen und Unterlassen einer Kündigung

4.34 Sehr streitig war geworden, unter welchen Voraussetzungen außerhalb rechtsgeschäftlicher Belassungsvereinbarungen ein Stehenlassen von Mitteln zu ihrer Umqualifizierung führt. Doch steht das Ausmaß der hierüber entstandenen Kontroversen in keinem Verhältnis zu der nur geringen praktischen Bedeutung der Streitfrage. Denn in den praktischen Konsequenzen konvergieren die verschiedenen Auffassungen weithin.

> Vgl. v. Gerkan, GmbHR 1986, 218, 220,
> sowie ders., GmbHR 1990, 384, 387.

4.35 a) Im Schrifttum wird überwiegend eine Gleichstellung eines schlichten Stehenlassens mit einer Darlehensgewährung nur dann für gerechtfertigt gehalten, wenn die Belassung der Mittel auf einer

II. Stehengelassene Gesellschafterdarlehen

Finanzierungsabrede zwischen dem Gesellschafter und der Gesellschaft beruht. Diese Abrede muß nach dieser Auffassung aber nicht unbedingt rechtsgeschäftliche Qualität aufweisen.

> Siehe insbesondere:
> Hachenburg/Ulmer, § 32a,b Rz. 27, 30 ff,
> 87 ff (91 f);
> Ulmer, ZIP 1984, 1163, 1165 ff, 1169 f;
> Scholz/Karsten Schmidt, §§ 32a, 32b
> Rz. 44, 46 ff, 100;
> Schlegelberger/Karsten Schmidt, § 172a
> Rz. 12, 30;
> Karsten Schmidt, ZIP 1981, 689, 692,
> sowie ders., ZHR 147 (1983), 165, 190 f;
> Baumbach/Hueck, § 32a Rz. 37 ff;
> wohl auch
> Fleck, EWiR 1985, 685 (BGH).

An die vorausgesetzte Abrede werden allerdings im allgemeinen **keine hohen Anforderungen** gestellt; sie kann konkludent geschehen und kann durch die äußeren Begleitumstände (z. B. längeres Stehenlassen durch den maßgeblichen Gesellschafter oder Gesellschafter-Geschäftsführer; Vorausgehen von Finanzierungsgesprächen) indiziert sein.

> Hachenburg/Ulmer, § 32a,b Rz. 31;
> Ulmer, ZIP 1984, 1163, 1171 f;
> Scholz/Karsten Schmidt, §§ 32a, 32b Rz. 46.

Erst recht aber wird von dieser Auffassung eine Finanzierungsabrede für erforderlich gehalten, wenn das Darlehen noch nicht zur Rückzahlung fällig ist, der Gesellschafter aber von einem ihm zustehenden Recht zur Kündigung und Fälligstellung des Darlehens keinen Gebrauch macht. **4.36**

> Hachenburg/Ulmer, § 32a,b Rz. 32;
> Ulmer, ZIP 1984, 1163, 1169 f,
> sowie ders., GmbHR 1984, 256, 259 f;
> Scholz/Karsten Schmidt, §§ 32a, 32b Rz. 46;
> Karsten Schmidt, ZIP 1981, 689, 692.

b) Nach anderer Auffassung kommt es angesichts der gesellschafterlichen Finanzierungsverantwortung nicht auf einen Konsens zwischen Gesellschaft und Gesellschafter über die Mittelbelassung an. **4.37**

D. Erweiterungen des Grundtatbestandes

Jedoch setzt eine Zurechnung des Stehenlassens beim Gesellschafter subjektiv voraus, daß dieser die zur Umqualifizierung führende **Krisenlage** der Gesellschaft **kannte oder erkennen konnte** und hiernach eine Entscheidung über die Belassung des Kredits treffen konnte.

> Insbesondere
> Lutter/Hommelhoff, §§ 32a/b Rz. 45 ff;
> Lutter, DB 1980, 1317, 1321;
> Timm, GmbHR 1980, 286, 291;
> Schulze-Osterloh, ZGR 1983, 123, 140 f.

Dies ist auch dann nicht anders, wenn die Fälligkeit der Mittel von einer Kündigung des Gesellschafters abhängt, da die Nichtkündigung sachlich keine andere Bewertung als das Stehenlassen bereits zur Rückzahlung fälliger Beträge rechtfertigt.

> Lutter/Hommelhoff, §§ 32a/b Rz. 49;
> Lutter, DB 1980, 1317, 1321.

4.38 c) Nach einer weiteren Meinung kommt es allein auf den **objektiven Tatbestand** an, daß der zur Rückzahlung fällige (oder durch eine mögliche Kündigung fälligstellbare) Kredit bei der Gesellschaft verbleibt und fortan tatsächlich fehlendes Eigenkapital ersetzt.

> So OLG Hamburg ZIP 1984, 584, 586;
> Rob. Fischer, GmbHG, 10. Aufl., 1983, § 32a Anm. 2 c;
> Kollhosser, WM 1985, 929, 935;
> Wiedemann, ZIP 1986, 1293, 1297;
> v. Gerkan, GmbHR 1986, 218, 221.

4.39 d) Die **Rechtsprechung des Bundesgerichtshofs** hat lange Zeit keine Notwendigkeit gesehen, zu diesen Fragen abschließend Stellung zu nehmen; sie hat sich jedoch in einer heuristisch-vorläufigen Praxis an der oben unter Rz. 4.37 dargestellten Auffassung orientiert.

> BGHZ 75, 334, 337 f = ZIP 1980, 115, 116;
> BGHZ 81, 365, 367 = ZIP 1981, 1332, 1333;
> BGH ZIP 1985, 1075, 1076;
> dazu EWiR 1985, 685 (Fleck);
> BGHZ 105, 168, 186 = ZIP 1988, 1248, 1253 f;
> dazu EWiR 1988, 1075 (Fleck);

II. Stehengelassene Gesellschafterdarlehen

> BGH ZIP 1992, 177, 179;
> dazu EWiR 1992, 363 (v. Gerkan);
> BGH ZIP 1992, 616, 617;
> BGH ZIP 1992, 618, 620;
> dazu EWiR 1992, 481 (v. Gerkan).

Er ist dieser Auffassung nunmehr aber auch ausdrücklich beigetreten und hat ausgeführt, daß eine Umqualifizierung davon abhängig sein müsse, daß der Gesellschafter die eingetretene Krisensituation zumindest habe erkennen können. Er müsse sich dann entscheiden, ob er die Gesellschaft unter Aufrechterhaltung seines Kreditengagements weiter stützen oder ihr die bisherige Finanzierungshilfe entziehen und ihre Liquidation betreiben wolle. Auf eine Vereinbarung des Gesellschafters mit der Gesellschaft über eine Weitergewährung der Finanzierungshilfe kommt es dabei nicht an.

> BGHZ 127, 336, 345 f = ZIP 1994, 1934, 1938;
> dazu EWiR 1995, 157 (H. P. Westermann).

Der Bundesgerichtshof hat im übrigen das Stehenlassen bereits fälliger Rückzahlungsansprüche und die Nichtausübung eines möglichen Kündigungsrechtes in keinem Falle unterschiedlich behandelt. Damit knüpft er an seine Rechtsprechung dazu an, daß auch das Unterlassen eines Freistellungsverlangens nach § 775 Abs. 1 Nr. 1 BGB zur Umqualifikation einer Gesellschafterbürgschaft führen kann. **4.40**

> BGHZ 81, 252, 256 f = ZIP 1981, 974, 975;
> BGH ZIP 1985, 158;
> dazu EWiR 1985, 105 (Kübler);
> BGH ZIP 1992, 618, 620;
> dazu EWiR 1992, 481 (v. Gerkan)
> BGH ZIP 1995, 23 f;
> dazu EWiR 1995, 367 (Fleck).

Zur Frage der **Erkennbarkeit** der Krisensituation geht der Bundesgerichtshof jeweils davon aus, daß ein Gesellschafter bei der gebotenen Ausschöpfung der gegebenen Informationsmöglichkeiten **regelmäßig in der Lage** ist, sich die erforderlichen Informationen über den Finanzierungszustand der Gesellschaft zu verschaffen. An seine Erkenntnismöglichkeit seien keine besonderen Anforderungen zu stellen; sie fehle nur unter besonderen Umständen. **4.41**

D. Erweiterungen des Grundtatbestandes

> BGHZ 75, 334, 339 = ZIP 1980, 115, 116;
> BGHZ 81, 365, 370 = ZIP 1981, 1332, 1334;
> BGH ZIP 1985, 1075, 1076;
> dazu EWiR 1985, 685 (Fleck);
> BGH ZIP 1992, 618, 620;
> dazu EWiR 1992, 481 (v. Gerkan);
> BGHZ 127, 336, 346 f = ZIP 1994, 1934, 1938 f;
> dazu EWiR 1995, 157 (H. P. Westermann).

Allerdings ist dem Gesellschafter nach Eintritt der Krisenlage eine angemessene **Überlegungsfrist** einzuräumen, innerhalb der er entscheiden muß, ob er nunmehr unter Beendigung seines Kreditengagements die Liquidierung des kreditunwürdig gewordenen Unternehmens betreiben oder es unter Weiterbelassung seiner Kapitalhilfe, die dann kapitalersetzende Funktion erlangt, fortführen will.

> BGH ZIP 1990, 1467, 1468;
> dazu EWiR 1990, 1211 (K. Müller);
> BGH ZIP 1992, 177, 179;
> dazu EWiR 1992, 363 (v. Gerkan);
> BGHZ 127, 336, 341 = ZIP 1994, 1934, 1937;
> dazu EWiR 1995, 157 (H. P. Westermann).

Die Länge der zuzubilligenden Überlegungsfrist wird von den Umständen abhängen; hier kommt eine Orientierung an der Drei-Wochen-Frist in § 64 Abs. 1 Satz 1 GmbHG in Betracht. Fristen von zwei Monaten oder mehr sind in jedem Falle zu lang.

> Siehe BGH ZIP ZIP 1995, 280, 281;
> dazu EWiR 1995, 261 (v. Gerkan);
> OLG Hamm GmbHR 1992, 180, 181;
> Lutter/Hommelhoff, §§ 32a/b Rz. 47.

4.42 e) Die **Praxis** wird gehalten sein, die Frage einer Umqualifizierung eines stehengelassenen Gesellschafterkredits künftig konform den Kriterien der Rechtsprechung zu beurteilen. Große praktische Konsequenzen hat die nunmehr vollzogene Festlegung durch den BGH allerdings nicht, da (wie bereits in Rz. 4.34 erwähnt) die kontroversen Lösungsansätze sich in ihren Ergebnissen kaum unterschieden haben.

> Vgl. v. Gerkan, GmbHR 1986, 218, 220,
> sowie ders., GmbHR 1990, 384, 387

II. Stehengelassene Gesellschafterdarlehen

> (zu Unrecht wird demgegenüber bei Hachenburg/Ulmer, § 32a,b Rz. 91, eine "uferlose Ausweitung" befürchtet, wenn ein einseitiges Stehenlassen für eine Umqualifizierung ausreichen solle).

Die rechtlichen Anforderungen an die Erkennbarkeit einer Krisenlage für einen Gesellschafter werden sich entsprechend § 43 Abs. 1 GmbHG bestimmen, wenn der Gesellschafter an der Führung der Geschäfte beteiligt ist; ansonsten gelten die Maßstäbe der § 276 BGB, § 346 HGB.

> BGHZ 127, 336, 347 = ZIP 1994, 1934, 1939;
> dazu EWiR 1995, 157 (H. P. Westermann);
> Lutter/Hommelhoff, §§ 32a/b Rz. 46.

Zu beachten ist, daß prinzipiell nichts anderes gelten dürfte, wenn die Gesellschafterrechte von einer anderen Person (als gesetzlicher Vertreter, Testamentsvollstrecker, Nachlaßverwalter, Konkursverwalter usw.) verwaltet und wahrgenommen werden, soweit diese - wie das in der Regel der Fall sein wird - vermöge ihrer Stellung über vergleichbare Möglichkeiten des Einblicks in die Verhältnisse der Gesellschaft verfügen.

3. Rechtliche Schranken der Rückforderung oder Kündigung eines Kredits

Die Umqualifizierung stehengelassener Kredithilfen setzt nach allgemeiner Auffassung voraus, daß der Gesellschafter rechtlich die Möglichkeit gehabt hat, die Finanzierungsmittel jedenfalls bei Eintritt der Krise abzuziehen. Diese Möglichkeit ist angesichts des Zusammenhanges, daß der Gesellschafter aufgrund seiner Finanzierungsverantwortung im Fall der Unternehmenskrise vor die Wahl gestellt ist, entweder die in die Gesellschaft eingebrachten Fremdmittel wie unternehmerisches Haftkapital behandeln zu lassen oder die Gesellschaft unter Beendigung seines Kreditengagements zu liquidieren,

4.43

> BGHZ 75, 334, 338;
> BGHZ 90, 381, 388 f = ZIP 1984, 542, 574 f;

D. Erweiterungen des Grundtatbestandes

> BGH ZIP 1992, 618, 620;
> dazu EWiR 1992, 481 (v. Gerkan);
> BGHZ 121, 31, 36 f = ZIP 1993, 189, 191;
> dazu EWiR 1993, 155 (Fleck),

aber grundsätzlich gegeben.

4.44 a) Je nach Sachlage hat der Gesellschafter daher auch bei drohender Umqualifizierung eines Kredits infolge der Verschlechterung der Vermögenslage der Gesellschaft im allgemeinen das Recht zu einer **außerordentlichen Kündigung** des Kredits.

> BGH WM 1983, 1038;
> MünchKomm-Westermann, BGB, 2. Aufl.,
> Bd. III/l, 1988, § 610 Rz. 13, 15;
> Hachenburg/Ulmer, § 32a,b Rz. 183;
> Scholz/Karsten Schmidt, §§ 32a, 32b Rz. 91;
> Lutter/Hommelhoff, §§ 32a/b Rz. 47.

Dabei spielt es grundsätzlich keine entscheidende Rolle, ob die Kreditgewährung auf einer vom Gesellschafter hierzu eingegangenen Verpflichtung beruht, sofern diese auf "freiwilliger" Grundlage eingegangen ist und noch zu keiner Bindung dahingehend führt, die Kreditmittel der Gesellschaft auch für den Fall einer Krise zu belassen (vgl. dazu nachfolgend Rz. 4.45).

> Hachenburg/Ulmer, § 32a,b Rz. 48 (a.E.).

Insoweit liegt es bei unmittelbaren Gesellschafterkrediten nicht anders als beim anerkannten Recht eines Gesellschafters, eine Freistellung von einer Kreditbürgschaft nach § 775 Abs. 1 Nr. 1 BGB zu verlangen, um ihre drohende Umqualifizierung zu Kapitalersatz zu vermeiden (siehe dazu Rz. 5.16).

4.45 b) Allerdings kommt ein Kündigungsrecht nicht zum Zuge, wenn der Gesellschafter verpflichtet war - sei es aufgrund des Gesellschaftsvertrages oder sei es aufgrund einer konkreten schuldrechtlichen Absprache -, der Gesellschaft die eingebrachten Mittel für Zwecke einer **plangemäßen Unternehmensfinanzierung** zur Verfügung zu stellen oder sie ihr auch sonst **für den Fall einer Finanzierungskrise** weiterzubelassen. Das Bestehen solcher Pflichten führt dazu, daß die

II. Stehengelassene Gesellschafterdarlehen

Kapitalmittel aufgrund der in diesen Fällen zum Zuge kommenden rechtlichen Gesichtspunkte entweder (so bei den **Finanzplankrediten**; siehe dazu in Rz. 9.10 ff die dafür geltenden besonderen Rechtsregeln) wie haftendes Eigenkapital einzuordnen sein werden oder daß sie wie bei den (namentlich für die gesellschafterseitigen Besicherungen von Drittdarlehen bedeutsam gewordenen) **von vornherein auf Krisenfinanzierung angelegten Kapitalhilfen** (im Sinne der hierzu entwickelten Rechtsprechungsgrundsätze; siehe dazu Rz. 5.17 ff) ohne weiteres bei Kriseneintritt kapitalersetzende Qualität erlangen.

Ebenso muß derjenige Gesellschafter, der für ein Gesellschafterdarlehen einen Rangrücktritt erklärt hat, seine Kapitalhilfe der Gesellschaft in der Krise belassen (auch dazu siehe in Abschnitt I).

c) Die allgemeine gesellschaftliche **Treuepflicht** steht einem Abzug eines Kredites, der anderenfalls Kapitalersatzfunktion erlangen würde, nicht entgegen. 4.46

> Hachenburg/Ulmer, § 32a,b Rz. 184;
> Lutter/Hommelhoff, §§ 32a/b Rz. 47;
> Uhlenbruck, Die GmbH & Co. KG, S. 639
> Rümker, ZGR 1988, 494, 512.

Denn Aspekte der Treuepflicht können keine Einschränkungen des vom Gesetz verfolgten Gläubigerschutzes und im Zusammenhang damit der gesellschafterlichen Finanzierungsverantwortung begründen; sie können daher ebensowenig wie andere Gründe tatsächlicher oder rechtlicher Art, die einen Gesellschafter zum Stehenlassen von Mitteln veranlassen, die Umqualifizierung dieser Mittel verhindern. Auch verpflichtet die Treuepflicht einen Gesellschafter grundsätzlich nicht, bislang neutrale Fremdmittel in der Gesellschaft zu belassen und etwa ihre Umqualifizierung zu haftendem Kapital hinzunehmen. Aus alledem folgt, daß der Gesellschafter sich auch nicht der Entscheidung, entweder sein Kreditengagement unter Liquidierung der kreditunwürdig gewordenen Gesellschaft zu beenden oder bei Fortführung des Unternehmens seinen Kredit den Kapitalersatzregeln zu unterwerfen, mit Erwägungen über eine angebliche Unzumutbarkeit einer Kreditkündigung entziehen kann.

D. Erweiterungen des Grundtatbestandes

4.47   d)   Eine besondere Konstellation ergibt sich, wenn die GmbH nach einer ordentlichen Kündigung eines Gesellschafterdarlehens, aber vor Auslaufen der Kündigungsfrist und damit vor Fälligwerden des Rückzahlungsanspruchs kreditunwürdig wird. Hier würde das Darlehen aber nur dann zu Kapitalersatz umqualifiziert werden, wenn der Gesellschafter die Möglichkeit hat, unter Wiederholung einer (nunmehr fristlosen) Kündigung die Darlehensvaluta zu einem wesentlich früheren Zeitpunkt zur Rückzahlung fällig zu stellen und zurückzuerlangen.

>OLG Hamburg ZIP 1990, 1262, 1264;
>dazu EWiR 1990, 1095 (Gehling).

4.48   e)   Noch keine Klarheit besteht bislang darüber, ob es auch dann zur Umqualifizierung von Kreditmitteln kommt, wenn sie deshalb stehengelassen werden, weil der **Rückzahlungsanspruch uneinbringlich** erscheint oder seine Verfolgung mit **unverhältnismäßigen Kosten** verbunden ist. Die Frage wird im Schrifttum allerdings im allgemeinen verneint.

>Vgl. Scholz/Karsten Schmidt, §§ 32a,
>32b Rz. 46;
>Baumbach/Hueck, § 32a Rz. 39;
>H. P. Westermann, ZIP 1982, 379, 389.

Doch liegt dem ein Mißverständnis zugrunde. Denn auch Hindernisse tatsächlicher Art, die einer Rückforderung des Kredits entgegenstehen, zwingen den Gesellschafter im Ergebnis regelmäßig, sich bei Eintritt der Finanzierungskrise zwischen einer Fortführung der Gesellschaft mit Hilfe der Weiterbelassung der gewährten Finanzierungshilfe (dann mit der Folge ihrer Umqualifizierung zu Kapitalersatz) einerseits oder einer ihm möglichen Liquidation der Gesellschaft andererseits zu entscheiden. Hier liegt es nicht anders als etwa bei der Absicherung eines Fremdkredits durch eine Gesellschafterbürgschaft, wenn die Gesellschaft dem Freistellungsanspruch des Gesellschafters aus § 775 Abs. 1 Satz 1 BGB, wie das regelmäßig der Fall sein wird, wegen ihrer kritisch gewordenen Finanzierungssituation - also aus Gründen tatsächlicher Art - nicht mehr nachzukommen in der Lage ist. Daß dabei der Gesellschafter vor die zuvor erwähnte Entscheidungsalternative gestellt ist, steht heute außer Streit; vgl. dazu Rz. 5.16 und 4.43 f.

II. Stehengelassene Gesellschafterdarlehen

Soweit eine Umqualifizierung im Falle "unverhältnismäßiger Kosten" einer Rechtsverfolgung verneint worden ist, handelt es sich ohnehin nur um eine Überlegung von lediglich theoretischer Natur. Davon abgesehen läßt sich aber auch kaum vertreten, daß der Gesellschafter die Gesellschaft mit Hilfe des gegebenen Kredits ohne dessen Umqualifizierung - und damit unter Überwälzung des unternehmerischen Risikos auf die Gläubiger - soll weiterbetreiben dürfen, anstatt nunmehr - will er sein Darlehen nicht der Behandlung als Kapitalersatz unterwerfen - zur Liquidierung der Gesellschaft gehalten zu sein.

E. Gesellschafterbesicherte Drittdarlehen

Das Bedürfnis, eigenkapitalersetzende Finanzierungsleistungen der Gesellschafter im Interesse der gebotenen Kapitalerhaltung den dafür in Betracht kommenden Kapitalschutzregeln zu unterwerfen, schließt es ein, außer den von den Gesellschaftern unmittelbar der GmbH ausgereichten Krediten auch Absicherungen zu erfassen, die von den Gesellschaftern für von dritter Seite gewährten Krediten gestellt werden. Derartige Besicherungen stellen eine besonders typische Fallgruppe der kapitalersetzenden Stützung der Gesellschaft durch ihre Gesellschafter dar.

5.1

> Hachenburg/Ulmer, § 32a,b Rz. 129.

Die GmbH-Novelle 1980 hat dieser Notwendigkeit durch die Regelungen in den §§ 32a, 32b GmbHG sowie § 32a Satz 1 KO und § 3b Satz 1 AnfG zu genügen versucht; doch waren und sind vergleichbare Rechtsfolgen auch für die zu den §§ 30 und 31 GmbHG entwickelten Grundsätze anerkannt.

> Hachenburg/Ulmer, § 32a,b Rz. 164.

Beim gesellschafterbesicherten Drittdarlehen wird die an sich erforderliche Einbringung fehlenden Eigenkapitals durch zwei zusammengesetzte Leistungsvorgänge ersetzt:

5.2

- durch die Zufuhr von Fremdkapital durch einen Dritten sowie

- durch eine diese Zufuhr erst ermöglichende Sicherheitsleistung eines Gesellschafters.

Es leuchtet ein, daß sich der Gesellschafter durch eine Leistungskombination dieser Art nicht seiner Finanzierungsverantwortung entziehen kann.

> Scholz/Karsten Schmidt, §§ 32a, 32b Rz. 125.

E. Gesellschafterbesicherte Drittdarlehen

I. Der Tatbestand

5.3 Der Tatbestand des kapitalersetzenden gesellschafterbesicherten Drittdarlehens setzt sich aus drei Merkmalen zusammen:

(1) Als Kreditgeber tritt ein außenstehender Dritter auf;

(2) der von ihm gewährte (oder belassene) Kredit hat eigenkapitalersetzende Bedeutung;

(3) ein Gesellschafter sichert den Kredit ab, und zwar ebenfalls mit kapitalersetzender Wirkung.

1. Außenstehender Dritter als Kreditgeber

5.4 Als Dritter kommt jeder in Betracht, der der GmbH nicht als Gesellschafter angehört und der auch nicht i. S. v. § 32a Abs. 3 GmbHG eine Stellung innehat, die wirtschaftlich der eines Gesellschafters entspricht und daher zu einer gesellschaftergleichen Behandlung führt.

> Hachenburg/Ulmer, § 32a,b Rz. 132;
> Scholz/Karsten Schmidt, §§ 32a, 32b Rz. 127;
> Lutter/Hommelhoff, §§ 32a/b Rz. 90.

Zum Kreis der Gesellschafter zählen unter bestimmten Voraussetzungen (siehe unter Rz. 3.10 ff) auch ehemalige oder künftige Gesellschafter. Wegen der Gleichstellung von Rechtspositionen, die einer Gesellschafterstellung entsprechen, vgl. Rz. 4.2 ff.

2. Kapitalersetzende Kreditgewährung durch den Dritten

5.5 a) Der Dritte muß der Gesellschaft ein **Darlehen** oder eine entsprechende **Finanzierungshilfe anderer Art** (vgl. Rz. 4.15 ff) **gewährt** haben oder seine Leistung **stehengelassen** haben. Für das Stehenlassen gilt dabei das in den Rz. 4.30 ff Ausgeführte; hier lassen teilweise auch die Stimmen, die für die Weiterbelassung eines Kredits grundsätzlich eine Finanzierungsabrede verlangen (Rz. 4.35 f), ein einseitiges Verhalten des Kreditgebers, z. B. das Unterlassen einer Kündigung, genügen.

Vgl. etwa
Scholz/Karsten Schmidt, §§ 32a, 32b Rz. 128.

Hier spielt auch keine Rolle, ob der Kreditgeber eine kapitalersetzende Funktion seines Krediters kannte oder erkennen konnte.

b) Der Kredit muß entweder von Anfang an **eigenkapitalersetzende Bedeutung** gehabt haben oder in der Folge durch Stehenlassen erlangt haben. Dieses Erfordernis ist nicht nur auf die vom Gesellschafter gestellte Sicherheit zu beziehen (dazu nachfolgend Rz. 5.12 ff), sondern gilt gleichermaßen für den Kredit selbst.

5.6

Hachenburg/Ulmer, § 32a,b Rz. 133;
Scholz/Karsten Schmidt, §§ 32a, 32b
Rz. 128, 132;
Lutter/Hommelhoff, §§ 32a/b Rz. 88.

Ob der Kredit diese Funktion hat, beurteilt sich nach der Überlegung, ob er als Eigenkapitalersatz einzustufen wäre, wenn er von einem Gesellschafter (statt von einem Dritten) gegeben worden wäre. Es kommt daher auch hier auf die Frage der Kreditwürdigkeit der Gesellschaft an, also darauf, ob diese den Kredit auch **ohne die Besicherung durch den Gesellschafter** (es sei denn, es handelt sich lediglich um eine Besicherung im Rahmen von banküblichen Gepflogenheiten, vgl. bei Rz. 3.30) von einem vernünftig handelnden außenstehenden Kreditgeber zu marktüblichen Bedingungen hätte erhalten können.

5.7

Hachenburg/Ulmer, § 32a,b Rz. 133;
Lutter/Hommelhoff, §§ 32a/b Rz. 88.

Die dafür maßgeblichen Kriterien sind die gleichen wie beim unmittelbaren Gesellschafterkredit (vgl. Rz. 3.17 ff).

3. Gesellschaftersicherheit

a) Ein **Gesellschafter** muß dem Dritten eine Sicherheit zur Absicherung des für die Gesellschaft gewährt haben. Auch hier werden gegebenenfalls ehemalige oder künftige Gesellschafter (vgl. Rz. 3.10 ff) oder Inhaber von Rechtspositionen, die der eines Gesellschafters entsprechen (Rz. 4.2 ff), miterfaßt.

5.8

E. Gesellschafterbesicherte Drittdarlehen

> Hachenburg/Ulmer, § 32a,b Rz. 134;
> Scholz/Karsten Schmidt, §§ 32a, 32b Rz. 129.

5.9 b) § 32a GmbHG sowie die Grundsätze zu den §§ 30, 31 GmbHG erfassen **jede** in Betracht kommende **Absicherung** durch einen Gesellschafter. Ausschlaggebend ist, daß der Gesellschafter dem Kreditgeber das Kreditrisiko ganz oder teilweise abnimmt.

Ausdrücklich nennt das Gesetz die **Bürgschaft**. Daneben kommen weiter in Betracht: Ein **Schuldbeitritt**, die Übernahme **wechselrechtlicher Verpflichtungen**,

> Hachenburg/Ulmer, § 32a,b Rz. 135,

Realkredite jeder Art, insbesondere Grundpfandrechte,

> OLG Hamburg ZIP 1984, 584, 585,

Sicherungsübertragungen und **Verpfändungen** von Sachen oder Rechten, **Hinterlegungen** von Werten, etwa einer Kaution,

> BGH ZIP 1989, 161, 162;
> dazu EWiR 1989, 891 (Meyer-Landrut),

ferner **Garantiezusagen** oder ein **selbständiges Schuldversprechen** gegenüber dem Kreditgeber.

> BGH ZIP 1992, 616.

Patronatserklärungen, mit denen im Konzernverbund die Ausstattung eines abhängigen Unternehmens mit Finanzierungsmitteln verfolgt wird, können in Betracht kommen, wenn es sich um "harte" Erklärungen handelt, die über eine Zusage an die Untergesellschaft hinausgehen und dem Fremdkreditgeber einen durchsetzbaren Anspruch gegen den Patron auf Hergabe der benötigten Mittel gewähren.

> Obermüller, ZIP 1982, 915, 919 f;
> Hachenburg/Ulmer, § 32a,b Rz. 136;
> Scholz/Karsten Schmidt, §§ 32a, 32b Rz. 136.

I. Der Tatbestand

c) Ohne Bedeutung ist, ob die Besicherung etwa nur als **Ausfallsicherheit** gegeben worden ist. Sie wird vom Gesetz ohne Rücksicht auf ihre subsidiäre Natur erfaßt.

5.10

> BGH ZIP 1987, 1541, 1542 f;
> dazu EWiR 1988, 67 (Fleck);
> Hachenburg/Ulmer, § 32a,b Rz. 135.

d) Wird der Kredit zusätzlich auch noch auf andere Weise **besichert**, etwa durch einen weiteren, nicht der Gesellschaft angehörigen Sicherungsgeber, so hindert dies die Einordnung als gesellschafterbesicherter Drittkredit grundsätzlich nicht (es sei denn die zusätzliche Besicherung führt im Ergebnis dazu, daß die Gesellschaft nicht als kreditunwürdig zu bewerten ist). Der gesicherte Anspruch kann auch dann in der Insolvenz gemäß § 32a Abs. 2 GmbHG nur mit dem Ausfallbetrag geltend gemacht werden,

5.11

> Hachenburg/Ulmer, § 32a,b Rz. 137;
> Scholz/Karsten Schmidt, §§ 32a, 32b Rz. 131.

Jedoch gelten für den zusätzlichen gesellschaftsfremden Sicherungsgeber nicht die Rechtsfolgen, denen sich der besichernde Gesellschafter im Verhältnis zum Kreditgeber und zur Gesellschaft unterwerfen muß (dazu nachfolgend Rz. 5.20 ff, 5.31 ff).

Zur Abwicklung, wenn neben dem Gesellschafter **auch die Gesellschaft** Sicherheiten gestellt hat, vgl. Rz. 5.26.

e) Ebenso wie der Drittkredit muß auch die **Besicherung kapitalersetzende Qualität** haben.

5.12

> Scholz/Karsten Schmidt, §§ 32a, 32b Rz. 132.

Hierfür gelten die bereits (in Rz. 1.48, 2.23, 3.1 ff, 3.18 ff) erörterten allgemeinen Gesichtspunkte. Ist allerdings für den Kredit die kapitalersetzende Funktion zu bejahen, so folgt daraus regelmäßig auch eine entsprechende Bewertung der Sicherheit. Jedoch ist in diesem Zusammenhang auf einige Besonderheiten hinzuweisen:

E. Gesellschafterbesicherte Drittdarlehen

5.13 Fallen Kreditgewährung und Sicherheitsbestellung **zeitlich auseinander**, so müssen die Voraussetzungen für eine Behandlung als Kapitalersatz grundsätzlich bei der Krediteinräumung gegeben sein und noch bei der Bestellung der Sicherheit andauern. Tritt eine **Kreditunwürdigkeit** der Gesellschaft erst **später** ein, etwa erst zum Zeitpunkt der Besicherung, so kommen die Kapitalschutzregeln nur zum Zuge, wenn der Kreditgeber den Kredit der Gesellschaft weiterbeläßt. Die Stimmen, die für die Notwendigkeit einer Finanzierungsabrede beim Stehenlassen eines Gesellschafterdarlehens eintreten (vgl. Rz. 4.35 f), verlangen auch hier eine zumindest konkludente Abrede über eine Weitergewährung des Kredits.

> Hachenburg/Ulmer, § 32a,b Rz. 138;
> Scholz/Karsten Schmidt, §§ 32a, 32b Rz. 133
> (Vgl. aber zu den Gegenmeinungen und zum
> Standpunkt der Rechtsprechung oben Rz. 4.37 ff).

Es wird in der Praxis nicht selten so sein, daß ein Fremdkredit nur deshalb stehengelassen wird, weil er nunmehr gesellschafterseitig abgesichert wird.

5.14 Vom Stehenlassen des Kredits ist das **Stehenlassen der Sicherheit** zu unterscheiden. Es erlangt Bedeutung, wenn die Gesellschaft erst nach Sicherheitsbestellung kreditunwürdig wird. Hält der Gesellschafter nunmehr die Besicherung aufrecht, so steht dies (ebenso wie beim unmittelbaren Gesellschafterdarlehen) einem anfänglichen Gewähren der Finanzierungshilfe gleich.

> Vgl. etwa aus der Rechtsprechung:
> BGH ZIP 1985, 158;
> dazu EWiR 1985, 105 (Kübler);
> BGH ZIP 1992, 177, 179;
> dazu EWiR 1992, 363 (v. Gerkan).

5.15 Bedeutsam wird die Frage des Stehenlassens auch für diejenigen Sicherheiten eines Gesellschafters, die dieser lediglich aus Gründen einer banküblichen Gepflogenheit zur Verfügung gestellt hatte und die deshalb noch nicht als kapitalersetzend einzuordnen waren (siehe Rz. 3.30). Verschlechtert sich die Finanzierungslage der Gesellschaft in

I. Der Tatbestand

der Folge und führt dies zu ihrer Kreditunwürdigkeit, so erlangen auch diese ursprünglich "neutralen" Besicherungen, soweit sie aufrechterhalten bleiben, kapitalersetzende Bedeutung.

Die rechtliche **Möglichkeit einer Beendigung seines Kreditengagements** hat der Gesellschafter bei Eintritt einer Krisenlage auch hier regelmäßig (siehe oben bei Rz. 4.43 ff). Bei einer Bürgschaft ergibt sich das aus § 775 BGB Abs. 1 Nr. 1 BGB.

5.16

> BGHZ 81, 252, 257 = ZIP 1981, 974, 975;
> BGH ZIP 1985, 158;
> dazu EWiR 1985, 105 (Kübler).

Aber auch bei Sicherheiten anderer Art sind regelmäßig vergleichbare Möglichkeiten gegeben.

> BGH ZIP 1992, 618, 620;
> dazu EWiR 1992, 481 (v. Gerkan).

Von Bedeutung ist in diesem Zusammenhang namentlich, daß sich ein Gesellschafter auch dann, wenn er bei Kriseneintritt eine geleistete Kapitalhilfe nach den allgemeinen schuldrechtlichen Regeln nicht abziehen kann, gehalten ist, eine ihm gegebene Möglichkeit, die Liquidation der Gesellschaft unter Entzug der Hilfe zu betreiben, wahrzunehmen, will er nicht eine Umqualifizierung seiner Finanzierungshilfe hinnehmen.

> Vgl. BGH, aaO, ferner auch
> BGHZ 121, 31, 36 f = ZIP 1993, 189, 191;
> dazu EWiR 1993, 155 (Fleck).

f) Auf die Voraussetzungen für eine Umqualifizierung durch Stehenlassen kommt es dagegen nicht an, wenn die Kapitalhilfe des Gesellschafters **von vornherein auch auf Krisenfinanzierung angelegt** war, also wenn die Hilfeleistung nicht nur einem Kapitalmangel abhelfen sollte, sondern gerade auch dann zum Zuge kommen sollte, wenn eine Finanzierungskrise der Gesellschaft eintreten sollte.

5.17

> BGHZ 81, 252, 256 = ZIP 1981, 974, 975.

E. Gesellschafterbesicherte Drittdarlehen

Allerdings ist nicht jede Kreditbesicherung als vorweggenommene Krisenfinanzierung einzuordnen, wie sich gerade für die Bürgschaft aus § 775 Abs. 1 Nr. 1 BGB ergibt.

> BGH ZIP 1987, 169, 171;
> dazu EWiR 1986, 1209 (v. Gerkan);
> insofern zu weitgehend:
> OLG Hamburg ZIP 1986, 1113, 1118 f;
> dazu EWiR 1986, 901 (Priester).

5.18 Die Rechtsprechung fordert weiterhin, daß der Gesellschafter zumindest schlüssig **auf das Recht verzichtet, sein Kreditengagement aus wichtigem Grunde zu beenden,** wenn die Gesellschaft später kreditunwürdig werden sollte; verlangt wird danach eine einem Rangrücktritt (siehe dazu in Rz. 1.33 ff) ähnliche Erklärung.

> Vgl. die zuletzt erwähnte Entscheidung
> des BGH.

In einer weiteren Entscheidung ist ausgeführt, daß nur solche Kapitalhilfen als vorweggenommene Krisenfinanzierung verstanden werden könnten, bei denen die Beteiligten überhaupt an die Möglichkeit einer späteren Krise gedacht haben.

> BGHZ 104, 33, 38 = ZIP 1988, 638, 640.

5.19 Die vorweg auf Krisenfinanzierung angelegte Besicherung erlangt bei Kriseneintritt **ohne weiteres kapitalersetzende Bedeutung**. Der Gesellschafter hat nicht das Recht, sie der Gesellschaft zu entziehen.

> BGH ZIP 1992, 616, 617;
> Hachenburg/Ulmer, § 32a,b Rz. 48;
> Lutter/Hommelhoff, §§ 32a/b Rz. 37, 92.

Da die Bindung als Kapitalersatz erst eintritt, wenn die Gesellschaft in die Krise gerät, steht einer Beendigung des Kreditengagements vor Kriseneintritt hingegen nichts entgegen.

II. Rechtsfolgen im Verhältnis Gesellschaft/Dritter

Beim gesellschafterbesicherten Drittdarlehen ist für die Rechtsfolgen im Verhältnis der Gesellschaft zum kreditierenden Dritten zwischen zwei Gesellschaftslagen genau zu unterscheiden: **außerhalb** eines Konkurs- oder Vergleichsverfahrens der Gesellschaft kommen andere Grundsätze zum Zuge als **nach Eröffnung** eines Konkurs- oder Vergleichsverfahrens. Im einzelnen:

5.20

1. Außerhalb eines Konkurs- oder Vergleichsverfahrens

Solange kein Insolvenzverfahren eröffnet ist, kann der Dritte seinen Rückzahlungsanspruch bei Fälligkeit unbeschränkt gegen die Gesellschaft durchsetzen, und zwar selbst dann, wenn die Eröffnung des Konkursverfahrens mangels Masse abgelehnt worden war.

5.21

> Scholz/Karsten Schmidt, §§ 32a, 32b Rz. 136;
> Lutter/Hommelhoff, §§ 32a/b Rz. 94.

a) Die Tatsache, daß die Leistungskombination aus Drittdarlehen und Gesellschaftersicherheit als Eigenkapitalersatz fungiert (Rz. 5.3 ff), steht der Durchsetzung nicht entgegen. Insbesondere ist der Dritte **nicht gehalten**, vor der Inanspruchnahme der Gesellschaft zunächst Befriedigung aus der vom Gesellschafter gestellten Sicherheit zu suchen. Das konkrete Vorgehen steht im Belieben des dritten Kreditgebers und entspricht regelmäßig dem Ergebnis einer überschlägigen Erfolgsprognose, auf welchem Wege er wohl am schnellsten und billigsten zu seinem Geld kommt.

5.22

Deshalb kann die Gesellschaft den Dritten selbst dann nicht auf einen vorrangigen Zugriff auf die Gesellschaftersicherheit verweisen, wenn sie den Kredit daneben aus dem eigenen Gesellschaftsvermögen abgesichert hat. Auch in diesem Fall steht es dem Dritten frei, ob er zunächst aus der Gesellschaftssicherheit Befriedigung zu erlangen versuchen will - etwa in der Annahme leichterer oder effektiverer Verwertbarkeit.

> BGH ZIP 1985, 158;
> dazu EWiR 1985, 105 (Kübler);

E. Gesellschafterbesicherte Drittdarlehen

BGH ZIP 1986, 30, 31;
dazu EWiR 1986, 67 (Karsten Schmidt).

5.23 b) Der aus dem Vermögen der Gesellschaft befriedigte Kreditgeber ist grundsätzlich auch nicht verpflichtet, die ihm vom Gesellschafter gestellte (und nun nicht mehr benötigte) Sicherheit an die Gesellschaft herauszugeben; hier hätte allein der Gesellschafter einen Rückgabeanspruch. Die **Sicherheit besichert** daher jetzt auch **nicht** einen zugunsten der Gesellschaft entstandenen **Erstattungsanspruch** gegen den Gesellschafter aus § 32b GmbHG. Anders ist es hier nur dann, wenn die Sicherungsabrede eine solche Auswechselung vorsieht, wie das namentlich bei einer **dreiseitigen Abrede** zwischen der Gesellschaft, dem Gesellschafter und dem Kreditgeber in Betracht kommt; zu einer solchen dreiseitigen Vereinbarung wird es insbesondere dann kommen können, wenn dem Kreditgeber außer vom Gesellschafter auch **von der Gesellschaft** selbst **Sicherheiten** gestellt werden. In einem solchen Falle könnte die Gesellschaft die Befriedigung des Kreditgebers von einer Zug um Zug erfolgenden Übertragung der Gesellschaftersicherheit auf sie abhängig machen. Handelt es sich dagegen nur um eine **zweiseitige** Sicherungsabrede zwischen dem Gesellschafter und dem Kreditgeber, so kommt die Annahme, ihr liege als Vertrag zugunsten Dritter (§ 328 BGB) eine Regelung zugrunde, nach der die Sicherheit der Gesellschaft zustehen solle, nur ausnahmsweise zum Zuge.

BGH ZIP 1986, 30, 31 f;
dazu EWiR 1986, 67 (Karsten Schmidt);
Hachenburg/Ulmer, § 32a,b Rz. 143 ff;
Lutter/Hommelhoff, §§ 32a/b Rz. 95 f.

2. Nach Verfahrenseröffnung

5.24 a) Abweichend von der Rechtslage vor Verfahrenseröffnung ist der Dritte nunmehr gehalten, **zunächst Befriedigung aus der vom Gesellschafter gestellten Sicherheit** zu suchen. Er nimmt anschließend nur noch mit dem Restbetrag, mit dem er bei der Verwertung der Sicherheit ausgefallen ist, am Verfahren teil (§ 32a Abs. 2 GmbHG); die Situation ist für ihn ähnlich wie im Falle von § 64 KO (vgl. künftig: §§ 49 ff InsO). Allerdings kann er seinen Anspruch sofort in Höhe des mutmaßlichen Ausfallbetrages zur Tabelle anmelden. Bei der Schluß-

II. Rechtsfolgen im Verhältnis Gesellschaft/Dritter

verteilung des Gemeinschuldnervermögens wird der Dritte jedoch nur dann und nur insoweit berücksichtigt, wie er bei der Realisierung der Sicherheit tatsächlich ausgefallen ist und diesen Ausfall nachgewiesen hat.

> Hachenburg/Ulmer, § 32a,b Rz. 140 ff, 147 ff;
> Scholz/Karsten Schmidt, §§ 32a, 32b Rz. 137 f;
> Lutter/Hommelhoff, §§ 32a/b Rz. 97 f;
> eingehend: Peters, ZIP 1987, 621 ff.

Da die Beschränkung durch § 32a Abs. 2 GmbHG zwingender Natur ist, kann der Kreditgläubiger ihr nicht etwa durch einen **Verzicht** auf die Gesellschaftersicherheit entgehen. Er könnte weiterhin nur in Höhe des von ihm nachzuweisenden hypothetischen Ausfalls am Insolvenzverfahren teilnehmen. 5.25

> Hachenburg/Ulmer, § 32a,b Rz. 141;
> Scholz/Karsten Schmidt, §§ 32a, 32b Rz. 141;
> Lutter/Hommelhoff, §§ 32a/b Rz. 102.

Auch daß die Absicherung durch den Gesellschafter nur als **Ausfallsicherheit** gestellt war, bleibt ohne Auswirkung und schmälert nicht das volle Zugriffsrecht des Gläubigers auf die Sicherheit. Daher entfällt bei einer Bürgschaft auch die Einrede der Vorausklage.

> Hachenburg/Ulmer, § 32a,b Rz. 141 f;
> Scholz/Karsten Schmidt, §§ 32a, 32b Rz. 142.

b) Im Falle der von Gesellschaft und Gesellschafter gestellten **Doppelsicherheit** ist der Dritte selbst innerhalb des Konkurs- oder Vergleichsverfahrens nicht gehalten, zunächst die Sicherheit des Gesellschafters zu verwerten. Es steht dem Dritten vielmehr frei, vorab aus der Sicherheit der Gesellschaft Befriedigung zu suchen. 5.26

> Siehe die Nachweise bei Rz. 5.22
> sowie Lutter/Hommelhoff, §§ 32a/b Rz. 99.

Die Verwertung der Gesellschaftssicherheit kann im Verhältnis des Gesellschafters zur Gesellschaft zu einem Erstattungsanspruch führen (unten Rz. 5.35 ff). Was dessen Absicherung durch die vom Gesell-

E. Gesellschafterbesicherte Drittdarlehen

schafter ursprünglich dem Dritten gewährte Kreditsicherheit anbelangt, so gilt das gleiche wie oben zur Rechtslage außerhalb eines Konkurs- oder Vergleichsverfahrens dargelegt (Rz. 5.23).

III. Rechtsfolgen im Verhältnis Dritter/Gesellschafter
1. Außerhalb eines Konkurs- oder Vergleichsverfahrens

5.27 Daß der Gesellschafter ein Drittdarlehen mit Ersatzkapitalfunktion abgesichert hat, bleibt im Verhältnis des Gesellschafters zum Dritten ohne Auswirkungen. Unter welchen Voraussetzungen und in welcher Weise der Dritte die Kreditsicherheit des Gesellschafters verwerten darf, richtet sich nach den für die jeweilige Sicherheit geltenden zwingenden Vorschriften des Gesetzes, nach dem Typ der Kreditsicherheit und nach den von den Parteien getroffenen Vereinbarungen. In diesem Stadium folgen aus der Ersatzkapitalfunktion noch keinerlei Einschränkungen oder Abänderungen. Sollte der Gesellschafter dem Dritten also eine Ausfallbürgschaft eingeräumt haben, so muß der Dritte alles Mögliche und Zumutbare tun, um zunächst Befriedigung von der Gesellschaft zu erlangen, bevor er sich an den Gesellschafter halten kann.

Lutter/Hommelhoff, §§ 32a/b Rz. 100.

2. Nach Verfahrenseröffnung

5.28 Dagegen können die Vereinbarungen des Dritten mit dem sichernden Gesellschafter gewisse **Einschränkungen oder Abänderungen** erleiden, wenn das Konkurs- oder Vergleichsverfahren über das Vermögen der Gesellschaft eröffnet wird. Von diesem Moment an gilt der zwingende Grundsatz aus § 32a Abs. 2 GmbHG, nach welchem der Dritte zunächst den Gesellschafter bzw. dessen Sicherheit in Anspruch nehmen muß und nur mit dem Restbetrag an der Schlußverteilung teilnehmen kann (siehe Rz. 5.24 f). Zwar hat dies zunächst nur im Verhältnis zwischen der Gesellschaft und dem Dritten Bedeutung; doch muß der Grundsatz des § 32a Abs. 2 GmbHG auch in der Rechtsbeziehung zwischen Gesellschafter und Drittem eingreifen, damit er nicht entgegen der Absicht des Gesetzgebers im Verhältnis des Dritten zur Gesellschaft leerläuft.

a) Dies sei am Beispiel der **Ausfallbürgschaft** verdeutlicht: Mit dieser Art von Kreditsicherheit haben Gesellschafter und Dritter die vorrangige Inanspruchnahme der Gesellschaft vereinbart. Würde man dies auch im Gesellschaftskonkurs gelten lassen, so würde der Dritte den Gesellschafter nicht in Anspruch nehmen können und wäre dann wohl konsequenterweise mit seiner Forderung in unverminderter Höhe an der Schlußverteilung zu beteiligen. Das würde sich aber zu Lasten aller übrigen Gesellschafts-(Konkurs-)Gläubiger auswirken und muß daher ausgeschlossen werden. Um nun nicht umgekehrt den Dritten zu entrechten, bleibt nur, ihm von Gesetzes wegen die Möglichkeit zu geben, die Kreditsicherheit entsprechend der Vorgabe aus § 32a Abs. 2 GmbHG unabhängig davon zu verwerten, was die Parteien konkret vereinbart haben. Damit wird aus der Ausfallbürgschaft auch im Verhältnis zwischen dem Dritten und dem Gesellschafter in der Sache eine selbstschuldnerische Bürgschaft, eine primäre Sicherheit. 5.29

Hachenburg/Ulmer, § 32a,b Rz. 142
Scholz/Karsten Schmidt, §§ 32a, 32b Rz. 142.

b) Anders liegt es hingegen bei einer **Aufhebung der Kreditsicherung** durch eine Vereinbarung zwischen Gesellschafter und Drittem. Diese ist zwar zwischen beiden wirksam, ändert aber nichts an der Geltung des § 32a Abs. 2 GmbHG. Deshalb muß sich der Dritte hier bei der Anmeldung seiner Forderung gefallen lassen, daß er nur in dem Umfange berücksichtigt wird, wie er einen Ausfall im Falle einer (hypothetischen) Sicherheitsverwertung nachweisen kann. 5.30

Vgl. die Nachweise bei Rz. 5.25.

IV. Rechtsfolgen im Verhältnis Gesellschaft/Gesellschafter

Im Verhältnis zwischen der kreditnehmenden Gesellschaft und ihrem sichernden Gesellschafter sind auf der einen Seite die Rechte und Ansprüche der Gesellschaft gegen ihren Gesellschafter zu unterscheiden von denen auf der anderen Seite, die der Gesellschaft gegen seiner Gesellschaft hat. 5.31

E. Gesellschafterbesicherte Drittdarlehen

1. Rechte und Ansprüche der Gesellschaft gegen den Gesellschafter

5.32 a) Soweit der Gesellschafter eine Kreditschuld der Gesellschaft in eigenkapitalersetzender Weise besichert hat, ist er der Gesellschaft gegenüber verpflichtet, sie von dieser Verbindlichkeit **freizustellen**. Die Gesellschaft kann dem Gesellschafter ihren Freistellungsanspruch auch entgegenhalten, wenn er sie auf Rückzahlung der von ihm an den Kreditgläubiger geleisteten Beträge oder etwa darauf in Anspruch nimmt, die Verwertung einer (zusätzlich) von der Gesellschaft gestellten Sicherheit zugunsten des Gläubigers zu dulden. Der Anspruch der Gesellschaft auf Freistellung greift nicht erst im Insolvenzfall ein. Er folgt aus der entsprechenden Anwendung des § 30 Abs. 1 GmbHG und umfaßt den Betrag des kapitalersetzenden Darlehens bis zu der Höhe, in der es benötigt wird, fehlendes Stammkapital sowie eine hierüber hinausgehende Verschuldung abzudecken.

> BGH ZIP 1992, 108, 109;
> dazu EWiR 1992, 277 (Hunecke);
> Scholz/Karsten Schmidt, §§ 32a, 32b Rz. 147;
> Lutter/Hommelhoff, §§ 32a/b Rz. 103.

5.33 Im einzelnen leitet sich der Anspruch aus der Erwägung her, daß eine Rückführung des Kredits durch die Gesellschaft aus ihrem Vermögen zu einer Entlastung des sichernden Gesellschafters und damit in der Sache zu einer **Auszahlung von Gesellschaftsmitteln** an diesen führen würde und damit, soweit dadurch das Stammkapital betroffen wäre, einen Verstoß gegen § 30 Abs. 1 GmbHG darstellen würde. Hieraus ergibt sich die Konsequenz, daß zur Vermeidung dieses Effektes der Gesellschafter die Gesellschaft bei Fälligwerden der Kreditschuld von dieser freistellen muß.

5.34 Auf welchen Weise die Freistellung erfolgt, bleibt dem Gesellschafter überlassen. Er hat insbesondere die Wahl, die Kreditschuld als Dritter gemäß § 267 BGB zu tilgen, der Gesellschaft die Mittel zur Tilgung zur Verfügung zu stellen oder die Kreditschuld in befreiender Weise zu übernehmen (§ 414 BGB).

IV. Rechtsfolgen im Verhältnis Gesellschaft/Gesellschafter

b) Sollte die Gesellschaft ohne Freistellung durch den Gesellschafter das Drittdarlehen getilgt oder die Verwertung eigener Kreditsicherheiten erlitten haben, so können der Gesellschaft Erstattungsansprüche gegen den sichernden Gesellschafter zustehen.   5.35

(1) Soweit die Gesellschaft durch Tilgung oder Sicherheitenverwertung Gesellschaftsvermögen verloren hat, das zur **Erhaltung des Stammkapitals** benötigt wurde, hat sie in entsprechender Anwendung des § 31 Abs. 1 GmbHG einen sofort fälligen **Erstattungsanspruch** gegen den Gesellschafter. Seinem Umfang nach ist dieser Anspruch allerdings begrenzt; mehr als notwendig ist, um das beeinträchtigte Stammkapital in voller Höhe wiederherzustellen, kann die Gesellschaft nicht verlangen. Wenn also ein Kredit in Höhe von DM 80 000 getilgt und dadurch eine Unterbilanz von DM 25 000 herbeigeführt worden ist, dann kann die Gesellschaft vom Gesellschafter nicht DM 80 000 verlangen, auch wenn das gesellschafterbesicherte Drittdarlehen etwa (über § 32a GmbHG) in voller Höhe als Eigenkapitalersatz fungierte; vielmehr besteht der Erstattungsanspruch aus § 31 Abs. 1 GmbHG dann nur in Höhe von DM 25 000.   5.36

Vgl. auch
BGHZ 81, 252, 260 = ZIP 1981, 974, 977;
Hachenburg/Ulmer, § 32a,b Rz. 164, 175;
Scholz/Karsten Schmidt, §§ 32a, 32b Rz. 158;
Lutter/Hommelhoff, §§ 32a/b Rz. 104.

Die Geschäftsführer haben diesen Erstattungsanspruch bei Vermeidung einer persönlichen Haftung (§ 43 Abs. 3 GmbHG analog) unverzüglich gegen den Gesellschafter geltend zu machen (Rz. 3.73). Der Anspruch verjährt in fünf Jahren (§ 31 Abs. 5 GmbHG analog).   5.37

Es ist klar, daß der Erstattungsanspruch auch entsteht, wenn der Gesellschafter seinerseits den Dritten befriedigt hat und anschließend bei der Gesellschaft Regreß genommen hat.

(2) Auch **oberhalb der Stammkapitalziffer** hat die Gesellschaft einen Erstattungsanspruch gegen den Gesellschafter, wenn sie im Rahmen der Tilgung eines nach den Novellenregeln kapitalersetzenden Krediles Gesellschaftsvermögen verloren hat. Allerdings weist der hierfür maßgebliche **§ 32b GmbHG** einige Besonderheiten auf: 5.38

E. Gesellschafterbesicherte Drittdarlehen

5.39 Zum ersten setzt dieser Erstattungsanspruch die Eröffnung des Konkursverfahrens voraus; ein Vergleichsverfahren genügt für die Anspruchsentstehung ebensowenig wie die Ablehnung des Konkursverfahrens mangels Masse.

> Hachenburg/Ulmer, § 32a,b Rz. 151;
> Scholz/Karsten Schmidt, §§ 32a, 32b Rz. 151;
> Lutter/Hommelhoff, §§ 32a/b Rz. 92.

5.40 Und zum zweiten erfaßt der Erstattungsanspruch aus § 32b GmbHG allein jene Leistungen aus dem Gesellschaftsvermögen, die **im letzten Jahr vor der Konkurseröffnung** abgeflossen sind. Der Zeitraum wird einerseits bemessen durch die Befriedigung des kreditierenden Dritten, andererseits durch den Eröffnungsbeschluß (§ 108 KO); im Falle eines vorangegangenen Vergleichsverfahrens ist nach § 107 Abs. 2 VglO der Tag der Vergleichseröffnung maßgebend, während die Dauer eines etwa vorgeschalteten Sequestrationsverfahrens außer Betracht bleibt.

> Hachenburg/Ulmer, § 32a,b Rz. 153;
> v. Gerkan, GmbHR 1986, 218, 223.

Im **künftigen Insolvenzrecht** rechnet die einjährige Vorausfrist vom Zeitpunkt des Antrages auf Eröffnung des Insolvenzverfahrens zurück; doch werden auch Darlehensrückzahlungen der Gesellschaft nach der Antragstellung erfaßt (§ 32b GmbHG i. d. F. von Art. 148 Nr. 3 EGInsO).

Leistungen der Gesellschaft, die länger als ein Jahr zurückliegen, scheiden als Grundlage eines Erstattungsanspruchs nach § 32b GmbHG aus; dies ist rechtspolitisch wenig zufriedenstellend, ist aber nach der Gesetzeslage unvermeidlich; hier bleibt nur gegebenenfalls die Möglichkeit eines Erstattungsanspruches analog § 31 Abs. 1 GmbHG (oben Rz. 5.36).

> Scholz/Karsten Schmidt, §§ 32a, 32b Rz. 153.

5.41 Der Anspruch aus § 32b GmbHG richtet sich **inhaltlich** auf das, was zur Entlastung des Gesellschafters aus dem Gesellschaftsvermögen geleistet worden ist. Darüber hinaus ist der Anspruch bei nicht vollwer-

IV. Rechtsfolgen im Verhältnis Gesellschaft/Gesellschafter

tiger Sicherung in seiner Höhe begrenzt. Ausgangspunkt sind zwar die Verringerung des Gesellschaftsvermögens und dessen Restitution, jedoch nach § 32b Satz 2 GmbHG nur in jener Höhe, welche die vom Gesellschafter gestellte Kreditsicherheit abdeckt. Wenn also der Gesellschafter nur eine Höchstbetragsbürgschaft von DM 50 000 übernommen hat, dann kann eine Tilgungsleistung der Gesellschaft von DM 140 000 eben nur in Höhe von DM 50 000 restituiert werden; DM 90 000 bleiben unausgeglichen und können nicht mehr ins Gesellschaftsvermögen (Gemeinschuldnervermögen) zurückgeholt werden.

BGH ZIP 1990, 642, 643;
dazu EWiR 1990, 481 (Joost);
Hachenburg/Ulmer, § 32a,b Rz. 154 f;
Scholz/Karsten Schmidt, §§ 32a,
32b Rz. 154 f;
Lutter/Hommelhoff, §§ 32a/b Rz. 105.

Entsprechendes gilt für eine vom Gesellschafter zur Verfügung gestellte Realsicherheit. Ihr (gegebenenfalls durch Sachverständigengutachten zu ermittelnder) Wert begrenzt den Erstattungsanspruch gegen den Gesellschafter aus § 32b GmbHG in seiner Höhe. - Außerdem gibt § 32b Satz 3 GmbHG dem Gesellschafter das Recht, seine dem Dritten zunächst eingeräumte Kreditsicherheit nun der Gesellschaft zur Verwertung zu überlassen (Ersetzungsbefugnis). In diesem Falle wird der Gesellschafter unabhängig von den Verwertungschancen der Gesellschaft von seiner Erstattungspflicht frei.

Unklar war, ob der Erstattungsanspruch aus § 32b GmbHG nur im Wege der Konkursanfechtung nach den §§ 29, 36 KO und dann nur innerhalb der **Jahresfrist aus § 41 Abs. 1 KO** geltend gemacht werden kann. Hiergegen waren Zweifel an der Richtigkeit der zeitlichen Beschränkung der Rechtsverfolgung geltend gemacht worden.

5.42

Vgl. v. Gerkan, GmbHR 1986, 218, 223 f.

Inzwischen ist die Frage jedoch durch die Rechtsprechung im Einklang mit der herrschenden Meinung im Sinne einer entsprechenden Geltung von § 41 Abs. 1 KO entschieden worden.

BGHZ 123, 289, 291 = ZIP 1993, 1614, 1615;
dazu EWiR 1993, 1217 (Paulus);

E. Gesellschafterbesicherte Drittdarlehen

> Scholz/Karsten Schmidt, §§ 32a, 32b
> Rz. 149, 153;
> Lutter/Hommelhoff, §§ 32a/b Rz. 106;
> Kuhn/Uhlenbruck, KO, § 32a Rz. 16;
> noch unentschieden:
> Hachenburg/Ulmer, § 32a,b Rz. 153.

5.43 (3) Eine gewisse Abhilfe gegenüber der nicht befriedigenden Gesetzeslage wird erst das (ab 1999 geltende) **neue Insolvenzrecht** bringen. § 32b GmbHG i. d. F. von Art. 48 Nr. 3 EGInsO sieht vor, daß dann für die Geltendmachung des Erstattungsanspruchs die zweijährige Anfechtungsfrist gemäß § 146 InsO entsprechend gilt. Und außerdem sieht die Neufassung des § 32b GmbHG vor, daß Rückzahlungen der Gesellschaft aus der Zeit von einem Jahr vor dem Antrag auf Eröffnung des Insolvenzverfahrens sowie nach der Antragstellung erfaßt werden.

5.44 (4) Nicht ausdrücklich im Gesetz geregelt ist die (in der Praxis häufig vorkommende) Konstellation, daß es erst **nach Konkurseröffnung** zu einer **Befriedigung des Kreditgläubigers aus dem Gesellschaftsvermögen** kommt, namentlich durch Verwertung einer (zusätzlich) von der Gesellschaft gestellten Sicherheit. Soweit dies zu Lasten des Stammkapitals geschieht, hat die Gesellschaft zwar ohne weiteres einen Erstattungsanspruch gemäß den §§ 30, 31 GmbHG. Hingegen ist ein Anspruch aus § 32b GmbHG verneint worden, da es sich bei der Vorschrift um einen Anfechtungstatbestand handele, mit dem nur Vermögensverschiebungen bis zur Konkurseröffnung zu erfassen seien.

> OLG Düsseldorf ZIP 1995, 465;
> dazu EWiR 1995, 155 (Dreher).

Damit wird aber im System der Novellenregeln eine vom Gesetzgeber nicht erkannte und zweifellos auch nicht gewollte Lücke bewußt in Kauf genommen. Insbesondere bleibt unberücksichtigt, daß es im Zusammenhang des § 32b GmbHG auch noch nach Konkurseröffnung zu Verlagerungen von Vermögenswerten kommen kann, die als anfechtbar zu bewerten wären, während derartiges bei den Anfechtungstatbeständen im herkömmlichen Bereich per se ausgeschlossen ist. Es ist daher zu erwägen, der Gesellschaft auch hier einen Erstattungsanspruch in ausdehnender Anwendung des § 32b GmbHG zuzubilligen. Hierfür könnte auch sprechen, daß nach der künftig (ab 1999) maß-

IV. Rechtsfolgen im Verhältnis Gesellschaft/Gesellschafter

geblichen Fassung von § 32b GmbHG (gemäß Art. 48 Nr. 3 EGInsO) eine Gläubigerbefriedigung aus dem Gesellschaftsvermögen auch noch nach Stellung des Insolvenzeröffnungsantrages (und zwar ohne zeitliche Begrenzung) erfaßt werden soll.

2. Rechte und Ansprüche des Gesellschafters gegen die Gesellschaft

Oberhalb der Stammkapitalziffer werden eigenkapitalersetzende Gesellschafterdarlehen und sonstige Gesellschafterleistungen in der Zeit **vor einer Insolvenz** wie normale Leistungsbeziehungen behandelt, wie sie auch zwischen der Gesellschaft und außenstehenden Dritten bestehen. Hieran ändert sich erst etwas mit Eröffnung des Konkurs- oder Vergleichsverfahrens. Diese "Normalität" wirkt sich auch auf die Rechte und Ansprüche aus, die der Gesellschafter wegen der von ihm gestellten Sicherheit gegen die Gesellschaft hat. 5.45

a) Schickt sich der kreditierende Dritte an, die vom Gesellschafter bereitgestellte Kreditsicherheit zu verwerten oder gegen den Gesellschafter als Bürge oder Mitschuldner vorzugehen, so hat der Gesellschafter **außerhalb des Insolvenzverfahrens** einen Anspruch gegen die Gesellschaft, daß diese ihn **freistelle**. Rechtsgrundlage hierfür ist das der Kreditsicherheit zugrundeliegende Kausalverhältnis zwischen der Gesellschaft und ihrem Gesellschafter, regelmäßig also § 670 BGB. 5.46

Siehe Hachenburg/Ulmer, § 32a,b Rz. 146;
Scholz/Karsten Schmidt, §§ 32a, 32b Rz. 148.

Diesen Freistellungsanspruch hat der Gesellschafter freilich **nur dann** und insoweit, als sich seine Kreditsicherheit in den Bereich **oberhalb der Stammkapitalziffer** hinein erstreckt, wie an folgendem Beispiel deutlich wird: Ein Gesellschafter hat sich für ein kapitalersetzendes Drittdarlehen in Höhe von DM 100 000 verbürgt. Würde dieses Darlehen von der Gesellschaft zurückgezahlt, so hätte dies eine Unterbilanz in Höhe von DM 20 000 zur Folge. Der Gesellschafter kann daher von der Gesellschaft Freistellung nur in Höhe von DM 80 000 verlangen; denn nur insoweit unterfällt seine Kreditsicherheit nicht den Bestim-

E. Gesellschafterbesicherte Drittdarlehen

mungen der §§ 30, 31 GmbHG zur Kapitalerhaltung. Wegen des Teilbetrages von DM 20 000, der der Abdeckung fehlenden Stammkapitals dient, ist ein Freistellungsanspruch dagegen ausgeschlossen.

> Lutter/Hommelhoff, §§ 32a/b Rz. 107.

5.47 b) Sobald der Gesellschafter an den kreditgebenden Dritten geleistet hat, verwandelt sich sein Freistellungsanspruch unter den in Rz. 5.46 erörterten Voraussetzungen und in der dort dargelegten Höhe in einen **Regreßanspruch**. Dies gilt allerdings nur so lange, wie kein Konkurs- oder Vergleichsverfahren eröffnet ist.

> Hachenburg/Ulmer, § 32a,b Rz. 146;
> Lutter/Hommelhoff, §§ 32a/b Rz. 108.

Soweit jedoch das gesellschafterbesicherte Drittdarlehen das Stammkapital abgedeckt hatte, ist ein Regreßanspruch nach §§ 30 Abs. 1, 31 Abs. 1 GmbHG analog ebenso ausgeschlossen, wie das bereits für einen Freistellungsanspruch konstatiert worden ist.

> BGH WM 1986, 447, 448 f = GmbHR 1986, 226, 228;
> Hachenburg/Ulmer, § 32a,b Rz. 175 (a. E.);
> Scholz/Karsten Schmidt, §§ 32a, 32b Rz. 148;
> Lutter/Hommelhoff, §§ 32a/b Rz. 95.

5.48 c) **Nach der Eröffnung des Konkurs- oder Vergleichsverfahrens** kann der Gesellschafter keinen Freistellungs- oder Regreßanspruch mehr geltend machen. Hiermit ist er ebenso ausgeschlossen, wie er mit seinem Rückzahlungsanspruch ausgeschlossen sein würde, wenn er selbst der Gesellschaft das eigenkapitalersetzende Gesellschafterdarlehen ausgereicht hätte (§§ 30 Abs. 1, 32a Abs. 1 GmbHG).

> Hachenburg/Ulmer, § 32a/b Rz. 146, 175 (a. E.);
> Scholz/Karsten Schmidt, §§ 32a, 32b Rz. 148;
> Lutter/Hommelhoff, §§ 32a/b Rz. 109.

Sollte die Gesellschaft dem Gesellschafter schon vor der Eröffnung des Konkursverfahrens Regreß geleistet haben, so unterliegt diese Zahlung nicht anders als die Tilgung eines eigenkapitalersetzenden Gesellschafterdarlehens der Konkursanfechtung nach § 32a KO, wenn zwischen der Regreßleistung und der Konkurseröffnung nicht mehr als

IV. Rechtsfolgen im Verhältnis Gesellschaft/Gesellschafter

ein Jahr vergangen ist. Unberührt hiervon bleibt der Erstattungsanspruch aus § 31 Abs. 1 GmbHG, soweit die Regreßzahlung zu Lasten des Stammkapitals gegangen ist oder zu einer weitergehenden Verschuldung geführt hat oder diese vertieft hat.

F. Eigenkapitalersatz im Bilanzrecht

Hochkontrovers wird immer noch das Problem diskutiert, ob und in welcher Weise den differenzierten Rechtsgrundsätzen, denen eigenkapitalersetzende Gesellschafterdarlehen unterstehen, in den verschiedenen Rechnungen und Bilanzen, namentlich in der handelsrechtlichen Rechnungslegung (§§ 242 ff, 264 ff HGB) und im Überschuldungsstatus (§ 63 GmbHG) entsprochen werden muß. Während sich die Praxis durchweg damit begnügt, Gesellschafterdarlehen als Verbindlichkeit der Gesellschaft zu bilanzieren, 6.1

> siehe nur
> Clemm/Nonnenmacher, in: Beck'scher Bilanz-Komm., 2. Aufl., 1990, § 247 HGB Rz. 300;
> allerdings muß die Haftkapital-Funktion im Jahresabschluß kenntlich gemacht werden: dies., § 266 HGB Rz. 255;
> Reinhard, in: Küting/Weber, 3. Aufl., 1990, Handbuch der Rechnungslegung, § 247 Rz. 96;
> W. Müller, WPg 1988, 572, 573,

gehen manche Stimmen im Schrifttum davon aus, daß die rechtlichen Grundsätze für den Eigenkapitalersatz ebenfalls in den verschiedenen Rechnungen zu berücksichtigen sind; im einzelnen ist hier freilich vieles noch streitig. Rechtsprechung liegt in diesem Problembereich bislang noch nicht vor,

> erste Positionierung jedoch incidenter in
> BGH ZIP 1994, 295, 296 zur Vorbelastungshaftung;
> dazu EWiR 1994, 275 (v. Gerkan).

Die praktische Bedeutung dieser Kontroversen kann nicht hoch genug eingeschätzt werden: Zum einen ist vor allem eine verbesserte Selbststeuerung der Geschäftsführer und anderer Gesellschaftsorgane zu erwarten, wenn Eigenkapitalersatz gleichfalls im Bilanzrecht besonderen Rechtsregeln unterliegt und nicht ohne weiteres wie normales Fremdkapital behandelt werden darf. Und zum anderen könnte dadurch die Arbeit der Konkurs- und Vergleichsverwalter erleichtert werden, wenn sie prüfen müssen, ob irgendwelche Ansprüche der Gemeinschuldnerin gegen Gesellschafter und/oder Geschäftsführer bestehen, welche die Konkursmasse anreichern können. 6.2

F. Eigenkapitalersatz im Bilanzrecht

I. Handelsrechtliche Rechnungslegung

6.3 Die Behandlung von eigenkapitalersetzenden Gesellschafterdarlehen in der handelsrechtlichen Rechnungslegung ist im Schrifttum höchst streitig.

> Siehe Scholz/Crezelius, Anh. § 42a Rz. 221;
> Fleck, in: Festschrift Döllerer, S. 110 ff;
> Baumbach/Hueck/Schulze-Osterloh,
> § 42 Rz. 226;
> eingehend: Fleischer, Finanzplankredite und Eigenkapitalersatz im Gesellschaftsrecht, 1995, S. 308 ff.

Wenn man jedoch nicht sofort nach der Bilanzierung der eigenkapitalersetzenden Gesellschafterdarlehen fragt, sondern den gesamten Problemkomplex in seine sachlichen Einzelelemente auflöst, so zeichnet sich zu den wesentlichen Fragen doch breitere Übereinstimmung ab.

6.4 (1) Eigenkapitalersetzende Gesellschafterdarlehen dürfen in der Rechnungslegung nicht vollständig unberücksichtigt bleiben - und zwar selbst dann nicht, wenn und soweit sie nach den Grundsätzen der Rechtsprechung (oben Rz. 2.8 ff) zum Ausgleich einer Unterbilanz benötigt werden. Andernfalls würde die Gesellschaft im Widerspruch zu § 264 Abs. 2 Satz 1 HGB ein unzutreffendes Bild von ihrer Vermögens- und Finanzlage vermitteln.

> Fleck, in: Festschrift Döllerer, S. 114, 116;
> Fleischer, Finanzplankredite und Eigenkapitalersatz im Gesellschaftsrecht, S. 323 ff;
> Baumbach/Hueck/Schulze-Osterloh, § 42 Rz. 226;
> im Ergebnis auch
> Scholz/Crezelius, Anh. § 42a Rz. 221.

6.5 Denn die Rückzahlungssperre für Gesellschafterdarlehen entfällt, sobald und soweit diese für den Ausgleich der Unterbilanz nicht länger benötigt werden; dann können auch die Gesellschafter nach näherer Bestimmung der Darlehensbedingungen Rückzahlung verlangen. Die Existenz solcher verhaltenen Rückzahlungsansprüche darf vor dem Adressaten der Rechnungslegung nicht verborgen werden.

> Insoweit zutreffend
> Kamprad, GmbHR 1985, 352, 354, sowie alle,

I. Handelsrechtliche Regelung

die eigenkapitalersetzende Gesellschafterdarlehen als Verbindlichkeiten passiviert wissen wollen: BGH ZIP 1994, 295, sowie aus dem Schrifttum z. B. Meyer-Landrut/Miller/Niehus, §§ 41, 42 Rz. 109; Priester, DB 1991, 1917, 1923; Roth, § 32a Anm. 3.1.

(2) Der besondere Ersatzkapitalcharakter der eigenkapitalersetzenden Gesellschafterdarlehen muß kenntlich gemacht werden. Zwar differenziert § 42 Abs. 3 GmbHG nach seinem Wortlaut schon nicht zwischen Darlehens- und sonstigen Verbindlichkeiten der Gesellschaft gegenüber Gesellschaftern, geschweige denn innerhalb der Darlehensschulden danach, ob es sich um Fremd- oder um funktionales Eigenkapital handelt. Daraus folgt aber mitnichten, daß die besondere Rechtsqualität der eigenkapitalersetzenden Gesellschafterdarlehen in der Rechnungslegung keinerlei Niederschlag zu finden brauche oder gar dürfe. Vielmehr ist es Geschäftsführern und Gesellschaftern gleichermaßen verboten, den Eigenkapital-Ersatz als bloße Verbindlichkeit gegenüber Gesellschaftern ohne jede Zusatzinformation zu verdecken. Das folgt zum einen aus dem Grundsatz des true and fair view (§ 264 Abs. 2 Satz 1 HGB) und dem Gebot einer hinreichenden Mindestgliederung (§ 247 Abs. 1 HGB) sowie zum anderen aus den besonderen Verhaltensanforderungen, die aus der entsprechenden Anwendung der §§ 30 f GmbHG herrühren und für die die Geschäftsführer überdies nach § 43 Abs. 3 GmbHG haftungsbedroht sind.

6.6

Siehe Karsten Schmidt, in: Festschrift Goerdeler, 1987, S. 508: Schutz- und Präventivfunktion des Ersatzkapitalrechts.

Wollte man statt dessen den Ersatzkapitalcharakter der eigenkapitalersetzenden Gesellschafterdarlehen erst im Konkurs- oder Vergleichsverfahren berücksichtigen, so würde man den vorsorgenden Schutz primär der Gesellschaft und ihres Vermögens verkennen, auf den die §§ 30 f GmbHG auch in ihrer analogen Anwendung auf eigenkapitalersetzende Gesellschafterdarlehen abzielen. Daher ist dem Bundesgerichtshof,

6.7

F. Eigenkapitalersatz im Bilanzrecht

BGH ZIP 1994, 295, 269,

nicht in seiner Annahme zu folgen, die wechselnde, häufig nur schwer feststellbare Qualität eine Gesellschafterdarlehens als Eigenkapitalersatz spreche dagegen, die gesellschaftsrechtliche Umqualifizierung bilanziell vorwegzunehmen.

So schon
Scholz/Crezelius, Anh. § 42a Rz. 221;
übereinstimmend
Klaus, BB 1994, 680, 685.

Dies verkennt die primäre Funktion handelsrechtlicher Rechnungslegung, für Selbstinformation der Geschäftsführer zu sorgen,

Lutter/Hommelhoff, vor § 41 Rz. 6,

damit diese sich bei ihren Leitungsmaßnahmen auch an den Informationen aus der Rechnungslegung orientieren können. Ihrer Steuerungsfunktion wird eine unterschiedslose Bilanzierung des eigenkapitalersetzenden Gesellschafterdarlehens als normale Verbindlichkeit ohne jede Zusatzinformation nicht gerecht.

6.8 (3) Eigenkapitalersetzende Gesellschafterdarlehen sind als solche einheitlich in der Rechnungslegung zu kennzeichnen und nicht weiter danach zu unterscheiden, ob und inwieweit sie den Rechtsprechungs- oder den Novellen-Regeln unterliegen.

Fleck, in: Festschrift Döllerer, S. 117 ff;
im Ergebnis wohl auch
Baumbach/Hueck/Schulze-Osterloh, § 42 Rz. 226;
insoweit zutreffend ebenfalls
Scholz/Crezelius, Anh. § 42a Rz. 221.

Zwar läge eine solche Unterscheidung in der Konsequenz differenzierter Rechtsfolgen; es würde aber die Geschäftsführer, Gesellschafter und Abschlußprüfer namentlich in den mittelgroßen und kleinen Gesellschaften überfordern, wenn sie über den eigenkapitalersetzenden Charakter bestimmter Darlehen hinaus zusätzlich noch exakt bestimmen müßten, inwieweit diese den Rechtsprechungs- und inwieweit sie den Novellen-Regeln unterworfen sind. Insoweit ist den vielfach be-

I. Handelsrechtliche Regelung

schworenen Abgrenzungsschwierigkeiten für die Praxis Rechnung zu tragen. Außerdem wäre eine Unterscheidung innerhalb des Eigenkapitalersatzes auch deshalb höchst schwierig, weil sich die Grenzlinie bei bestimmten eigenkapitalersetzenden Gesellschafterdarlehen täglich verändern kann.

> Fleck, in: Festschrift Döllerer, S. 114, 118;
> Karsten Schmidt, in: Festschrift Goerdeler, S. 509.

(4) Besonders umstritten ist die Frage, ob der Eigenkapitalersatz (wenigstens in kleinen und mittelgroßen Kapitalgesellschaften, § 267 Abs. 1 und 2 HGB) lediglich gegenüber den Gesellschaftern und anderen gesellschaftsinternen Stellen zu kennzeichnen ist (Binnenpublizität) oder in gleicher Weise gegenüber den übrigen Adressaten der Rechnungslegung wie Gesellschaftsgläubigern und der Allgemeinheit (Außenpublizität). **6.9**

Dafür, den Eigenkapitalersatz unterschiedslos nach innen und nach außen aufzudecken, sind Sinn und Zweck der Rechnungslegung ins Feld geführt worden, allen Adressaten ein den tatsächlichen Verhältnissen entsprechendes Bild der Vermögens-, Finanz- und Ertragslage der Gesellschaft zu vermitteln (§ 264 Abs. 2 Satz 1 HGB). Zwar zwinge die Außenpublizität manche Gesellschaft zu ihrem Nachteil, besondere Formen ihrer Unternehmensfinanzierung, zumeist sogar ihre fehlende Kreditwürdigkeit kenntlich zu machen; aber insoweit müsse die Gesellschaft nun auch bilanzrechtlich die Folgen daraus tragen, daß die Gesellschafter in Ausübung ihrer Finanzierungsfreiheit gerade eigenkapitalersetzende Gesellschafterdarlehen als Mittel der Unternehmensfinanzierung gewählt hätten. **6.10**

> Lutter/Hommelhoff, §§ 32a/b Rz. 40.

Demgegenüber wird auf die Erleichterungen hingewiesen, die der Gesetzgeber den kleineren Unternehmen bei der Außenpublizität eingeräumt habe (§ 326 HGB). Er habe es diesen Unternehmen ersparen wollen, den Geschäftsverlauf und die Lage, soweit sie sich nicht schon aus Bilanz und Anhang ergeben, nach außen zu verlautbaren; folgerichtig könne der Umstand, daß wegen des Ausfalls von Fremdkrediten die Gesellschafter mit Darlehen hätten einspringen müssen, von **6.11**

F. Eigenkapitalersatz im Bilanzrecht

dieser Erleichterung nicht ausgenommen werden - wenigstens dann nicht, wenn die Gesellschaft bloß kreditunwürdig sei, aber noch keine Unterbilanz aufweise.

> Fleck, in: Festschrift Döllerer, S. 116.

6.12 Hierzu ist zu bemerken: In der Tat differenziert das Gesetz bei den kleinen und mittelgroßen Kapitalgesellschaften in unterschiedlichem Umfang zwischen Binnen- und Außenpublizität (arg. §§ 326, 327 HGB) - und zwar nicht nur hinsichtlich des Lageberichts, sondern auch hinsichtlich des Rechenwerks im Jahresabschluß (§ 242 Abs. 3 HGB) und hinsichtlich des Anhangs (§§ 264 Abs. 1 Satz 1, 284 ff HGB). Diese Differenzierungen schließen es nicht von vornherein aus, Information zum Eigenkapitalersatz, die gegenüber gesellschaftsinternen Stellen unverzichtbar sind, nach außen gegenüber den externen Adressaten der Rechnungslegung abzufiltern.

> Strenger
> Lutter/Hommelhoff, § 42 Rz. 40:
> keine Differenzierung zwischen Innen-
> und Außenpublizität;
> so auch
> Fleicher, Finanzplankredite und Eigen-
> kapitalersatz im Gesellschaftsrecht, S. 314 f.

6.13 Dabei müßte man wohl die ersatzkapitalbezogenen Informationen auftrennen: Soweit es um die allgemeine (und nicht auf bestimmte Einzelkredite bezogene) Kreditunwürdigkeit der Gesellschaft geht, ist auf sie im Lagebericht (§ 289 HGB) angemessen einzugehen; für ihn gelten die Erleichterungen, die das Gesetz den kleinen Gesellschaften (neuestens: Befreiung vom Aufstellungsgebot, § 264 Abs. 1 Satz 3 Halbs. 1 HGB n. F.; im übrigen: Freistellung vom Publizitätszwang, § 326 HGB), aber schon nicht mehr den mittelgroßen (arg. § 327 HGB) für deren Außenpublizität einräumt. Anders dagegen vielleicht für Informationen, die sich auf konkrete Gesellschafterdarlehen mit eigenkapitalersetzender Funktion beziehen. Für sie könnten in kleinen und mittelgroßen Gesellschaften jene Erleichterungen zum Zuge kommen, die das Gesetz für deren Anhang und dessen Außenpublizität vorsieht (§§ 326 Satz 3, 327 Nr. 2 HGB). Zu den eigenkapitalersetzenden Gesellschafterdarlehen enthält das Bilanzrecht eine Regelungslücke. Sie, was die Außenpublizität in kleinen und mittelgroßen Ge-

I. Handelsrechtliche Regelung

sellschaften (nicht aber die in großen, § 267 Abs. 3 HGB) angeht, in der hier zur Diskussion gestellten Weise zu schließen, scheint mit Blick auf die Interessen der einzelnen Gruppen von Rechnungslegungsadressaten zumindest für die kleinen Gesellschaften nicht vollständig verfehlt - insbesondere, wenn man das jüngste Bestreben des Gesetzgebers mitberücksichtigt, vor allem für die kleinen Gesellschaften, die Lasten der Rechnungslegung partiell (§§ 264 Abs. 1 Satz 3, 274a, 276 Satz 2, 288 Satz 1 HGB n. F.) zu mildern.

(5) Die ausgereichten Gesellschafterdarlehen mit Ersatzkapitalfunktion muß die Gesellschaft **selbst** und **unmittelbar** in der Rechnungslegung kennzeichnen; sie darf nicht den Adressaten der Rechnungslegung den Schluß darauf überlassen, daß einige oder alle Gesellschafterdarlehen eigenkapitalersetzend sein könnten. Deshalb reichen entgegen einer verbreiteten Lehre, 6.14

Scholz/Crezelius, Anh. § 42a Rz. 221;
Karsten Schmidt, in: Festschrift
Goerdeler, S. 509,

allgemeine Angaben im Anhang oder im Lagebericht zur Erläuterung der Unternehmensfinanzierung und zur Kreditwürdigkeit der Gesellschaft nicht aus. Sie würden den Geschäftsführern (und den Gesellschaftern) großen Anreiz bieten, den eigenkapitalersetzenden Charakter bestimmter Gesellschafterdarlehen zu verschleiern, würden den Adressaten der Rechnungslegung eine Analyseaufgabe überbürden, welche diesen nach dem Konzept der §§ 264 Abs. 2 Satz 1, 247 Abs. 1 HGB nicht zufällt, und würden außerdem durch übergroße Unsicherheiten die Aussagekraft der Rechnungslegung in einem zentralen Bereich einschneidend beeinträchtigen.

Allgemeine Angaben im Lagebericht reichen selbst dann nicht aus, wenn die Gesellschaft bloß kreditunwürdig ist, aber noch keine Unterbilanz aufweist, ihr Stammkapital also unversehrt ist. 6.15

A. A. Fleck, in: Festschrift Döllerer, S. 115 ff.

Zwar bleibt in einer solchen Situation der Gesellschaft das Gesellschafterdarlehen unverstrickt (oben Rz. 2.22), der Geschäftsführer darf es tilgen und der Gesellschafter kann, wenn das Darlehen zur Rück-

F. Eigenkapitalersatz im Bilanzrecht

zahlung fällig ist, Tilgung verlangen. Aber dennoch hat allein schon die kapitalersetzende Funktion unmittelbare rechtliche Konsequenzen: Die Geschäftsführer haben mit besonderer Sorgfalt (§ 43 Abs. 2 GmbHG) zu prüfen, ob das Darlehen wirklich vollständig frei oder nicht doch wenigstens teilweise nach §§ 30, 31 GmbHG verstrickt ist. Die Rechnungslegung dient primär der Selbstinformation der Geschäftsführer, der anderen Gesellschaftsorgane und auch der Gesellschafterinformation. Ohne eine Kennzeichnung der eigenkapitalersetzenden Darlehen wäre diese Selbstinformation und die damit verbundene Möglichkeit zur Selbststeuerung in einem wichtigen und die Belange vieler, namentlich die der Gesellschaftsgläubiger berührenden Bereich wesentlich beeinträchtigt: Trotz der Tatsache, daß die Gesellschaft mit eigenkapitalersetzenden Gesellschafterdarlehen wirtschaftet, müßte man sich mit allgemeinen Informationen zur Kreditwürdigkeit im Lagebericht (oder auch im Anhang) begnügen und damit auf präzise Informationen zum Eigenkapitalersatz verzichten. Aber nur diese erlauben es den Beteiligten, das Ersatzkapital rechtsgewiß nach den gesetzlichen Vorgaben zu behandeln.

6.16 (6) Nach nunmehr ganz herrschender Ansicht sind eigenkapitalersetzende Gesellschafterdarlehen im Jahresabschluß (§ 264 Abs. 1 Satz 1 HGB) als Verbindlichkeiten gegenüber Gesellschaftern nach § 266 Abs. 3 C HGB/§ 42 Abs. 3 GmbHG zu bilanzieren,

>BGH ZIP 1994, 295, 296;
>zur Begründung:
>Döllerer, in: Festschrift Forster, S. 302;
>Groh, BB 1993, 1882, 1888,

und nach überwiegender Lehre zusätzlich und gezielt zu kennzeichnen.

>U. a. Clemm/Nonnenmacher, in: Beck'scher
>Bilanz-Komm., § 266 HGB Rz. 255;
>Fleck, GmbHR 1989, 313, 316 ff;
>Küting/Weber, Handbuch der Rechnungslegung, 3. Aufl., 1990, § 272 HGB Rz. 28;
>Mertens, in: Festschrift Forster, S. 418;
>
>a. A. Klaus, BB 1994, 680, 685 ff;
>reserviert auch
>Groh, BB 1993, 1882, 1888.

I. Handelsrechtliche Regelung

Im übrigen steht es den Geschäftsführern frei, wie sie diese eigenkapitalersetzenden Gesellschafterdarlehen kennzeichnen wollen. In Betracht kommt etwa ein Vermerk "davon eigenkapitalersetzend" bei der Bilanzposition "Verbindlichkeiten gegenüber Gesellschaftern". 6.17

> Siehe
> Fleck, in: Festschrift Döllerer, S. 117.

Denkbar ist ebenfalls eine entsprechende Angabe im Anhang, nicht hingegen im Lagebericht; denn die Adressaten der Rechnungslegung erwarten hier nicht eine solche Detailinformation. Dagegen scheidet eine besondere Bilanzposition nach dem Eigenkapital (§ 266 Abs. 3 vor B HGB) aus.

(7) Bei den Rechtsgrundsätzen zur Bilanzierung eigenkapitalersetzender Gesellschafterdarlehen ist nicht danach zu unterscheiden, ob ein Darlehen mit einem echten Rangrücktritt gewährt worden ist oder ohne. 6.18

> Zur Begründung näher Fleck, in:
> Festschrift Döllerer, S. 118 ff;
> a. A. Baumbach/Hueck/Schulze-Osterloh,
> § 42 Rz. 226: keine Aktivierung.

(8) Sollten eigenkapitalersetzende Gesellschafterdarlehen ohne Rücksicht auf ihren besonderen Rechtscharakter als normale Verbindlichkeiten gegenüber Gesellschaftern bilanziert und auch nicht zusätzlich im Anhang gekennzeichnet sein, so kann der Jahresabschluß wegen Verstoßes gegen §§ 264 Abs. 2 Satz 1, 247 Abs. 1 HGB nach § 256 Abs. 1 Nr. 1 AktG analog nichtig sein. 6.19

> Fleck, in: Festschrift Döllerer, S. 122;
> Budde/Karig, in: Beck'scher Bilanz-Komm.,
> § 264 HGB Anm. 59.

Dagegen kommt eine Anfechtung des Feststellungsbeschlusses der Gesellschafter (§§ 42a Abs. 2, 46 Nr. 1 GmbHG) wegen des entsprechend anzuwendenden § 257 Abs. 1 Satz 2 AktG,

> dazu Geßler, in: Festschrift Goerdeler,
> 1987, S. 144 ff,

nicht in Betracht.

F. Eigenkapitalersatz im Bilanzrecht

6.20 Sollte der Rechtscharakter bestimmter Gesellschafterdarlehen unter den Beteiligten umstritten sein, so ist zu unterscheiden: Die Gesellschafter können einen Geschäftsführer, der Gesellschafterdarlehen für eigenkapitalersetzend hält, nicht anweisen, diese Darlehen bei der Aufstellung des Jahresabschlusses als normale Verbindlichkeiten gegenüber Gesellschaftern zu behandeln. Dem stehen die öffentlich-rechtlichen und damit für die Beteiligten nicht disponiblen Geschäftsführerpflichten aus § 264 Abs. 1, 2 HGB,

> Hartmann, Das neue Bilanzrecht und der Gesellschaftsvertrag der GmbH, 1986, S. 29, 32; Hommelhoff/Priester, ZGR 1986, 468,

entgegen. Unbenommen bleibt den Gesellschaftern, den vom Geschäftsführer aufgestellten Jahresabschluß in abgeänderter Form festzustellen. Ein vom Abschlußprüfer bereits geprüfter und testierter Jahresabschluß bedarf dann freilich einer Nachtragsprüfung nach § 316 Abs. 3 HGB. Ein abgeändert festgestellter Jahresabschluß entbindet den Geschäftsführer nicht von dem Verbot, nach den BGH-Regeln gesperrten Eigenkapitalersatz auszukehren.

6.21 Sollte ein Gesellschafter meinen, sein in der Rechnungslegung als Eigenkapitalersatz gekennzeichnetes Darlehen sei normales Fremdkapital, so bleibt es diesem Gesellschafter unbenommen, eine entsprechende negative Feststellungsklage (§ 256 ZPO) gegen die Gesellschaft zu erheben oder direkt auf Rückzahlung (§ 607 Abs. 1 BGB) zu klagen, falls die Anspruchsvoraussetzungen im übrigen erfüllt sind. Diese Klagemöglichkeiten werden durch einen unanfechtbaren Abschlußfeststellungsbeschluß der Gesellschafter (§§ 42a Abs. 2, 46 Nr. 1 GmbHG),

> weitergehend hält
> Fleck, in: Festschrift Döllerer, S. 122,
> den Jahresabschluß auch in diesem Fall für nichtig, weil den Gesellschaftsgläubigern unzutreffende Befriedigungsaussichten vorgespielt würden;
> diese Argumentation hat manches für sich,

nicht beseitigt, weil Gläubigerrechte einzelner Gesellschafter nicht zur Disposition der Gesellschaftermehrheit stehen.

II. Überschuldungsstatus

Ebenfalls hoch kontrovers wird die Frage diskutiert, ob eigenkapitalersetzende Gesellschafterdarlehen im Überschuldungsstatus passiviert werden müssen oder nicht.

6.22

1. Der aktuelle Meinungsstand

Dabei geht ein wesentlicher Teil des Schrifttums von einem grundsätzlichen Passivierungszwang aus, der allein dann nicht gelten solle, wenn der leistende Gesellschafter einen Rangrücktritt mit der Gesellschaft vereinbart habe.

6.23

> Scholz/Karsten Schmidt, 7. Aufl., 1988,
> § 63 Rz. 27;
> siehe auch
> OLG Hamburg ZIP 1986, 1119, 1115
> (mit zust. Anmerkung
> Priester, EWiR 1986, 901).

Demgegenüber steht ein anderer Teil des Schrifttums mit eingehender Begründung auf dem Standpunkt, auch ohne einen solchen Rangrücktritt müßte der Eigenkapitalersatz im Überschuldungsstatus unberücksichtigt bleiben.

> Fleck, in: Festschrift Döllerer, S. 122 ff;
> Fleicher, Finanzplankredite und Eigen-
> kapitalersatz im Gesellschaftsrecht, S. 335 ff;
> Hommelhoff, in: Festschrift Döllerer, S. 245 ff
> m. w. N. in Fußn. 13;
> Lutter/Hommelhoff, § 63 Rz. 7;
> Rowedder, 2. Aufl., 1990, § 63 Rz. 14;
> ihnen hat sich nun auch Hachenburg/Ulmer,
> § 63 Rz. 46a angeschlossen;
> so auch
> OLG München NJW 1986, 2366.

Freilich sind nach dieser Ansicht unter bestimmten Voraussetzungen im Überschuldungsstatus Rückstellungen zu bilden (näher unten Rz. 6.30 ff).

6.24

F. Eigenkapitalersatz im Bilanzrecht

> Fleck, in: Festschrift Döllerer, S. 127;
> Hommelhoff, in: Festschrift Döllerer,
> S. 263 ff.

Der Bundesgerichtshof hat diese literarische Kontroverse zur Kenntnis genommen, aber noch nicht selbst entscheiden müssen.

> BGH ZIP 1987, 574 = GmbHR 1987, 188;
> erneut offengelassen in
> BGH ZIP 1994, 295, 296.

Immerhin stellt das Urteil aus 1987 klar: Im Falle eines Rangrücktritts entfällt die Passivierung des Darlehens und konsequent kann eine vom Gesellschafter gestellte (im Rang zurücktretende) Absicherung entsprechend ihrem Wert aktiviert werden.

2. Für ein Passivierungsverbot

6.25 a) Entgegen verbreiteter Ansicht läßt sich der Passivierungszwang nicht aus dem geschriebenen Recht ableiten, namentlich nicht aus der im Regierungsentwurf zur GmbH-Novelle 1980 vorgesehenen Regelung in § 32a Abs. 1 Satz 5 GmbHG.

> BT-Drucks. 8/1347 mit Begründung S. 40;
> siehe auch Herber, GmbHR 1978, 25, 28;
> wie hier auch
> Hachenburg/Ulmer, § 63 Rz. 46a.

Zwar sah dieser Entwurf für eigenkapitalersetzende Gesellschafterdarlehen ohne Rangrücktritt den Passivierungszwang vor. Aber dieser Entwurf ist vom Gesetzgeber, dem Bundestag, gerade in diesem Punkt nicht übernommen und damit auch nicht Gesetz geworden. Außerdem kann dem Gesetzentwurf auch schon deshalb insoweit keine ausschlaggebende Bedeutung zukommen, weil er rein einseitig die konkursrechtliche Lösung ausformuliert hat, während nach dem "Nutzfahrzeug"-Urteil des Bundesgerichtshofs (dazu oben Rz. 2.4) ein zweistufiges Schutzrecht mit dem gesellschaftsrechtlichen Lösungsansatz als Basis gilt.

> Dazu Fleck, in: Festschrift Döllerer,
> S. 125 f.

II. Überschuldungsstatus

b) Eigenkapitalersetzende Gesellschafterdarlehen dürfen im Überschuldungsstatus nicht passiviert werden. Dieses Passivierungsverbot folgt zunächst und vor allem aus der allgemeinen Funktion des Überschuldungsstatus. Er soll den Geschäftsführern darüber Aufschluß geben, ob die Gesellschaft im Konkurs voraussichtlich in der Lage wäre, mit ihrem dann verfügbaren Aktivvermögen ihre sämtlichen Konkursgläubiger zu befriedigen. Oder anders formuliert: Der Überschuldungsstatus nimmt die Konkurseröffnung fiktiv vorweg.

6.26

> Zur Begründung näher Hommelhoff,
> in: Festschrift Döllerer, S. 253 ff.

Daher sind in den Überschuldungsstatus jene, aber auch nur jene Verbindlichkeiten aufzunehmen, die nach der Eröffnung des Konkursverfahrens aus den Verwertungserlösen zu befriedigen wären. Zu ihnen gehören ohne jeden Zweifel die eigenkapitalersetzenden Gesellschafterdarlehen nicht - und zwar unabhängig davon, ob sie lediglich nach den §§ 30, 31 GmbHG analog verstrickt sind oder weitergehend nach § 32a Abs. 1 GmbHG.

6.27

> Baumbach/Hueck, § 32a Rz. 53, 55 ff;
> Lutter/Hommelhoff, §§ 32a/b Rz. 74 f, 79;
> Scholz/Karsten Schmidt, §§ 32a, 32b
> Rz. 53, 77 f;
> Hachenburg/Ulmer, § 32a,b Rz. 67 ff, 167.

Außerdem wäre es wertungswidersprüchlich, in den Überschuldungsstatus die Forderung eines Gläubigers aufzunehmen, der (ausnahmsweise) durch das Konkursverfahren nicht geschützt werden soll und deshalb konsequent keinen Konkursantrag stellen kann. Ein solcher Gläubiger ist der Gesellschafter, der seiner Gesellschaft ein eigenkapitalersetzendes Darlehen gewährt hat.

> Zur Begründung im einzelnen Hommelhoff,
> in: Festschrift Döllerer, S. 258 ff;
> so auch
> Fleck, in: Festschrift Döllerer, S. 126.

Daher spricht alles dafür, daß die Passivierung eigenkapitalersetzender Gesellschafterdarlehen im Überschuldungsstatus unzulässig ist.

F. Eigenkapitalersatz im Bilanzrecht

3. Rückstellung

6.29 All jene, die sich für einen Passivierungszwang aussprechen, stützen sich vornehmlich auf die Schwierigkeit festzustellen, ob ein Gesellschafterdarlehen eigenkapitalersetzende Funktion hat, und auf die Manipulationsgefahren, die diese Darlehen in sich bergen sollen.

Feststellungsschwierigkeiten scheinen mittlerweile im Zusammenwirken zwischen Rechtsprechung und Literatur weitgehend beseitigt zu sein.

> So auch
> Hachenburg/Ulmer, § 63 Rz. 64a.

Und was die Manipulationsgefahren anbelangt, so sollte man sie nicht überschätzen: Die Geschäftsführer stehen unter zivil- und strafrechtlicher Haftandrohung (§§ 43 Abs. 3, 64 Abs. 2, 84 GmbHG). Außerdem eröffnet die mehrstufige Überschuldungsprüfung mit ihrer Unterscheidung zwischen rechnerischer und rechtlicher Überschuldung,

> dazu Scholz/Karsten Schmidt, § 63 Rz. 10;
> Hachenburg/Ulmer, § 63 Rz. 34 ff;
> ergänzend Hommelhoff, in: Festschrift
> Döllerer, S. 248,

soviel Manövrierraum, daß der mit Eigenkapitalersatz verbundene daneben kaum wirklich zu Buche schlägt.

6.30 Vor allem aber kann und muß dem Risiko, daß die Gesellschaft doch aus einem (angeblich) eigenkapitalersetzenden Gesellschafterdarlehen in Anspruch genommen werden kann, durch Bildung von **Rückstellungen** Rechnung getragen werden. Hierfür ist eine Typisierung,

> Hommelhoff, in: Festschrift Döllerer, S. 265;
> anders Hachenburg/Ulmer, § 63 Rz. 46a:
> je nach Lage des (konkreten) Falles Rückstellungen zwischen 50 und 100 % der Darlehenssumme,

vorgeschlagen worden:

II. Überschuldungsstatus

(1) Falls der darleihende Gesellschafter lediglich die ihm vom Geschäftsführer angetragene nachträgliche Vereinbarung eines Rangrücktritts verweigert, aber nicht den eigenkapitalersetzenden Charakter seines Darlehens substantiiert bestreitet, braucht nur eine Rückstellung in geringer Höhe (wohl deutlich unter 5 %) als Erinnerungsposten im Überschuldungsstatus angesetzt zu werden.   **6.31**

(2) Sollte der Gesellschafter den Ersatzkapitalcharakter seines Darlehens substantiiert bestreiten, so ist dessen Einordnung offen, ohne daß sich momentan der Ausgang des Qualifizierungsstreits vorhersagen läßt. Dem sollte eine pauschale Halbierung entsprechen: Das Gesellschafterdarlehen ist mit 50 % seiner Höhe in den Rückstellungen anzusetzen.   **6.32**

(3) Schließlich ist für solche typisierten Rückstellungen bei jenen Gesellschafterdarlehen kein Raum, über deren Einordnung vor den Schranken der Gerichte gestritten wird.   **6.33**

> Enger Karsten Schmidt, in: Festschrift Goerdeler, S. 506: es müsse sich zusätzlich um einen eindeutigen Fall von Eigenkapitalersatz handeln.

Hier hängt es von den konkreten Prozeßchancen im Instanzenzug ab, in welcher Höhe Rückstellungen zu bilden sind. Solange ein Urteil noch aussteht, wird es genügen, für ein Gesellschafterdarlehen mit umstrittenem Rechtscharakter im Überschuldungsstatus einen bloßen Erinnerungsposten als Rückstellung zu passivieren. Ebenso, falls das Gericht in einer noch nicht rechtskräftigen Entscheidung den Ersatzkapitalcharakter bestätigt. Anders dagegen, falls das Gericht diesen von der Gesellschaft verfochtenen Charakter verneint; dann muß der Geschäftsführer, der Rechtsmittel einlegen kann und will, nach rechtskundiger Beratung pflichtgemäß beurteilen, welche ungefähren Chancen zu obsiegen die Gesellschaft hat. In entsprechender Höhe ist die Rückstellung zu datieren.

F. Eigenkapitalersatz im Bilanzrecht

III. Bilanzierung eigenkapitalersetzender Drittdarlehen

6.34 Beim eigenkapitalersetzenden Drittdarlehen schlagen sich jene komplizierten und vielfach verschränkten Rechtsbeziehungen, in denen kreditierender Dritter, sichernder Gesellschafter und die Gesellschaft zueinander stehen (oben Rz. 5.20 ff), spiegelbildlich sowohl in der Handelsbilanz als auch im Überschuldungsstatus wider. Dabei gilt für beide Rechenwerke übereinstimmend: Der Darlehensrückzahlungsanspruch des Dritten ist jeweils unverkürzt zu passivieren - und zwar auch im Überschuldungsstatus. Denn trotz der Regelung des § 32a Abs. 2 GmbHG kann der kreditierende Dritte seinen Anspruch in voller Höhe zur Konkurstabelle anmelden. Dem muß dann auch im Überschuldungsstatus Rechnung getragen werden, der die Konkurseröffnung fiktiv vorwegnimmt (oben Rz. 6.27).

1. Handelsbilanz

6.35 Wenn und soweit die Gesellschaft von ihrem sichernden Gesellschafter Freistellung bzw. Erstattung verlangen kann, ist dieser Anspruch bei der Gesellschaft zu aktivieren. Diese Buchung zielt darauf ab, eine eingetretene Unterbilanz auszugleichen, verletztes Stammkapital rechnerisch zu restituieren. Hierauf wird sowohl der Freistellungs-, als auch der Erstattungsanspruch zugleich begrenzt: Im zweistufigen Schutzsystem für Eigenkapitalersatz (oben Rz. 2.6 ff) ist der "Spitzenbereich" oberhalb der Stammkapital-Ziffer eben erst nach Eröffnung des Konkurs- oder Vergleichsverfahrens verstrickt.

6.36 Konsequent müßte daher oberhalb der Stammkapital-Ziffer allenfalls der Freistellungs- bzw. Regreßanspruch des Gesellschafters gegen die Gesellschaft (siehe oben Rz. 5.46 ff) in deren Handelsbilanz passiviert werden. Was jedoch die Verpflichtungs- und Risikolage der Gesellschaft betrifft, so deckt sich dieser Anspruch des Gesellschafters mit dem gesicherten Anspruch des kreditierenden Dritten. Da seine Forderung bereits passiviert ist, kommt ein weiterer Passivposten zugunsten des Gesellschafters wegen seiner Kreditsicherheit nicht in Betracht.

III. Bilanzierung eigenkapitalersetzender Drittdarlehen

2. Überschuldungsstatus

Hier ist der Freistellungsanspruch, den die Gesellschaft gegen ihren Gesellschafter nach Eröffnung des Konkursverfahrens ohne Beschränkung auf die Stammkapital-Ziffer geltend machen kann (oben Rz. 5.38), in der vollen Höhe jenes Wertes zu aktivieren, den der Gegenstand der Kreditsicherheit bei seiner Bewertung voraussichtlich haben wird. Nach dem Vorsichtsprinzip (§ 252 Abs. 1 Nr. 4 HGB), das in gleicher Weise für den Überschuldungsstatus gilt, sind die Verwertungschancen zurückhaltend einzuschätzen; dabei ist freilich die Usance der Kreditwirtschaft zu berücksichtigen, möglichst alle Risiken und Kosten bei der Verwertung der Kreditsicherheit durch deren Umfang schon von vornherein abzufangen.

6.37

Sollte die Gesellschaft im Zeitraum der vergangenen zehn oder elf Monate ein gesellschafterbesichertes Drittdarlehen getilgt haben, so ist der Erstattungsanspruch aus § 32b GmbHG im Überschuldungsstatus zu aktivieren. Auch seine Höhe ist durch den Wert der Kreditsicherheit begrenzt. - Dabei ist darauf hinzuweisen, daß sich der Überschuldungsstatus der Gesellschaft mit Ablauf der Jahresfrist und dem damit verbundenen Verlust des Erstattungsanspruchs dramatisch verschlechtern kann. Mithin wirkt die Aktivierung dieses Erstattungsanspruchs konkursverzögernd und zugleich tendenziell dahin, daß die Befriedigungschancen der Konkursgläubiger absinken. Deshalb ist zu erwägen, ob der Erstattungsanspruch aus § 32b GmbHG im Überschuldungsstatus nicht in gleicher Weise außer Ansatz bleiben muß wie die Rückforderungsansprüche aus Konkursanfechtung (§ 37 Abs. 1 KO).

6.38

Scholz/Karsten Schmidt, § 63 Rz. 25;
Baumbach/Hueck/Schulze-Osterloh, § 63 Rz. 14;
Hachenburg/Ulmer, § 63 Rz. 42.

Auch ihre Aktivierung im Überschuldungsstatus würde paradoxerweise die Möglichkeit ihrer Geltendmachung gefährden.

Siehe Hommelhoff, in: Festschrift
Döllerer, S. 254 f.

G. Eigenkapitalersatz in Treuhandunternehmen
I. Grundsatz

In den neuen Bundesländern findet das Recht der eigenkapitalersetzenden Gesellschafterdarlehen auf die ehemaligen Volkseigenen Kombinate und Betriebe, die der Treuhandanstalt nach der DDR-UmwandlungsVO oder dem TreuhandG als Treuhandunternehmen in der Rechtsform von Aktiengesellschaften oder GmbH zugeordnet sind, nach dem DDR-Mantelgesetz (GBl 1990 I, 357) mit Wirkung vom 1. Juli 1990 Anwendung.

7.1

> Eingehend
> Hommelhoff/Habighorst, ZIP 1992, 979, 981;
> siehe auch
> Scholz/Karsten Schmidt, §§ 32a, 32b Rz. 25
> mit Zweifelhaftem zur Rechtsquellen-Lehre.

Das "klassische Kapitalersatzrecht", wie es vom Bundesgerichtshof entwickelt und vom Gesetzgeber der GmbH-Novelle 1980 aufgegriffen worden ist, wird entgegen gelegentlicher Annahme,

7.2

> OLG Dresden ZIP 1994, 1393, 1394;
> Timm, ZIP 1991, 413, 420 f;
> sympathisierend
> Häuselmann/Rümker/Westermann, Die
> Finanzierung der GmbH durch ihre Gesellschafter, S. 66,

keineswegs durch treuhand-spezifisches Sonderrecht verdrängt.

> Hommelhoff/Habighorst, ZIP 1992, 979, 981 f;
> Ulmer, in: Hommelhoff (Hrsg.), Treuhandunternehmen im Umbruch, 1991, S. 47 ff;
> siehe auch Lutter, daselbst, S. 67 f.

Dies nimmt bloß Einfluß auf Interpretation und Anwendung des Rechts der eigenkapitalersetzenden Gesellschafterdarlehen - namentlich über § 56e DMBilG. Das Ersatzkapitalrecht erstreckt sich auf Altkredite der DDR- Staatsbank, die nun von anderen Kreditinstituten gehalten werden,

7.3

> dazu
> Hommelhoff/Habighorst, ZIP 1992, 665, 669;

G. Eigenkapitalersatz in Treuhandunternehmen

> vgl. auch
> Hommelhoff/Habighorst/Schubel/
> Spoerr, ZIP 1993, 1353, 1356 f,

ebenso wie auf Liquiditätshilfen der Treuhandanstalt vor Feststellung der DM-Eröffnungsbilanz (§ 35 DMBilG) und auf Neukredite an Treuhandunternehmen nach Feststellung der Eröffnungsbilanz. Im einzelnen gilt folgendes:

II. Die Kreditarten im einzelnen
1. Altkredite der Staatsbank etc.

7.4 Soweit die Deutsche Kreditbank AG,

> zu ihr
> Hommelhoff/Habighorst, ZIP 1992, 665, 669,

oder andere Kreditinstitute die Altkredite der DDR-Staatsbank gegen Treuhandunternehmen übernommen haben, sind die tatbestandlichen Voraussetzungen für ihre Bindung nach den Ersatzkapital-Regeln zumeist deshalb nicht erfüllt, weil die Treuhandanstalt bzw. das Kreditinstitut nach dem 1. Juli 1990 (siehe oben Rz. 7.1) zunächst nicht reagieren konnten und anschließend wegen des Schuldenmoratoriums aus Art. 25 Abs. 7 EinigungsV nicht reagieren durften.

> Näher
> Hommelhoff/Habighorst, ZIP 1992, 979, 984 ff;
> Ulmer, in: Hommelhoff (Hrsg.), Treuhand-
> unternehmen im Umbruch, S. 49;
> a. A. Claussen, ZIP 1990, 1173;
> Scholz/Karsten Schmidt, §§ 32a, 32b Rz. 25.

7.5 Freigestellt sind mithin Altkredite bis zur tatsächlichen Feststellung der DM-Eröffnungsbilanz im konkreten Einzelfall. Denn nur auf ihrer Grundlage lassen sich verantwortliche Finanzierungsentscheidungen treffen.

> Zutreffend
> OLG Dresden ZIP 1994, 1393, 1395;
> siehe auch
> OLG Bremen ZIP 1993, 1418, 1423;
> BezG Magdeburg ZIP 1992, 1800, 1804;
> LG Halle ZIP 1993, 1424, 1425;

II. Die Kreditarten im einzelnen

> zu möglichen Ausnahmen
> Hommelhoff/Habighorst, ZIP 1992, 979, 986;
> Timm, ZIP 1991, 413, 421.

Die nachträglich in Kraft gesetzte Bestimmung des § 56e DMBilG bestätigt dies bloß.

> Näher Spoerr, Treuhandanstalt und Treuhandunternehmen zwischen Verfassungs-, Verwaltungs- und Gesellschaftsrecht, 1993, S. 302 f.

2. Liquiditätshilfen der Treuhandanstalt

In der Zeit zwischen dem 1. Juli 1990 und etwa Ende 1990/Anfang 1991 hatte sich die Treuhandanstalt gegenüber einer Vielzahl von Banken für Liquiditätskredite verbürgt, die Treuhandunternehmen bei diesen Banken aufgenommen hatten. Die Treuhandanstalt verbürgte sich gewissermaßen "blind" für illiquide Unternehmen, um massenhafte Illiquiditätskonkurse zu vermeiden, ehe es möglich gewesen wäre, die Überlebenschancen dieser Unternehmen zu prüfen und zu beurteilen.

7.6

> Dazu näher
> Balz, ZIP 1992, 446, 447.

Für diese und ähnliche Liquiditätshilfen der Treuhandanstalt an ein Treuhandunternehmen war zunächst zu differenzieren:

a) Ohne jede nähere Prüfung des Unternehmens und seiner Sanierungsfähigkeit während der Anfangsphase des volkswirtschaftlichen Umbruchs ausgeteilte Hilfen waren wegen der auch rechtlich besonders gelagerten Wirtschaftssituation nicht als eigenkapitalersetzende Gesellschafterdarlehen gebunden, sondern normale (auch in der Gesamtvollstreckung anmeldbare) Kredite.

7.7

> Näher
> Hommelhoff/Habighorst, ZIP 1992, 979, 985 f;
> Spoerr, Treuhandanstalt und Treuhandunternehmen, S. 285 f;

G. Eigenkapitalersatz in Treuhandunternehmen

> a. A. Scholz/Karsten Schmidt, §§ 32a, 32b Rz. 25;
> Ulmer, in: Hommelhoff (Hrsg.), Treuhand-
> unternehmen im Umbruch, S. 48.

Insofern hat § 56e DMBilG nur die bestehende Rechtslage bestätigt.

> A. A. Weimar, BB 1993, 1399:
> konstitutive Regelung.

7.8 b) Anders dagegen jene Treuhandanstalt-Liquiditätshilfen, die nach unternehmens-individueller Prüfung ausgereicht worden sind: Sie konnten dem Ersatzkapitalrecht von Anbeginn unterfallen,

> Spoerr, Treuhandanstalt und Treuhand-
> unternehmen, S. 303,

sind nun jedoch durch § 56e DMBilG konstitutiv bis zur Feststellung der DM-Eröffnungsbilanz (§ 35 DMBilG) freigestellt - und zwar von den Novellen-Regeln (oben Rz. 2.4) ebenso wie (über den Normtext hinaus) von den Rechtsprechungsregeln.

> Siehe Spoerr, aaO, S. 236 f.

Denn beiden Regelgruppen liegen identische Wertungen zugrunde, die § 56e insgesamt nicht auf Treuhandunternehmen angewendet wissen will; erst recht nicht die regelmäßig weitergehenden Rechtsprechungsregeln.

> Im Ergebnis so auch
> Weimar, BB 1993, 1399, 1402.

7.9 Diese Bevorzugung der Treuhandanstalt gegenüber anderen Gläubigern von Treuhandunternehmen wirft verfassungsrechtliche Probleme auf und hat das AG Halle - Saalkreis,

> ZIP 1993, 961, 963;
> dazu EWiR 1993, 669 (Schöne),

veranlaßt, die Regelung des § 56e DMBilG mit der Behauptung seiner Verfassungswidrigkeit dem Bundesverfassungsgericht vorzulegen.

Verfassungsrechtliche Zweifel auch in
LG Frankfurt/O. GmbHR 1995, 727;
a. A. OLG Dresden ZIP 1994, 1393, 1395 f;
eingehend dazu
Schöne, EWiR 1994, 664;
Spoerr, Treuhandanstalt und Treuhandunternehmen, S. 319 f - zusammenfassend.

3. Neukredite

Wenn die Treuhandanstalt an ein Treuhandunternehmen nach der Feststellung seiner DM-Eröffnungsbilanz (§ 35 DMBilG) einen Neukredit ausgereicht hat, so unterfällt dieser keinem Privileg aus § 56e DMBilG. Neukredite unterliegen ohne jede Einschränkung oder Abänderung dem Ersatzkapitalrecht nach den Novellen- und nach den Rechtsprechungsregeln. 7.10

So auch
Claussen, GmbHR 1994, 9, 12.

Dasselbe gilt für durch die Treuhandanstalt besicherte Drittdarlehen. Schließlich sind vom Augenblick der Bilanzfeststellung an auch Finanzplankredite (unten Rz. 9.10 ff) der Treuhandanstalt denkbar - namentlich in Form der Ausgleichsverbindlichkeit nach § 25 DMBilG.

Siehe Lutter, in: Hommelhoff (Hrsg.),
Treuhandunternehmen im Umbruch, S. 67.

4. Zum Regreßanspruch

Aus § 7 Abs. 1 des Gesetzes über die Unterbrechung von Gesamtvollstreckungsverfahren mag manches dafür sprechen, jene Mittel, die die Treuhandanstalt während der Unterbrechung des Gesamtvollstreckungsverfahrens dem verfahrensverstrickten Treuhandunternehmen erbringt, nach § 32a Abs. 3 GmbHG als eigenkapitalersetzende Leistung einzuordnen. 7.11

Näher Ulmer, in: Hommelhoff (Hrsg.),
Treuhandunternehmen im Umbruch, S. 50 f.

H. Eigenkapitalersetzende Gebrauchsüberlassung

Das zunächst ganz außerordentlich umstrittene Problem, ob die Überlassung von Sachen oder Rechten an eine Gesellschaft nach den Regeln für eigenkapitalersetzende Gesellschafterleistungen erfaßt werden kann, ist seit den jüngsten Lagergrundstück-Urteilen (III/IV) des Bundesgerichtshofs,

8.1

>   BGH ZIP 1994, 1261, und
>   BGH ZIP 1994, 1441,

sowohl im Grundsätzlichen, als auch in den wesentlichen Einzelfragen (zumindest für die rechtsanwendende Praxis),

>   siehe die Analyse der rechtspraktischen
>   Konsequenzen und die daran anknüpfenden
>   Vorschläge zur Risikoreduzierung von
>   Oppenländer, DStR 1995, 493; 494 ff;
>   Real, GmbHR 1994, 777,

endgültig geklärt: Die Regeln für das eigenkapitalersetzende Gesellschafterdarlehen finden auf die eigenkapitalersetzende Gebrauchsüberlassung des Gesellschafters an die GmbH mit gewissen Modifikationen Anwendung. Damit haben sich die Einwände, die im Schrifttum,

>   namentlich
>   Karsten Schmidt, ZIP 1990, 69;
>   gegen ihn u. a.
>   Ulmer, in: Festschrift Kellermann,
>   1991, S. 485;
>   Lutter/Hommelhoff, §§ 32a/b Rz. 99 ff,

schon gegen die erste Entscheidung,

>   BGHZ 109, 55 = ZIP 1989, 1542
>   - Lagergrundstück I;
>   dazu EWiR 1990, 371 (Fabritius),

im Grundsatz erhoben worden sind, nicht durchsetzen können. Denn die stattdessen empfohlene Alternative hilft (wenigstens im Augenblick) nicht weiter: Die Gesellschafterhaftung nach den Regeln der eklatenten materiellen Unterkapitalisierung (oben Rz. 1.12) begegnet

H. Eigenkapitalersetzende Gebrauchsüberlassung

weiterhin ausgeprägter Reserve und ist deshalb ganz ungebräuchlich, so daß bislang fast alle rechtspraktischen Erfahrungen fehlen.

Wenig überzeugungskräftig das Argument von der angeblichen Verfassungswidrigkeit des gesamten Richterrechts der eigenkapitalersetzenden Gebrauchsüberlassung.

>So aber
>Kallmeyer, GmbHR 1995, R 41, 42.

I. Reale Erscheinungsformen

8.2 Gebrauchsüberlassungen sind in der Praxis häufig. Der Gesellschaft werden Gegenstände (zumeist Anlagegüter) lediglich zum Gebrauch zur Verfügung gestellt, während das dingliche Herrschaftsrecht beim Nutzungsgeber bleibt. Tatbestände solcher Überlassungen finden sich einmal bei Miet- und Pachtverhältnissen,

>zu den rechtspraktisch wohl weniger
>weit verbreiteten Formen des Gesell-
>schaftersleasings:
>Göritz, Leasingverträge als verdeck-
>ter Eigenkapitalersatz, 1994, S. 6 ff,
>mit Darlegungen zur Verbreitung,

sodann bei konzerninternen Betriebsüberlassungen. Weit verbreitet sind Gebrauchsüberlassungen bei Ausgliederungen im Rahmen von Betriebsaufspaltungen.

>Eingehend
>Drygala, Der Gläubigerschutz bei der ty-
>pischen Betriebsaufspaltung, 1991, S. 37 ff;
>Keßler, GmbHR 1993, 541;
>Weilbach, GmbHR 1991, 56;
>Mayer, DStR 1993, 206.

Die Relevanz dieser Vorgänge für eine etwaige Einordnung als Kapitalersatz liegt darin, daß die Gesellschaft der Notwendigkeit enthoben ist, die für ihren Geschäftsbetrieb benötigten Anlagegüter zu finanzieren. Sie kann daher mit einem geringen Eigenkapital auskommen, und die Gesellschafter erreichen eine weitgehende und auch im Vergleich zur Zufuhr von Darlehensvaluta eigenständige Beschränkung ihres unternehmerischen Risikos, da sie das Betriebsvermögen im Konkurs aussondern können. Für die Gesellschaftsgläubiger steht kein dem Umfang der Geschäftstätigkeit angemessenes Haftkapital zur Verfügung. Die überlassenen Gegenstände, die der Gesellschaft nicht gehören, sind ihrem Zugriff nicht ausgesetzt. Aber auch die Interessen der Arbeitnehmer der Gesellschaft können betroffen sein.

> Lutter/Hommelhoff, §§ 32a/b Rz. 111.

II. Der Tatbestand und seine Merkmale
1. Gesellschafter und Gesellschafterleistung

Nach dem Tatbestand der eigenkapitalersetzenden Gebrauchsüberlassung ist es zunächst erforderlich, daß ein Gesellschafter oder ein ihm gleichzustellender Dritter, 8.3

> näher Weber, GmbHR 1992, 354, 357 f,

der Gesellschaft einen Gegenstand zur Nutzung überläßt; dabei kommt es nicht darauf an, ob dies auf der Grundlage eines Miet- oder Pachtvertrages, eines dinglichen Nutzungsrechts oder (schon um Umgehungen zu verhindern) rein tatsächlich geschieht.

> Oppenländer, DStR 1993, 1523, 1525;
> a. A. Ebenroth/Wilken, BB 1993, 305, 308 f;
> Kallmeyer, GmbHR 1994, 290, 292;
> Priester, in: Priester/Timm (Hrsg.), Abschied von der Betriebsaufspaltung?, 1990, S. 16 f: allein Nutzungsrechte;
> Wilken, Kapitalersetzende Nutzungsüberlassungen im internationalen Unterordnungskonzern, 1993, S. 132 f;
> siehe auch
> BGH ZIP 1994, 1441, 1442 f
> - Lagergrundstück IV.

Dienstleistungen des Gesellschafters (Geschäftsführung, EDV-Leistungen, Forschung, etc) könnten aus Rechtsgründen, nämlich wegen mangelnder Einlagefähigkeit, selbst dann keine eigenkapitalersetzende Gesellschafterleistung sein, wenn sich der Gesellschafter hierzu nach § 3 Abs. 2 GmbHG im Gesellschaftsvertrag verpflichtet haben sollte. 8.4

H. Eigenkapitalersetzende Gebrauchsüberlassung

> Eingehend hierzu
> Priester, DB 1993,1173, 1175 f.

2. Konkursreife und gleichgestellte Gesellschaftslagen

8.5 Da aber (wie beim Darlehen) nicht jede Gesellschafterleistung schlechthin Ersatzfunktion hat, der Gesellschafter vielmehr der Gesellschaft wie ein außenstehender Vertragspartner gegenübertreten kann, ist für das Eingreifen von Schutzregeln zusätzlich erforderlich, daß die Gesellschaft im Moment, da ihr der Gegenstand zum Gebrauch überlassen wird, konkursreif ist - sei es wegen Überschuldung oder wegen Illiquidität.

> BGHZ 109, 55, 60 = ZIP 1989, 1542;
> BGH GmbHR 1993, 503, 504.

8.6 Der Konkursreife stellt die Rechtsprechung alternativ eine durch zwei kumulative Merkmale gekennzeichnete Situation der Gesellschaft an die Seite:

> BGHZ 109, 55, 62 f = ZIP 1989, 1542
> - Lagergrundstück I.

Sie muß außerstande sein, sich den für den Kauf des überlassenen Gegenstandes erforderlichen Kredit auf dem Kapitalmarkt zu besorgen (spezielle Kreditunwürdigkeit),

> kritisch hierzu
> Büscher/Klusmann, ZIP 1991, 10, 13,

und zusätzlich müßte kein außenstehender Dritter an der Stelle des Gesellschafters bereit gewesen sein, der Gesellschaft den Gegenstand zum Gebrauch zu überlassen.

> Hierzu
> BGHZ 121, 31, 38 = ZIP 1993, 189
> - Lagergrundstück II;
> dazu Karsten Schmidt, ZIP 1993, 161;
> Ebenroth/Wilken, BB 1993, 305.

8.7 Für diese Überlassungsunwürdigkeit ist zu unterscheiden: Bei Standardwirtschaftsgütern, die generell für eine Vielzahl von Verwendern

II. Der Tatbestand und seine Merkmale

in Betracht kommen, ist Überlassungsunwürdigkeit nur und erst dann anzunehmen, wenn die Gesellschaft nicht sicher in der Lage ist, das laufende Nutzungsentgelt zu bezahlen oder eventuelle Schäden an der überlassenen Sache auszugleichen. Im Einzelfall kann daher eine Gesellschaft selbst dann noch überlassungswürdig sein, wenn ihre Gesamtliquidität angespannt ist.

> Zu weitgehend
> OLG Karlsruhe ZIP 1994, 1183, 1184:
> sogar bei Illiquidität;
> a. A. Göritz, Leasingverträge als verdeckter Eigenkapitalersatz, S. 110, der den Liquiditätsmangel wegen angeblich fehlender Praxisrevelanz ganz ausscheiden lassen will.

Zu diesen Standardwirtschaftsgütern zählen in der Regel unbebaute Grundstücke, normale Kraftfahrzeuge etc.

Anders bei Anlagegütern, die auf die individuellen Besonderheiten der Gesellschaft zugeschnitten sind und sich anderweitig nicht oder nur nach kostspieligen Veränderungen nutzen lassen, oder gar bei einer gesamten Betriebseinrichtung. 8.8

> Siehe BGHZ 121, 31, 38 f = ZIP 1993, 189
> - Lagergrundstück II.

Für die Überlassung solcher Wirtschaftsgüter ist die Gesellschaft bloß dann würdig, wenn ein außenstehender Dritter sicher sein könnte, nicht nur das Überlassungsentgelt zu erhalten, sondern auch die Veränderungskosten.

> Siehe BGHZ 121, 31, 39, 41 = ZIP 1993, 189;
> Henze, Höchstrichterliche Rechtsprechung zum Recht der GmbH, 1993, S. 205:
> Investitionskosten und angemessener Gewinn.

Bei überhaupt nicht anderweitig nutzbaren Gegenständen setzt die Überlassungswürdigkeit der Gesellschaft voraus, daß diese die sichere Gewähr bietet, für die gesamte Laufzeit der Überlassung das Entgelt zu leisten. 8.9

H. Eigenkapitalersetzende Gebrauchsüberlassung

8.10 Sollte nur eine der beiden Merkmale "spezielle Kreditunwürdigkeit" oder "Überlassungsunwürdigkeit" nicht erfüllt sein, so entfällt der Tatbestand einer eigenkapitalersetzenden Gebrauchsüberlassung. Nicht notwendig ist ein in den Gesellschaftsvertrag aufgenommener Finanzplan.

> BGHZ 121, 31, 41 = ZIP 1993, 189;
> dazu EWiR 1993, 155 (Fleck);
> zur Darlegungs- und Beweislastfragen eingehend
> Göritz, Leasingverträge als verdeckter Eigenkapitalersatz, S. 110 ff.

3. Die "stehengelassene" Gebrauchsüberlassung

8.11 Der Gebrauchsüberlassung an die konkursreife Gesellschaft etc. steht es gleich, wenn diese zwar bei der Erbringung gesund war, der Gesellschafter jedoch bei Eintritt einer Krise oder gar Überschuldung,

> BGH ZIP 1994, 1261, 1263
> - Lagergrundstück III,

den überlassenen Gegenstand "stehenläßt". Hiervon ist auszugehen, wenn der Gesellschafter den Kriseneintritt kennt oder erkennen konnte und er trotzdem den Gegenstand beläßt, obwohl er rechtlich in der Lage ist, ihn zurückzufordern,

> BGHZ 109, 55, 60 = ZIP 1989, 1542
> - Lagergrundstück I,

- sei es, weil er das Nutzungsverhältnis ordentlich kündigen kann oder außerordentlich. Allerdings begründet der Kriseneintritt allein kein Recht zur außerordentlichen Kündigung, wenn der Gesellschafter keine Gefahr läuft, in der Krise der Gesellschaft seinen Herausgabeanspruch zu verlieren.

> BGHZ 109, 55, 61 f = ZIP 1989, 1542.

Dem Kündigungsrecht steht die Möglichkeit des überlassenden Gesellschafters gleich, die Liquidation der Gesellschaft zu betreiben.

Falls der überlassende Gesellschafter jedoch bei Kriseneintritt das 8.12
Nutzungsverhältnis wirksam gekündigt bzw. den Nutzungsgegenstand
wirksam herausverlangt hat, wird die Gebrauchsüberlassung nicht in
Eigenkapitalersatz umqualifiziert. Der Gesellschafter kann den weiteren
Gebrauch untersagen und Herausgabe des Gegenstandes an sich
verlangen.

> OLG Karlsruhe ZIP 1994, 1183,
> mit Darlegungen zur einstweiligen
> Verfügung auf Nutzungsunterlassung.

III. Rechtsfolgen
1. Das Überlassungsentgelt

Für die eigenkapitalersetzende Gebrauchsüberlassung kann der Ge- 8.13
sellschafter (bei der Betriebsaufspaltung: die für die ordnungsgemäße
Finanzierung der Betriebsgesellschaft mitverantwortliche Besitzgesellschaft),

> BGHZ 121, 31, 35 = ZIP 1993, 189
> - Lagergrundstück II;
> Karsten Schmidt, ZIP 1993, 161, 167;
> reserviert hierzu
> Häuselmann, DZWiR 1993, 163, 164,

entsprechend § 30 kein Entgelt beanspruchen, soweit dies benötigt
wird, um eine Unterbilanz oder gar Überschuldung der Gesellschaft
abzudecken.

> BGHZ 109, 55, 66 = ZIP 1989, 1542.

Dennoch gezahltes Entgelt ist der Gesellschaft nach § 31 Abs. 1
GmbHG zu erstatten; ein darüber hinausgehendes orts- oder branchenübliches
Entgelt kann nicht als fiktive Rückzahlung erstattet verlangt
werden.

> OLG Hamm GmbHR 1992, 754, 756.

Oberhalb der Stammkapital-Ziffer hat der Gesellschafter einen An- 8.14
spruch auf Entgelt, solange über das Gesellschaftsvermögen kein Konkurs-
oder Vergleichsverfahren eröffnet ist. Mit der Verfahrenser-

H. Eigenkapitalersetzende Gebrauchsüberlassung

öffnung jedoch entfällt der Anspruch auf Nutzungsentgelt auch oberhalb der Stammkapital-Ziffer (§ 32a Abs. 1 GmbHG analog). In diesem Bereich innerhalb des letzten Jahres vor Konkurseröffnung geleistete Zahlungen können vom Konkursverwalter nach § 32a KO angefochten werden und sind nach § 37 KO der Gesellschaft zurückzugewähren.

> Zutreffend
> OLG Hamm GmbHR 92, 754, 756.

2. Die Rechtsinhaberschaft des Nutzungsgebers

8.15 Welche weitergehenden Rechte der Gesellschaft gegen den Gesellschafter wegen der eigenkapitalersetzenden Gebrauchsüberlassung zustehen,

> Überblick zum früheren Meinungsstand
> u. a. bei
> Oppenländer, DStR 1993, 1523, 1527;
> Wilken, Kapitalersetzende Nutzungsüberlassungen im internationalen Unterordnungskonzern, S. 82 ff,

war in den Entscheidungen Lagergrundstück I und II zunächst offengeblieben, ist nun aber mit den Urteilen Lagergrundstück III und IV,

> BGH ZIP 1994, 1261, 1264 f, und
> BGH ZIP 1994, 1441, 1443,

offenbar im wesentlichen geklärt:

8.16 a) Die dingliche Zuordnung der Nutzungsgegenstände ist strikt zu beachten; denn trotz der Gebrauchsüberlassung bleibt der Gesellschafter Inhaber des Gegenstandes, so daß dieser nicht Teil des Haftungsverbandes der Gesellschaft wird. Diese Zuordnung läßt sich auch nicht, wie dies im Schrifttum,

> Wiedemann, ZIP 1986, 1293, 1300,

gelegentlich vorgeschlagen wurde, mit dem Gedanken der Finanzierungsfolgeverantwortung überspielen. Diese Konsequenz würde den

III. Rechtsfolgen

Gesellschafter über seine tatsächlich erbrachte Leistung, die Nutzungsmöglichkeit, hinaus entgegen § 53 Abs. 3 GmbHG zu einem wirtschaftlichen Nachschuß zwingen;

> vgl. BGH ZIP 1994, 1441, 1445
> - Lagergrundstück IV: kein Zuführungsgebot, bloßes Abzugsverbot.

Sie wäre außerdem deshalb überzogen, weil die Interessen der Gesellschafter-Gläubiger und jenes Dritten unberührt bleiben würden, der dem Gesellschafter den Nutzungsgegenstand zur Verfügung gestellt hat, aber sein Rechtsinhaber geblieben ist. 8.17

Deshalb fallen Nutzungsgegenstände weder automatisch in die Konkursmasse, noch kann der Konkursverwalter sie nach § 32a Satz 1 KO zur Masse ziehen, noch ist der Gesellschafter zur Übereignung an die Gesellschaft verpflichtet. 8.18

> A. A. Drygala, BB 1992, 8081.

b) In den Haftungsverband der Gesellschaft fällt jedoch das Nutzungsrecht, das der Gesellschafter der Gesellschaft eingeräumt hat, bzw. die bloße Nutzungsmöglichkeit; diese kann der Konkursverwalter verwerten - z. B. dadurch, daß er das zur Nutzung überlassene Grundstück an einen Dritten vermietet und die Erlöse zur Befriedigung der Gesellschaftsgläubiger verwendet. 8.19

> OLG Hamm GmbHR 1992, 754, 755;
> Brandes, ZGR 1989, 244, 248 f;
> Goette, DStR 1994, 1658, 1660;
>
> a. A. Karsten Schmidt, ZIP 1993, 161, 169;
> Häuselmann, DZWir 1993, 163, 165:
> nur mit Zustimmung des Gesellschafters nach den Regeln der Vertragsübernahme.

Darauf, ob der Betrieb im übrigen eingestellt wird, kommt es nicht an.

> A. A. Kallmeyer, GmbHR 1994, 290, 292.

Nach den Regeln oben Rz. 8.13 f kann der Gesellschafter für diese fortwährende Überlassung kein Entgelt verlangen. Sein Herausgabe- 8.20

H. Eigenkapitalersetzende Gebrauchsüberlassung

anspruch gegen die Gesellschaft ist entsprechend §§ 30, 32a GmbHG ausgeschlossen. Sollte der Gesellschafter den Nutzungsgegenstand trotz seiner Verstrickung abgezogen haben, so kann der Konkursverwalter ihn entsprechend § 31 Abs. 1 GmbHG innerhalb der Verjährungsfrist aus § 31 Abs. 5 GmbHG zurückverlangen. Vor der Verfahrenseröffnung ist der Geschäftsführer hierzu entsprechend §§ 31, 43 Abs. 3 GmbHG verpflichtet.

8.21 c) Auf diese Weise kann sich das Konkursverfahren über Jahre hinweg in die Länge ziehen.

> Siehe hierzu
> v. Gerkan, ZHR 158 (1994), 668, 673;
> Bäcker, GmbHR 1994, 776.

Um dies zu vermeiden, war in der Vorauflage vorgeschlagen worden, dem Konkursverwalter gegen den überlassenden Gesellschafter einen Anspruch auf Entgelt des Restnutzungswertes in bar Zug-um-Zug gegen Herausgabe des Nutzungsgegenstandes zu gewähren.

> v. Gerkan/Hommelhoff, Kapitalersatz
> im Gesellschafts- und Insolvenzrechts,
> 2. Aufl., S. 154.

Dem ist der Bundesgerichtshof mit der Erwägung entgegengetreten, der Gesellschafter habe ein Nutzungsrecht, aber keine Geldeinlage zur Verfügung gestellt. Zu einer anderen Leistung als der tatsächlich erbrachten könnte der Gesellschafter nicht verpflichtet werden.

> BGH ZIP 1994, 1261, 1266

Man wird bezweifeln dürfen, ob hierzu bereits das letzte Wort gesprochen ist.

> Kritisch
> v. Gerkan, ZHR 158 (1994), 668 ff, sowie
> Bäcker, GmbHR 1994, 766, 773 f:
> Anspruch auf Ersatz des aktuellen
> Substanzwerts.

III. Rechtsfolgen

d) Das Risiko, ob der Nutzungsgegenstand verwertet werden kann, tragen nach Ansicht des Bundesgerichtshofs Gesellschaft, Konkursverwalter und Gesellschaftsgläubiger. **8.22**

> Die Rechtsprechung bestärkend
> Goette, DStR 1994, 1658, 1661;
> a. A. Bäcker, GmbHR 1994, 766, 776:
> die Gesellschafter.

Umgekehrt muß der Gesellschafter den Nutzungsgegenstand herausverlangen können, falls er den Restnutzwert in bar ersetzt.

> Lutter/Hommelhoff, §§ 32a/b Rz. 121.

Falls der Gesellschafter aus ihm zurechenbaren Gründen zur Herausgabe außerstande ist, kommt statt dessen ein Geldanspruch auf Ersatz des objektiven Restgebrauchswerts für die relevante Nutzungsdauer (unten Rz. 8.24 ff) in Betracht.

> BGH ZIP 1994, 1261, 1266, und
> BGH ZIP 1994, 1441, 1445 vor 3
> - Lagergrundstück III/IV.

3. Dauer der Zwangsüberlassung

Zentralproblem dieser "Zwangsüberlasssung" war und ist deren Dauer: Wird diese durch die vertragliche Vereinbarung bestimmt, welche Gesellschafter und Gesellschaft über die Nutzung abgeschlossen haben, **8.23**

> so Priester, in: Priester/Timm (Hrsg.),
> Abschied von der Betriebsaufspaltung?,
> 1990, S. 20 f;
> Ulmer, in: Festschrift Kellermann, S. 499 f,

oder muß der Gesellschafter (völlig unabhängig von seiner Vereinbarung) den Gegenstand der Gesellschaft so lange zwangsweise überlassen, bis entweder die Krise behoben ist oder die außenstehenden Gesellschaftsgläubiger befriedigt sind?

> So Brandes, ZGR 1989, 244, 248.

H. Eigenkapitalersetzende Gebrauchsüberlassung

8.24 a) Anzuknüpfen ist an den Vertrag und die in ihm enthaltene Nutzungsdauer,

> BGH ZIP 1994, 1261, 1265
> - Lagergrundstück III,

denn auch beim Nutzungsrecht als Sacheinlage kommt es für dessen Einlagefähigkeit und Bewertung auf die vertraglich festgelegte Nutzungsdauer an. Auch insoweit sind die Wertungen aus dem Recht der Sacheinlage auf das der eigenkapitalersetzenden Gebrauchsüberlassung zu übertragen.

> Siehe Priester und Ulmer, jeweils aaO.

8.25 b) Allerdings sind solche Vereinbarungen über das Ende der Gebrauchsüberlassung unwirksam, die bei objektiver Betrachtung eindeutig allein oder zumindest vorrangig den Zweck haben, die Gesellschaftsgläubiger zu benachteiligen. Das ist etwa für das Recht zur außerordentlichen Kündigung im Falle des Gesellschaftskonkurses anzunehmen,

> siehe BGH ZIP 1994, 1261, 1265
> - Lagergrundstück III;
> Ulmer, in: Festschrift Kellermann, S. 501,

aber auch eine sachunangemessen kurze Nutzungsdauer oder Kündigungsfrist kann u. U. unwirksam sein, falls sich ein außenstehender Dritter an der Stelle des Gesellschafters oder der Gesellschaft auf eine solche Vertragsgestaltung, etwa wegen der besonderen Bedeutung des Nutzungsgegenstandes für die Gesellschaft oder wegen des Aufwands für eine Ersatzbeschaffung,

> siehe BGH ZIP 1994, 1261, 1265
> - Lagergrundstück III,

vernünftigerweise nicht eingelassen hätte.

> Siehe
> Priester, in: Priester/Timm (Hrsg.), Abschied von der Betriebsaufspaltung?, S. 21;
> vertiefend
> Goette, DStR 1994, 1658, 1661.

III. Rechtsfolgen

In diesem Falle obliegt dem Gesellschafter der Nachweis, daß das Nutzungsende nicht zum Nachteil der Gesellschaftsgläubiger vereinbart worden war. Ausgeschlossen ist ebenfalls das gesetzliche Kündigungsrecht aus § 19 KO.

> BGH ZIP 1994, 1261, 1265
> - Lagergrundstück III.

Daneben (und nicht etwa allein deshalb) ist die Vereinbarung kurzer Gebrauchsdauer oder einer kurzfristigen Kündigungsmöglichkeit regelmäßig nichtig, weil nicht ernstlich gewollt (§ 118 BGB), falls die gesamte Betriebseinrichtung (wie bei der normalen Betriebsaufspaltung nicht selten) einer Betriebsgesellschaft überlassen worden ist, die mit minimalem Eigenkapital ausgestattet gerade in der Lage ist, die laufenden Geschäfte zu führen, aber nicht mehr, sich notfalls die unentbehrliche Betriebsausstattung selbst zu beschaffen. 8.26

> BGHZ 121, 31, 40 = ZIP 1993, 189
> - Lagergrundstück II;
> siehe noch
> OLG Karlsruhe ZIP 1994, 1183, 1184;
> reserviert
> Karsten Schmidt, ZIP 1993, 160, 169,
> wegen zu befürchtender Kadijustiz.

c) Bei unwirksamer Laufzeitvereinbarung hat der Gesellschafter die zum Gebrauch überlassene Sache der Gesellschaft (bzw. dem Konkursverwalter) so lange zwangsweise weiter zu belassen, wie es bei objektiver Würdigung voraussichtlich dauern wird, bis sich die Gesellschaft die überlassene Sache ohne Hilfe des Gesellschafters von einem Dritten zu marktüblich angemessenen Bedingungen beschaffen kann. 8.27

Falls die Beteiligten dagegen über die Nutzung überhaupt keine Vereinbarung getroffen haben, hat der Gesellschafter die Sache unbefristet bis zum Ende der Gesellschaftskrise oder bis zur Befriedigung aller außenstehenden Gesellschaftsgläubiger (unentgeltlich) zur Verfügung zu stellen. 8.28

> A. A. offenbar
> Kallmeyer, GmbHR 1994, 290, 292:
> überhaupt keine Verwertung durch den
> Konkursverwalter.

H. Eigenkapitalersetzende Gebrauchsüberlassung

IV. Andere Formen der Kreditfinanzierung

8.29 Abweichend von den Grundsätzen zur eigenkapitalersetzenden Gebrauchsüberlassung unterliegen bestimmte Formen der Kreditfinanzierung den (normalen) Regeln für eigenkapitalersetzende Gesellschafterdarlehen. Dies ist der Fall, wenn der Gesellschafter der kreditunwürdigen Gesellschaft eine Sache verkauft, den Kaufpreis stundet und sich zur Sicherheit das Eigentum vorbehält. Dann ist der Kaufpreisanspruch als eigenkapitalersetzendes Gesellschafterdarlehen zu behandeln; die Kaufsache selbst fällt in den Haftungsverband der Gesellschaft und kann vom Konkursverwalter verwertet werden.

> Näher u. a.
> Ziegler, Kapitalersetzende Gebrauchsüberlassungsverhältnisse und Konzernhaftung bei der GmbH, 1989, S. 152 f.

Ebenfalls nach diesen Grundsätzen ist das Finanzierungsleasing zwischen Gesellschafter und Gesellschaft zu behandeln.

> So schon
> Ulmer, ZIP 1994, 1163, 1174;
> näher
> Priester, in: Priester/Timm (Hrsg.), Abschied von der Betriebsaufspaltung?, S. 12 ff;
> siehe aber auch
> Göritz, Leasingverträge als verdeckter Eigenkapitalersatz, S. 77 f, mit Differenzierungen nach der Leasingart.

I. Krisendarlehen und Finanzplankredite

9.1 Häufig sind Gesellschafter verpflichtet, der GmbH außer ihrer Stammeinlage weitere Kapitalmittel zur Verfügung zu stellen. Diese Verpflichtung wird gesellschaftsvertraglich (nach § 3 Abs. 2 GmbHG) namentlich dann begründet, wenn die Finanzplanung der Gesellschaft auf eine Kombination von Eigenkapital und zusätzlichen Kapitalhilfen der Gesellschafter zugeschnitten ist und die Gesellschaft für die Erreichung des Unternehmenszwecks (einschließlich angestrebter Erweiterungen und Innovationen des Geschäftsbetriebes oder langfristiger Investitionen) auf die zusätzlichen Mittel angewiesen ist. Bei diesen handelt es sich dann daher vielfach um langfristige, unkündbare, gegebenenfalls an die Mitgliedschaft gebundene Kredite, regelmäßig in Form von Darlehen oder stillen Einlagen.

I. Krisendarlehen und Finanzplankredite in der Abgrenzung

9.2 Kapitalhilfen dieser Art werden im Schrifttum im allgemeinen als eigenkapitalersetzend eingeordnet und den dafür geltenden Regeln unterworfen, und zwar gegebenenfalls auch schon für die Zeit vor Eintritt einer Finanzierungskrise.

Vgl.
Hachenburg/Ulmer, § 32a,b Rz. 54, 61;
Schlegelberger/Karsten Schmidt, § 172a Rz. 25;
Karsten Schmidt, in: Festschrift Goerdeler,
1987, S. 487, 493 ff.

1. Kennzeichen des Krisendarlehens

9.3 Die Rechtsprechung hat diese Vorstellungen jedoch in dieser Form nicht übernommen, sondern kommt zu teilweise abweichenden Einordnungen. So hat sie diejenigen Kapitalhilfen als eigenkapitalersetzend bewertet, die von vornherein auf Krisenfinanzierung angelegt waren. Hierunter hat sie zunächst die Absicherung von Fremdkrediten durch einen Gesellschafter verstanden, mit denen - anders als bei einem unmittelbaren Gesellschafterdarlehen - auch andere Zwecke als der Ausgleich eines sonst vorhandenen Kapitalmangels verfolgt werden können und die speziell dazu bestimmt sind, gerade dann zum Zuge zu kommen, wenn die Gesellschaft ihre Gläubiger nicht mehr

I. Krisendarlehen und Finanzplankredite

(oder nur unter Verschärfung der inzwischen eingetretenen Krisenlage) befriedigen könne. Solche Absicherungen hat der Bundesgerichtshof von vornherein als für einen künftigen Krisenfall gewährt eingestuft.

> BGHZ 81, 252, 256 = ZIP 1981, 974, 975;
> im gleichen Sinne:
> OLG Hamburg ZIP 1986, 1113, 1118 f.

9.4 In einer weiteren Entscheidung hat der Bundesgerichtshof den Bereich der von vornherein auf Krisenfinanzierung angelegten Kapitalhilfen näher präzisiert (und wohl auch eingegrenzt). Er hat für den Geltungsbereich der aus § 30 GmbHG abgeleiteten Grundsätze ausgeführt, daß von vornherein auf eine Krisenfinanzierung nur solche Gesellschafterkredite angelegt seien, bei denen der Gesellschafter ausdrücklich oder schlüssig auf das Recht verzichte, sie aus wichtigem Grunde zu kündigen, falls die Gesellschaft später kreditunwürdig werde und deshalb die erbrachte Leistung unter das Rückforderungsverbot des § 30 Abs. 1 GmbHG zu fallen drohe. Verlangt wird danach eine einem Rangrücktritt ähnliche Erklärung.

> BGH ZIP 1987, 169, 171;
> dazu EWiR 1986, 1209 (v. Gerkan).

Diese Entscheidung ist zwar für die Rechtslage vor der GmbH-Novelle 1980 ergangen. Es ist aber fraglich, ob sich für § 32a GmbHG weitergehende Möglichkeiten für die Anerkennung von vornherein kapitalersetzender Mittelzufuhren ergeben werden, der Bundesgerichtshof also dort eine andere Grenzziehung vornehmen würde.

9.5 Bei einer weiteren Gelegenheit hat der Bundesgerichtshof erklärt, daß nur solche Kapitalhilfen als von vornherein auf Krisenfinanzierung angelegt verstanden werden könnten, bei denen die Beteiligten überhaupt an die Möglichkeit einer späteren Krise gedacht hätten.

> BGH ZIP 1988, 638, 640.

Ob die letztgenannten Entscheidungen das vorerwähnte frühere Urteil (in BGHZ 81, 252, 256), nach welchem Absicherungen eines Drittdarlehens durch einen Gesellschafter auch ohne eine einem Rangrücktritt

I. Krisendarlehen und Finanzplankredite in der Abgrenzung

vergleichbare Erklärung (bei der Bürgschaft also ein Verzicht auf das Recht in § 775 Abs. 1 Nr. 1 BGB) von vornherein auf Krisenfinanzierung angelegt seien, unberührt lassen will, ist nicht völlig klar. Es spricht aber für eine Fortgeltung dieser Wertung, daß jede Absicherung eines Kredits der Sache nach auch eine Vorsorge für den Fall ist, daß der Kredit von der Gesellschaft später etwa nicht zurückgezahlt werden kann.

Die Behandlung dieser Krisendarlehen als Eigenkapitalersatz ist unschwer möglich; derartige Darlehensausreichungen stehen nach § 32a Abs. 3 GmbHG der Gewährung in der Krise gleich. 9.6

2. Kennzeichen des Finanzplankredits

Läßt sich der Kredit nach diesen Grundsätzen nicht als von Anfang an auf Krisenfinanzierung angelegt erfassen, so bestimmt der Bundesgerichtshof die Rechtsfolgen in anderer Weise. In der Publikumsgesellschaft mit der Rechtsform der GmbH & Co. KG, soweit die Anleger gesellschaftsvertraglich neben der Kommanditeinlage im eigentlichen Sinne auch ein Darlehen oder eine stille Einlage zu gewähren haben, werden die zusätzlichen Beiträge, die hier die Funktion von haftendem Kapital haben, nicht als eigenkapitalersetzende Gesellschafterkredite, sondern als weiterer Teil der ("gesplitteten") Pflichteinlage behandelt. 9.7

BGHZ 69, 160, 170;
BGHZ 70, 61, 64;
BGHZ 93, 159, 161 f = ZIP 1985, 233, 234;
BGH ZIP 1982, 835, 836.

In gleicher Weise ist auch die atypische stille Beteiligung eines nicht unmittelbar der GmbH & Co. KG angehörenden, intern aber wie ein Kommanditist gestellten stillen Gesellschafters erfaßt worden. 9.8

BGH ZIP 1985, 347 f.

Diese Grundsätze hat der Bundesgerichtshof auch auf die "normale" GmbH & Co. KG übertragen. 9.9

BGH ZIP 1988, 638, 640 f.

I. Krisendarlehen und Finanzplankredite

II. Der Finanzplankredit

9.10 Mit seinen Urteilen "RH" und "Lagergrundstück II",

> BGHZ 104, 33 = ZIP 1988, 638;
> BGHZ 121, 31, 41 f = ZIP 1993, 189;
> dazu EWiR 1993, 155 (Fleck),

hat der Bundesgerichtshof das Rechtsinstitut des Finanzplankredits endgültig etabliert. Ihm ist das Schrifttum gefolgt und betont in der Abgrenzung dieses Rechtsinstituts vom Eigenkapitalersatz seine Eigenständigkeit.

> Grundlegend
> Fleischer, Finanzplankredite und Eigenkapitalersatz im Gesellschaftsrecht, 1995.

1. Rechtsprechungsgrundsätze

9.11 Danach ist ein in Kreditform gewährter Finanzierungsbeitrag eines Gesellschafters (im entschiedenen Fall: eines Kommanditisten einer GmbH & Co) trotz seines formalen Fremdkapital-Charakters rechtlich wie eine Einlage und damit als Teil des Eigenkapitals zu behandeln, wenn zwei Voraussetzungen erfüllt sind:

- Erstens muß die Darlehensgewährung dem Gesellschafter in gerade dieser Eigenschaft, also als echte gesellschaftsvertragliche Pflicht auferlegt sein (mittlerweile in BGHZ 121, 31, 41 f, aufgegeben)

- und zweitens müssen die Gesellschafter das Gesellschafterdarlehen auch in der Sache wie eine Einlage behandeln (materielle Eigenkapitalfunktion). Zu diesem Zweck ist der gesamte Vertrag insgesamt zu würdigen. Indizien für eine solche materielle Eigenkapitalfunktion können sein: besonders günstige Kreditkonditionen; Pflicht zur langfristigen Belassung; Fehlen einseitiger Kündigungsmöglichkeiten; (nach der Einschätzung der Gesellschafter:) Unentbehrlichkeit des Darlehens für die Verwirklichung der gesellschaftsvertraglichen Ziele, insbesonders auch als Grundlage für die Aufnahme von Fremdmitteln.

II. Der Finanzplankredit

> Eingehend dazu jüngst
> Fleischer, Finanzplankredite und Eigen-
> kapitalersatz im Gesellschaftsrecht, S. 111 ff.

Schon im RH-Urteil findet sich mithin kein Bezug zur Finanzierungskrise der Gesellschaft mehr.

In seiner Tendenz, Gesellschafterdarlehen auch unabhängig von einer Finanzierungskrise der Gesellschaft unter näheren Voraussetzungen in haftendes Eigenkapital umzuqualifizieren, verdient das RH-Urteil Zustimmung. Denn damit können, wenigstens grundsätzlich, gleichfalls Start-, Erweiterungs- und Innovationsdarlehen der Gesellschafter den Bindungen für Haftkapital unterstellt werden. Die dennoch weiterhin notwendige Diskussion um die in diesem Urteil statuierten Rechtssätze ist nunmehr im Grundsätzlichen ebenso wie zu Tatbestand und Rechtsfolgen beherzt aufgegriffen worden. 9.12

> Fleischer, Finanzplankredite und Eigen-
> kapitalersatz im Gesellschaftsrecht, passim.

2. Rechtsfolgenprobleme

Zunächst zu den Rechtsfolgen: Der Bundesgerichtshof hat seinen Blick auf den Gesellschaftskonkurs konzentriert und judiziert, diese (Finanzplankredite) müßten als Grundstock der Haftungsmasse den außenstehenden Gläubigern im Konkurs ungehindert durch eine Konkurrenz mit den Gesellschaftern zur Verfügung stehen. Das ist unmittelbar einsichtig und überzeugend. 9.13

Aber die Probleme liegen einerseits im Zeitraum zwischen Unternehmenskrise und Gesellschaftskonkurs, 9.14

> BGH ZIP 1988, 638, 640
> = NJW 1988, 1841, 1843 läßt ausdrücklich
> dahinstehen, ob die Eigenkapitalfunktion
> der Gesellschafterdarlehen noch nach Eintritt der Krise hätte aufgehoben werden
> und diese hätten zurückgezahlt werden
> können,

I. Krisendarlehen und Finanzplankredite

sowie andererseits und vor allem im Zeitraum vor Kriseneintritt: Stehen die Finanzplankredite noch zur Disposition der Beteiligten oder müssen sich die Gesellschafter bis zur Liquidation der Gesellschaft an dem Umstand festhalten lassen, daß die Kredite bei ihrer Gewährung materielle Eigenkapitalfunktion hatten? Welche Konsequenzen hat es, wenn ein Finanzplankredit im Einvernehmen der Beteiligten vorzeitig, aber außerhalb einer Finanzierungskrise der Gesellschaft, zurückgezahlt wird? Greift dann in einer GmbH bei deren Unterbilanz, die ja keineswegs ohne weiteres mit einer Krise gleichgesetzt werden darf, § 31 GmbHG ein? Wird dann das Damoklesschwert aus § 32a KO aufgezogen? Oder in einer GmbH & Co.: Lebt die Kommanditistenhaftung aus §§ 128, 172 Abs. 4 HGB wieder auf, sobald und soweit ein Finanzplankredit zurückgezahlt worden ist?

9.15 Im Ergebnis sollte es keinem Zweifel unterliegen, daß den Gesellschaftern rechtlich gesicherte und sanktionslose Möglichkeiten eröffnet sein müssen, sich von der Bindung wieder zu lösen, die sie mit der Gewährung von Finanzplankrediten eingegangen sind.

> Dazu
> Hachenburg/Ulmer, § 32a,b Rz. 61;
> Lutter/Hommelhoff, §§ 32a/b Rz. 18;
> Priester, OLG Hamburg EWiR 1986, 901, 902.

Andernfalls hätten sich namentlich GmbH-Gesellschafter mit einem Finanzplankredit einschneidender gebunden, als sie es mit Einlagen im Rahmen einer Kapitalerhöhung oder Gewährung von Nachschußkapital getan hätten. Diese Mittel lassen sich immerhin über eine Kapitalherabsetzung (§ 58 GmbHG) bzw. über eine Nachschuß-Rückzahlung im Verfahren nach § 30 Abs. 2 GmbHG wieder an die Gesellschafter auskehren. Hier liegt für Finanzplankredite ein erst in jüngster Zeit in Angriff genommener Abstimmungsbedarf.

> Fleischer, Finanplankredite und Eigen-
> kapitalersatz im Gesellschaftsrecht, S. 162 ff.

9.16 Wertende Abstimmung ist überdies mit den Regeln erforderlich, die für Gesellschafterdarlehen mit Rangrücktrittsvereinbarung gelten (oben Rz. 1.33 ff). Denn momentan spricht manches dafür, daß diese

II. Der Finanzplankredit

hierarchisch nachgestellten Darlehen lediglich eine besondere Erscheinungsform des Finanzplankredits sind.

3. Tatbestandsfragen

Von der ursprünglich statuierten Voraussetzung, daß die Kreditgewährung echte gesellschaftsvertragliche Verpflichtung sein müsse, ist der Bundesgerichtshof mittlerweile abgerückt. 9.17

> BGHZ 121, 31, 41 f
> - Lagergrundstück II.

Für die Gegenargumente ist daher auf die Vorauflage S. 28 f zu verweisen.

> Siehe auch
> Hommelhoff/Kleindiek, in: Festschrift
> 100 Jahre GmbHG, S. 440;
> Hachenburg/Ulmer, § 32a,b Rz. 48;
> Ebenroth/Wilken, BB 1993, 305, 307.

Trotz dieser Klärung bleiben noch Fragen: Offen ist z. B., welche Bedeutung der Kreditunwürdigkeit der Gesellschaft bei Finanzplankrediten zukommt. Denn auch außerhalb einer Finanzierungskrise sind durchaus Situationen vorstellbar, in denen eine Gesellschaft das vom Gesellschafter gewährte Start- oder Erweiterungsdarlehen von gesellschaftsfremden Dritten überhaupt nicht oder wenigstens nicht zu marktkonformen Bedingungen erhalten hätte. 9.18

> Dazu schon
> Lutter/Hommelhoff, ZGR 1979, 31, 39 f;
> siehe auch
> OLG Hamburg ZIP 1987, 977, 983
> - Hamburger Stahlwerke;
> dazu EWiR 1987, 989 (Karsten Schmidt),
> sowie weiterführend nun
> Fleischer, Finanzplankredite und Eigenkapitalersatz im Gesellschaftsrecht, S. 138.

Diesem Ansatz kommt insbesondere dann Bedeutung zu, wenn nur die existenzbedrohende Kreditunwürdigkeit die Finanzierungsverantwortung im Eigenkapitalersatzrecht konkretisieren sollte.

I. Krisendarlehen und Finanzplankredite

9.19 Sollte ein solches Start- oder Erweiterungsdarlehen qua Kreditunwürdigkeit in haftendes Quasi-Eigenkapital umqualifiziert werden müssen, so scheinen auf der Rechtsfolgenseite gewisse Bindungen eher annehmbar zu sein als bei bloß individuell gewonnener Eigenkapitalfunktion. Aber hierzu wird die Diskussion erst in Gang kommen müssen.

9.20 Alle diese Probleme und noch weitgehend ungelöste Fragen zu den Finanzplankrediten, aber auch die den Gesellschafterdarlehen mit Rangrücktrittsvereinbarung, führen zu einer weiteren grundsätzlichen Frage: Gibt es für diese Mittel aus Gesellschafterhand einschließlich der eigenkapitalersetzenden Gesellschafterdarlehen ein in sich abgestimmtes Gesamtsystem von Regeln? Gibt es ein umfassendes "Recht der einlagegleichen Gesellschafterleistungen und ihrer Erhaltung"?

> In diese Richtung wohl
> Karsten Schmidt, in: Festschrift Goerdeler,
> S. 489 ff, und nunmehr tatkräftig in diesem
> Sinne Fleischer, Finanzplankredite und Eigen-
> kapitalersatz im Gesellschaftsrecht, S. 340 f
> - zusammenfassend;
> kritisch dazu Wilken, ZBB 1995, Heft 4.

Auf solche und ähnliche Grundfragen stehen allgemein konsentierte Antworten noch immer aus.

III. Finanzplan-Nutzungen

9.21 Finanzplan-Nutzungen kommen in Betracht, wenn Gesellschafter der Gesellschaft außerhalb einer Krise und auch nicht mit Blick auf eine solche Wirtschaftsgüter zu Gebrauch und Nutzung zur Verfügung stellen.

> Siehe BGHZ 121, 31, 41
> - Lagergrundstück II;
> OLG Karlsruhe ZIP 1994, 1183, 1185;
> Fleischer, Finanzplankredite und Eigen-
> kapitalersatz im Gesellschaftsrecht, S. 244 ff;
> Göritz, Leasingverträge als verdeckter
> Eigenkapitalersatz, S. 109;
> Oppenländer, DStR 1993, 1523, 1526.

III. Finanzplan-Nutzungen

Maßgeblich ist insoweit allein die materielle Eigenkapitalfunktion der Gebrauchsüberlassung. In der Krise hat der Gesellschafter den Nutzungsgegenstand der Gesellschaft zu belassen;

> siehe auch
> Ulmer, in: Festschrift Kellermann, S. 498 ff,

vor Kriseneintritt steht es den Vertragsparteien grundsätzlich frei, ihre Vereinbarung abzuändern oder aufzuheben.

K. Kapitalersetzende Leistungen in der GmbH & Co. KG
I. Geltende Rechtsregeln
1. Die Grundsätze zu den §§ 30, 31 GmbHG

Die Rechtsprechung hatte schon vor der GmbH-Novelle 1980 die zu den §§ 30, 31 GmbHG entwickelten Grundsätze über kapitalersetzende Gesellschafterdarlehen auf die Verhältnisse in der GmbH & Co. KG in entsprechender Weise angewendet. Sie hat dabei - ebenso wie für die unverbundene GmbH - an den Gesichtspunkt der **Stammkapitalerhaltung bei der Komplementär-GmbH** angeknüpft und solche Auszahlungen aus dem Vermögen der KG erfaßt, die sich auf die Stammkapitaldeckung auswirken.

10.1

BGHZ 60, 324, 328;
BGHZ 67, 171, 174;
BGHZ 76, 326, 329 = ZIP 1980, 361, 363.

a) Rückzahlungen von Darlehen aus dem Vermögen der KG können auf zweierlei Weise das Stammkapital der GmbH beeinträchtigen:

10.2

- Einmal kann eine Beteiligung der GmbH an der KG durch den Abfluß aus dem KG-Vermögen so entwertet werden, daß bei der GmbH eine Unterbilanz entsteht;

- und zum anderen kann es auch ohne eine solche Beteiligung zu dem gleichen Ergebnis kommen, wenn die KG überschuldet ist, da die Krisenlage dann wegen der Komplementärhaftung der GmbH (§§ 161 Abs. 2, 128 HGB) auf diese durchschlägt.

Vgl. BGHZ 76, 326, 336 = ZIP 1980, 361, 364.

b) Erforderlich für die Erfassung von Darlehen als Kapitalersatz ist auch hier (wie bei der GmbH), daß die Gesellschaft **kreditunwürdig** ist.

10.3

BGHZ 76, 326, 330 = ZIP 1980, 361, 362;
BGHZ 81, 252, 255 = ZIP 1981, 974, 975.

K. Kapitalersetzende Leistungen in der GmbH & Co. KG

10.4 c) Bei einer verbotswidrigen Auszahlung steht der aus § 31 Abs. 1 GmbHG folgende **Erstattungsanspruch** nach der Rechtsprechung **der KG** (nicht der GmbH) zu.

> BGHZ 60, 324, 328 ff;
> BGHZ 76, 326, 328 ff = ZIP 1980, 361, 362;
> Hachenburg/Ulmer, § 32a,b Rz. 194;
> Schlegelberger/Karsten Schmidt, §§ 171, 172 Rz. 132;
> auch Baumbach/Hueck, § 31 Rz. 8;
> anders jedoch (Anspruchszuordnung zur GmbH):
> Hachenburg/Goerdeler/W. Müller, § 31 Rz. 8;
> Scholz/H. P. Westermann, § 31 Rz. 10;
> Lutter/Hommelhoff, § 31 Rz. 2, 9.

Im übrigen gelten für die Einordnung von Kapitalhilfen der Gesellschafter als Eigenkapitalersatz die gleichen Gesichtspunkte, wie sie bereits für die Verhältnisse in der GmbH erörtert worden sind (vgl. die vorangegangenen Abschnitte, zu den Rechtsfolgen insbesondere Rz. 3.59 ff, 3.78 ff).

> Ständige Rechtsprechung
> (seit BGHZ 67, 171, 175 f);
> vgl. Hachenburg/Ulmer, § 32a,b Rz. 193;
> Scholz/Karsten Schmidt, §§ 32a, 32b Rz. 163.

2. Die Regelung in der GmbH-Novelle 1980

10.5 Für die GmbH & Co. KG hat die GmbH-Novelle 1980 durch § 172a HGB eine entsprechende Anwendung der §§ 32a, 32b GmbHG angeordnet. Eine in die gleiche Richtung zielende Regelung findet sich in § 129a HGB für das Recht der OHG; sie bezweckt insbesondere, Ausweichmöglichkeiten etwa über die Bildung einer OHG aus zwei Gesellschaften mbH zu verhindern.

10.6 a) § 172a HGB erfaßt Gesellschaften, die keine natürliche Person als persönlich haftender Gesellschafter aufweisen und bei denen auch keine natürliche Person als persönlich haftender Gesellschafter einer als Gesellschafterin beteiligten OHG oder KG angehört (vgl. Satz 2). Zur gleichartigen Vorschrift des § 19 Abs. 5 HGB ist erörtert worden, ob bei **mehrstöckigen Gesellschaften** eine Freistellung gemäß Satz 2 etwa auch dann zu gelten hätte, wenn erst auf der dritten (oder

I. Geltende Rechtsregeln

einer gar noch höheren) Ebene eine natürliche Person als Vollhafter vorhanden ist. Doch dürfte das zu verneinen sein, da eine derart mediatisierte Haftung den Belangen des Rechtsverkehrs keinen hinreichende Schutz mehr gewährt.

> Wie hier:
> KG ZIP 1988, 1194;
> Bokelmann, EWiR 1994, 267 (zu BayObLG);
>
> abweichend:
> BayObLG ZIP 1994, 1694, 1695;
> Schlegelberger/Karsten Schmidt, § 125a Rz. 4 sowie § 130a Rz. 10;
> Baumbach/Hopt, HGB, 29. Aufl., § 19 Rz. 10.

b) Im Gesetzestext des § 172a HGB werden nur die §§ 32a, 32b GmbHG für anwendbar erklärt, nicht jedoch die darüber hinaus für das Recht der GmbH maßgeblichen § 32a KO und § 3b AnfG. Auch ist **§ 107 Abs. 2 VglO** nicht auf den Fall des § 172a HGB angepaßt (wohl aber die §§ 108 Abs. 2 Satz 3, 109 Abs. 2 VglO). Da jedoch die §§ 32a, 32b GmbHG in einem untrennbaren inneren Zusammenhang mit den sie ergänzenden weiteren Vorschriften stehen, besteht Einigkeit darüber, daß auch sie für die GmbH & Co. KG zu gelten haben. Dabei kann dahinstehen, ob man in der Unterlassung des Gesetzgebers ein (unschädliches) Redaktionsversehen sieht oder annimmt, die Verweisung auf die §§ 32a, 32b GmbHG schließe auch die Geltung der damit zusammenhängenden weiteren Vorschriften ein. **10.7**

> Vgl. OLG Hamburg ZIP 1986, 1048, 1049;
> Hachenburg/Ulmer, § 32a,b Rz. 112;
> Scholz/Karsten Schmidt, §§ 32a, 32b Rz. 167.

Ebenso wie bei der GmbH gelten beide Kapitalschutzsysteme auch hier nebeneinander.

3. Erstreckung auf die Vor-GmbH & Co. KG

Die erörterten Rechtsregeln müssen angesichts der gleichliegenden Voraussetzungen auch für die Vor-GmbH & Co. KG gelten. **10.8**

> Uhlenbruck, Die GmbH & Co. KG, S. 669.

K. Kapitalersetzende Leistungen in der GmbH & Co. KG

Die (früher streitige) Komplementärfähigkeit der Vor-GmbH ist heute anerkannt.

BGHZ 80, 129, 132 = ZIP 1981, 394, 395.

II. Gesellschafter als Darlehensgeber
1. GmbH-Gesellschafter

10.9 Dem Ansatz der Rechtsprechung, die Kapitalgrundlage der GmbH & Co. KG über die Regeln zur Erhaltung des Stammkapitals in der GmbH zu schützen, entsprach es, auf die hierfür nach den §§ 30, 31 GmbHG verantwortlichen Gesellschafter der GmbH und die von ihnen gegebenen Darlehen abzustellen. Hierbei blieb es ohne entscheidende Bedeutung, ob der GmbH-Gesellschafter zugleich als Kommanditist an der KG beteiligt war.

Demgegenüber ist § 172a HGB dahin zu verstehen, daß unterschiedslos sowohl Darlehen der GmbH-Gesellschafter als auch solche der Kommanditisten erfaßt werden; es ist dabei auch ohne Bedeutung, ob das Darlehen der KG oder der GmbH gegeben worden ist.

Hachenburg/Ulmer, § 32a,b Rz. 189;
Scholz/Karsten Schmidt, §§ 32a, 32b Rz. 168;
Schlegelberger/Karsten Schmidt, § 172a Rz. 18.

2. Kommanditisten

10.10 a) Während somit § 172a HGB auch solche Darlehen einbezieht, die der KG oder der GmbH von Darlehensgebern gewährt werden, welche nur **der KG, nicht aber zugleich auch der GmbH als Gesellschafter** angehören, war lange streitig, ob dies auch dann der Fall ist, soweit das Darlehen von den Regeln der §§ 30, 31 GmbHG betroffen ist. Inzwischen ist die Frage aber vom Bundesgerichtshof im bejahenden Sinne geklärt worden, da die Finanzierungsverantwortung eines "Nur"-Kommanditisten nicht anders bewertet werden kann als bei anderen Personen oder Rechtsträgern, deren Position der eines GmbH-Gesellschafters wirtschaftlich entspricht. Auch im Schrifttum wird heute eine abweichende Auffassung kaum mehr vertreten.

Vgl. BGHZ 110, 342, 356 = ZIP 1990, 578, 583;
dazu EWiR 1990, 479 (Bergmann);
BGH ZIP 1990, 1593, 1595;
dazu EWiR 1991, 67 (v. Gerkan);
Hachenburg/Goerdeler/W. Müller, § 30 Rz. 85;
Hachenburg/Ulmer, § 32a,b Rz. 196;
Scholz/Karsten Schmidt, §§ 32a, 32b Rz. 166, 172;
Schlegelberger/Karsten Schmidt, § 172a Rz. 51;
Lutter/Hommelhoff, § 30 Rz. 45, §§ 32a/b Rz. 54;
Baumbach/Hopt, HGB, 29. Aufl., 1994,
§ 172a Rz. 33;
anders noch:
Schilling, in: Großkomm. HGB, 4. Aufl.,
1987, § 172a Rz. 19;
zweifelnd gegenüber dem BGH:
Scholz/H. P. Westermann, § 30 Rz. 40.

b) Die Einbeziehung der "Nur"-Kommanditisten hat jedoch **nicht** zur Folge, daß ihnen gegenüber auch die **Ausfallhaftung nach § 31 Abs. 3 GmbHG** eingreift. Diese ist vielmehr von einer Zugehörigkeit zur GmbH abhängig. 10.11

Vgl. Hachenburg/Ulmer, § 32a,b Rz. 196;
Scholz/Karsten Schmidt, §§ 32a, 32b Rz. 172;
Schlegelberger/Karsten Schmidt, § 172a Rz. 51.

3. Komplementäre

a) § 172a HGB erfaßt nach seinem Wortsinn keine Kredite seitens eines Komplementärs. Hierzu ist angeführt worden, wegen der unbeschränkten Komplementärhaftung sei für eine Erstreckung der Regeln über den Eigenkapitalersatz auf Komplementärkredite kein Raum und auch kein Bedürfnis gegeben. 10.12

Vgl. z. B. Gersch/Herget/Marsch/Stützle,
GmbH-Reform 1980, 1980, Rz. 373.

b) Demgegenüber wird aber geltend gemacht, daß die Unbeschränktheit der Haftung nichts mit der Qualifikation der von einem Gesellschafter eingebrachten Mittel als Kapitalersatz zu tun habe; daher müßten auch Komplementärkredite über den Wortlaut des § 172a HGB hinaus erfaßt werden. 10.13

K. Kapitalersetzende Leistungen in der GmbH & Co. KG

> Schlegelberger/Karsten Schmidt, § 172a Rz. 19;
> ebenso Uhlenbruck, Die GmbH & Co. KG, S. 703.

Der letztgenannten Auffassung ist - jedenfalls für die GmbH & Co. KG - zuzustimmen. Daß auch Kredite eines Komplementärs, der keine natürliche Person ist bzw. innerhalb dessen keine natürliche Person als Vollhafter beteiligt ist, den Regeln über kapitalersetzende Gesellschafterleistungen unterworfen sind, folgt zudem (unabhängig von § 172a GmbH) zwingend aus § 129a HGB und seine Geltung für die GmbH & Co. KG über § 161 Abs. 2 HGB.

4. Gleichgestellte Nichtgesellschafter

10.14 Ebenso wie bei der GmbH (vgl. dazu § 32a Abs. 3 GmbHG) werden auch bei der GmbH & Co. KG Personen und Unternehmen, die formal nicht Gesellschafter der GmbH oder der KG sind, dann wie Gesellschafter behandelt, wenn ihre Position wirtschaftlich der eines Gesellschafters entspricht (vgl. Rz. 4.2 ff).

Wegen der Erstattungspflicht bei Auszahlung gebundener Kreditmittel an einen Dritten anstelle des Gesellschafters, der den Kredit gewährt hatte, vgl. im übrigen Rz. 3.68.

III. Erscheinungsformen der Gesellschafterkredite und Rechtsfolgen

1. Erscheinungsformen

10.15 Die Abgrenzung der relevanten Kapitalhilfen eines Gesellschafters einschließlich der Besicherungen des Darlehens eines Dritten folgt den gleichen Gesichtspunkten, die bei der GmbH in den Abschnitten C, D und E (Rz. 3.1 ff, 4.1 ff, 5.1 ff) erörtert worden sind.

Die Rechtsgrundsätze über Finanzplankredite, über von vornherein auf Krisenfinanzierung angelegte Kredithilfen sowie Kredite mit Rangrücktritt, die in Abschnitt I erörtert worden sind, gelten auch hier.

Die eigenen Regeln unterliegenden Finanzierungsbeiträge mit materiellem Einlagencharakter werden unten bei Rz. 11.11 ff behandelt.

III. Erscheinungsformen der Gesellschafterkredite und Rechtsfolgen

2. Rechtsfolgen

a) Auch zu den Rechtsfolgen außerhalb sowie innerhalb eines Insolvenzverfahrens kann zunächst auf die Ausführungen zu den Verhältnissen in der GmbH verwiesen werden (Rz. 3.59 ff, 3.78 ff, 4.1 ff, 5.20 ff). Insoweit ergeben sich für die GmbH & Co. KG keine Besonderheiten. 10.16

b) Die Kapitaleinlagen für die KG und für die GmbH müssen nicht nur selbständig aufgebracht werden (siehe z. B. § 172 Abs. 6 HGB). Sondern auch bei der Kapitalerhaltung behalten die jeweiligen spezifischen Schutzvorschriften selbständige Bedeutung. Hier können sich auch im Zusammenhang mit einem kapitalersetzenden Darlehen eines Kommanditisten für diesen **Haftungsfolgen aus den §§ 171, 172 HGB** ergeben, etwa wenn sich die Rückzahlung eines Darlehens als Auskehrung der Haftsumme i. S. v. § 172 Abs. 4 HGB auswirken sollte. 10.17

Ein **Wiederaufleben der Außenhaftung** nach dieser Vorschrift tritt nach herrschender Meinung allerdings erst ein, wenn die insgesamt vom Kommanditisten in das Gesellschaftsvermögen eingebrachten Mittel durch die Rückzahlungen unter den Betrag der Haftsumme herabgemindert werden. 10.18

> Vgl. z. B.
> Schilling, in: Großkomm. HGB, § 172 Rz. 9;
> H. Westermann u. a., Handbuch der Personalgesellschaften, Teil I, Rz. 858; auch
> BGHZ 84, 383, 387 = ZIP 1982, 955, 957 f.

Nach anderer Auffassung soll dagegen bereits die "erste Mark" einer Rückzahlung auch dann haftungsschädlich sein, wenn die im übrigen im Gesellschaftsvermögen verbleibenden Finanzierungsbeiträge die Haftsumme noch abdecken.

> Schlegelberger/Karsten Schmidt, §§ 171, 172 Rz. 64.

Der Kommanditist kann seinen Anspruch auf Rückzahlung eines kapitalersetzenden Darlehens auch **nicht** mit einer noch ausstehenden Einlageleistung **verrechnen** oder gegen sie aufrechnen. Eine Befreiung 10.19

K. Kapitalersetzende Leistungen in der GmbH & Co. KG

von der Außenhaftung nach § 171 Abs. 1 HGB durch eine Aufrechnung gegen eine Einlageschuld käme ohnehin nur in Höhe der Werthaltigkeit der Gegenforderung in Betracht.

> BGHZ 95, 188, 194 ff = ZIP 1985, 1198, 1202;
> dazu EWiR 1985, 793 (Crezelius).

Handelt es sich aber bei der Gegenforderung um den Rückzahlungsanspruch aus einem kapitalersetzenden Darlehen, so scheidet die Möglichkeit einer Aufrechnung im Rahmen der Geltung der §§ 30 Abs. 1, 32a GmbHG schlechthin aus (vgl. zuvor Rz. 3.63, 3.78, 3.80 f).

> Siehe insbesondere hierzu die vorerwähnte
> Entscheidung des BGH (in BGHZ, aaO, S. 192 f
> und ZIP, aaO, S. 1200 f) sowie
> Schlegelberger/Karsten Schmidt, §§ 171,
> 172 Rz. 59 f.

10.20   Kommt es zu einer Darlehensgewährung an die KG (gegebenenfalls mit kapitalersetzender Funktion) in der Weise, daß innerhalb der KG eine bereits geleistete Einlage zugunsten des Kommanditisten als Darlehensforderung **umgebucht** wird oder daß ein ausscheidender Kommanditist sein **Abfindungsguthaben** der Gesellschaft **als Darlehen** weiter zur Verfügung stellt, so ist streitig, ob dies bereits zum Wiederaufleben der Haftung i. S. d. § 172 Abs. 4 HGB führt.

Nach herrschender Meinung kommt dies erst dann in Betracht, wenn die Darlehensvaluta auch effektiv an den Kommanditisten ausgekehrt wird,

> BGHZ 39, 319, 331;
> BGH WM 1976, 130, 131;
>
> anders:
> Schlegelberger/Karsten Schmidt, §§ 171,
> 172 Rz. 63, 72 (bereits die Umbuchung
> sei haftungsschädlich).

Hier würde der Kommanditist gegebenenfalls außer nach den § 31 Abs. 1 GmbHG, § 32a Satz 2 KO dann auch nach außen gemäß § 172 Abs. 4 HGB haften.

III. Erscheinungsformen der Gesellschafterkredite und Rechtsfolgen

Wegen der Rechtslage eines neben der Kommanditeinlage zusätzlich gewährten Darlehens mit materiellem Eigenkapitalcharakter vgl. die Ausführungen bei den Rz. 11.11 ff. 10.21

3. Erstreckung der Kapitalersatzregeln auf die gesetzestypische KG?

In verschiedenen Beiträgen hat Karsten Schmidt eine Erstreckung der Regeln für die Behandlung von Eigenkapitalersatz auf alle Handelsgesellschaften, insbesondere auf die **gesetzestypische KG** mit einer natürlichen Person als Komplementär gefordert. Dabei soll es für die Rechtsfolgen aber nicht um eine analoge Anwendung der §§ 172a HGB, 32a GmbHG etc. gehen, sondern es seien jeweils rechtsformbezogene Grundsätze heranzuziehen. 10.22

> Vgl. Karsten Schmidt, Gesellschaftsrecht,
> 2. Aufl., 1991, S. 431 ff;
> Scholz/Karsten Schmidt, §§ 32a, 32b Rz. 21, 161;
> Schlegelberger/Karsten Schmidt, § 172a Rz. 54;
> Karsten Schmidt, GmbHR 1986, 337, 338, 342;
> zustimmend: Rümker, ZGR 1988, 494, 513.

Diesem Anliegen ist durchaus Sympathie entgegenzubringen. Ob es sich allerdings durchsetzen kann, bleibt vorerst offen.

L. Rechtsformspezifisches Schutzrecht
I. Eigenkapitalersetzendes Aktionärsdarlehen

Auch in der Aktiengesellschaft kann ein Darlehen, das ein Aktionär der Gesellschaft gewährt, als Eigenkapitalersatz einem Rückzahlungsverbot unterliegen (vgl. oben in Abschnitt B).

11.1

1. Grundlagen für die Erstreckung des Kapitalschutzes

Eine Einbeziehung von Aktionärsdarlehen läßt sich zwar nicht mit einer Analogie zu den Vorschriften in der GmbH-Novelle 1980 begründen. Jedoch ist angesichts dessen, daß der Kapitalschutz in der AG nach den §§ 57, 58 AktG wesentlich stärker ausgeprägt ist als in der GmbH (§ 30 GmbHG), Raum für die Geltung **ähnlicher Grundsätze**, wie sie die Rechtsprechung bereits zur GmbH entwickelt hat. Kriterium für die Umqualifizierung sind auch hier die Kreditunwürdigkeit der Gesellschaft und die Wahlfreiheit des Gesellschafters zwischen den unternehmerischen Entscheidungsmöglichkeiten, entweder die Gesellschaft durch eine Finanzierungshilfe am Leben zu erhalten, jedoch mit dem Risiko einer Inanspruchnahme der Mittel als haftendes Kapital, oder sie unter Absehen von weiterer Unterstützung in die Liquidation gehen zu lassen.

11.2

> Grundsätzlich hierzu:
> BGHZ 90, 318, 385 f, 390 f
> = ZIP 1984, 572, 574 f;
> Hefermehl/Bungeroth, in: Geßler/Hefermehl/
> Eckardt/Kropff, AktG, Bd. I, 1973/84,
> § 57 Rz. 21;
> Lutter, in: Kölner Komm. z. AktG, 2. Aufl.,
> Bd. I, 1988, § 57 Rz. 87.

2. Anforderungen an die Finanzierungsverantwortung des Aktionärs

a) Für die Finanzierungsverantwortung eines Aktionärs können allerdings **nicht die gleichen Maßstäbe** gelten, wie sie für den Gesellschafter einer **GmbH** maßgeblich sind und dort grundsätzlich jeden der Gesellschafter einbeziehen (wegen der dort u. U. möglichen Einschränkungen vgl. Rz. 3.6 ff). Unterschiede bestehen bereits darin, daß

11.3

L. Rechtsformspezifisches Schutzrecht

den Aktionären anders als in der GmbH kein Weisungsrecht gegenüber den Geschäftsführungsorganen zusteht, daß ihr Informationsrecht geringeren Umfang hat und daß ihre Einflußmöglichkeiten allgemein stärker begrenzt sind.

11.4 b) Dies führt zu einem geringeren Grad an Bindung und Verantwortlichkeit hinsichtlich des Schicksals der Gesellschaft. Namentlich im Bereich des Streubesitzes könnte das zufällige Zusammentreffen von Aktienbesitz und Kreditgewährung noch keine durch die Beteiligung vermittelte unternehmerische Verantwortlichkeit für die Geschicke der AG begründen. Von einer unternehmerischen Entscheidung zwischen den Möglichkeiten einer weiteren Finanzierung der Gesellschaft oder ihrer Liquidation wird daher erst dann gesprochen werden können, wenn der Aktionär eine wesentliche Beteiligung hält, die ihm bei Fragen, die für das Geschick der AG von grundlegender Bedeutung sind, ein u. U. ausschlaggebendes Mitspracherecht gibt. Erst unter diesen Voraussetzungen kann ein entsprechendes Unternehmensinteresse und damit eine Finanzierungsverantwortung des Aktionärs angenommen werden. Der Bundesgerichtshof hat dies für eine Beteiligung, die **25 % des Grundkapitals übersteigt** und damit eine Sperrminorität gegenüber Satzungsänderungen gewährt, bejaht, jedoch nicht ausgeschlossen, daß gegebenenfalls auch eine geringere Beteiligung ausreichen kann, sofern der Aktionär aufgrund seiner konkreten gesellschafterlichen Position über entsprechende Einflußmöglichkeiten verfügt.

> Zu alledem vgl.
> BGHZ 90, 381, 387 ff, 390 f, 393
> = ZIP 1984, 572, 574 ff;
> Lutter, in: Kölner Komm. AktG, § 57 Rz. 93;
> Hüffer, AktG, 2. Aufl., 1995, § 57 Rz. 18;
> Wiesner, Münchener Handbuch des Gesellschaftsrechts, Bd. 4: AG, § 16 Rz. 36.

Darüber hinaus kann sich eine Finanzierungsverantwortung aber auch bei einem **koordinierten Vorgehen mehrerer untergeordnet Beteiligter** bei einer Kreditgewährung oder bei Zurechnung der Beteiligung anderer aufgrund relevanter Verflechtungstatbestände ergeben.

> OLG Düsseldorf AG 1991, 401, 402.

Nachdem § 271 Abs. 1 HGB nunmehr (abweichend von § 152 Abs. 2 AktG a. F.) eine Beteiligung an einer Kapitalgesellschaft, die eine dauernde Verbindung zu dieser im Interesse damit verfolgter unternehmerischer Zwecke begründet, bereits bei Anteilen in Höhe von 1/5 des Nennkapitals annimmt, war die Frage naheliegend, ob etwa bereits ein Aktienbesitz von **20 % des Grundkapitals** für die Begründung einer Finanzierungsverantwortung eines Aktionärs ausreichend ist. Doch wird davon kaum auszugehen sein, zumal der Bundesgerichtshof die von ihm angenommene Mindestbeteiligung von mehr als 25 % maßgeblich aus dem daraus folgenden Mitspracherecht, aus der Sperrminorität gegenüber qualifizierten Mehrheitserfordernissen sowie aus den §§ 19 bis 21 und 328 AktG hergeleitet hat.   11.5

Vgl. BGHZ 90, 381, 390 f = ZIP 1984, 572, 575.

3. Rechtsfolgen

a) Hat nach den erörterten Grundsätzen ein Aktionärsdarlehen kapitalersetzenden Charakter, so ergibt sich aus **§ 57 AktG** ein **Rückzahlungsverbot**. Die Vorschrift wird allgemein dahin verstanden, daß ein Verstoß gegen sie nach § 134 BGB grundsätzlich zur Nichtigkeit sowohl des schuldrechtlichen als auch des dinglichen Geschäfts führt.   11.6

Z. B. RGZ 149, 385, 400;
Barz, Großkomm. AktG, Bd. I/1, 3. Aufl., 1973, § 57 Anm. 10;
Hefermehl/Bungeroth, § 57 Rz. 71 ff;
Lutter, in: Kölner Komm. AktG, § 57 Rz. 24 f;
Hüffer, § 57 Rz. 23;
Wiesner, § 16 Rz. 40.

Ist es zu einer Rückzahlung gekommen, würde der Aktionär entsprechend den Regelungen in § 62 AktG auf Rückgewähr haften, und zwar auch noch im Gesellschaftskonkurs. Ob die Haftung nur bis zur Wiederherstellung des Grundkapitals, gegebenenfalls auch der gesetzlichen Rücklage,   11.7

so Lutter, in: Kölner Komm. AktG, § 57 Rz. 94;
Hüffer, § 57 Rz. 19,

L. Rechtsformspezifisches Schutzrecht

geht oder sich weiter auch auf den Bereich eines oberhalb der Grundkapitalziffer bestehenden Eigenkapitalbedarfs erstreckt, ist in der erwähnten Entscheidung des Bundesgerichtshofs,

> BGHZ 90, 381, 387 = ZIP 1984, 572, 574,

offen gelassen worden. Die Frage ist streitig und bislang ungeklärt (zum Meinungsstand hierzu vgl. im einzelnen oben in Rz. 2.43 f).

11.8 Ist an einem Dritten zurückgezahlt worden, so bleibt der Aktionär auch außerhalb von Umgehungsgeschäften haftbar, wenn die Leistung an den Dritten für Rechnung oder auf Veranlassung des Aktionärs geschehen ist oder der Aktionär daraus zumindest einen mittelbaren Vorteil erlangt hat. Nicht anders liegt es auch, wenn ein Dritter für Rechnung der AG an den Aktionär leistet.

> RGZ 107, 161, 167 f;
> RGZ 146, 84, 93 f;
> BGH WM 1957, 61;
> OLG Hamburg AG 1980, 275, 278;
> Barz, § 57 Anm. 4, 6;
> Hefermehl/Bungeroth, § 57 Rz. 22 ff;
> Lutter, in: Kölner Komm. AktG, § 57 Rz. 11, 71, 73 f;
> Hüffer, § 57 Rz. 14 f;
> Döllerer, BB 1967, 1437, 1441.

11.9 b) Noch nicht näher geklärt ist, ob **andere Personen**, die nicht Aktionär im formalen Sinne sind, aber **als Darlehensgeber** auftreten, einem Aktionär gleichzustellen sind. Hier liegen aber die Fallkonstellationen nahe, wie sie für das GmbH-Recht in Betracht kommen (dazu Rz. 4.2 ff). Werden insbesondere Aktien für Rechnung eines Dritten gehalten, so ist der Hintermann (Treugeber) wie ein Aktionär zu behandeln,

> vgl. dazu
> OLG Hamburg AG 1980, 275, 278;
> zur Erfassung von Treugeberpositionen
> vgl. allgemein
> OLG Hamm ZIP 1995, 1263, 1270;
> siehe auch
> Hefermehl/Bungeroth, § 57 Rz. 24 f;
> Lutter, in: Kölner Komm. AktG, § 57 Rz. 98 f.

Ebenfalls wird die Rückgewährhaftung eines Aktionärs nicht dadurch ausgeschlossen, daß er vor Leistungsempfang seine Beteiligung an einen Dritten weiterüberträgt, sofern jedenfalls die Rückgewähr an ihn im Zusammenhang mit seiner bisherigen Mitgliedschaftsposition geschieht.

OLG Hamburg AG 1980, 275, 278 f;
Hefermehl/Bungeroth, § 57 Rz. 23.

c) Die weitere Frage, ob in der AG neben einer Darlehensgewährung auch andere **wirtschaftlich entsprechende Kapitalhilfen** von den Regeln betreffend den Eigenkapitalersatz erfaßt werden, dürfte bei Berücksichtigung der Ausführungen des Bundesgerichtshofs in der vorerwähnten Entscheidung zu bejahen sein. 11.10

Vgl. BGHZ 90, 381, 391 = ZIP 1984, 572, 575;
Lutter, in: Kölner Komm. AktG, § 57 Rz. 98 f.

Es liegt in diesem Zusammenhang nahe, auf die bei der GmbH erörterten Möglichkeiten einschließlich des Tatbestandes der Besicherung eines Kredits seitens eines Dritten durch einen Aktionär abzustellen (vgl. zuvor Rz. 4.15 ff, 5.1 ff).

II. Finanzierungsbeiträge mit Einlagencharakter in der KG

Bei den Finanzierungsleistungen, die innerhalb einer KG außer den im Gesellschaftsvertrag ausdrücklich als Kommanditeinlagen (Pflichteinlagen) bedungenen Beträgen in Betracht kommen, ist zwischen denjenigen Kapitalzuführungen zu unterscheiden, die als **Eigenkapitalersatz** den dafür geltenden (in den vorangegangenen Abschnitten erörterten) Regeln unterworfen sind, und solchen Mitteln, die zwar gesellschaftsvertraglich nicht als Kommanditeinlagen bezeichnet sind, denen aber ungeachtet dessen **materiell Eigenkapitalcharakter** zukommt. Hier haben für das Recht der KG folgende Gestaltungen Bedeutung erlangt: 11.11

L. Rechtsformspezifisches Schutzrecht

1. "Gesplittete" Pflichteinlagen in der KG

11.12 a) Nicht selten beruht die Finanzplanung der Gesellschaft auf einer **Kombination von Einlagen** (Pflichteinlagen im gesetzlichen Verständnis) der Kommanditisten und zusätzlich von ihnen einzubringenden **anderen Finanzierungsleistungen** (Darlehen oder stillen Einlagen). Wesentlich ist dabei, daß die formal als Fremdkapital eingebrachten weiteren Mittel nach ihrer konkreten Zweckbestimmung innerhalb der Gesamtfinanzierung der Gesellschaft wie haftendes Kapital zur Verfügung zu stellen sind und daher entsprechend ihrer materiellen Funktion auch der Sache nach wie Eigenkapital zu behandeln sind; insofern handelt es sich bei Mitteln dieser Art wesensmäßig um eine Erscheinungsform der Finanzplankredite (siehe dazu in Rz. 9.7 ff). Die Einordnung als materielles Einlagenkapital setzt nicht nur voraus, daß die Einbringung der zusätzlichen Kapitalmittel Gegenstand einer echten gesellschaftsvertraglichen Pflicht ist. Sondern es ist weiter erforderlich, daß die Gesellschafter diese Mittel in der Sache wie Eigenkapital behandeln. Ob das der Fall ist, hängt von einer Gesamtwürdigung des Vertragsganzen ab, insbesondere von den Kreditkonditionen, der Pflicht zur langfristigen Belassung der Mittel, dem Ausschluß von Kündigungsmöglichkeiten und der von den Gesellschaftern vorausgesetzten Unentbehrlichkeit der Mittel für die Verwirklichung der Ziele der Gesellschaft. Sind diese Voraussetzungen erfüllt, sind die Mittel neben der Kommanditeinlage im formalen Sinne Teil der vom Kommanditisten insgesamt geschuldeten Pflichteinlage. Zur Kennzeichnung dieses Zusammenhanges hat sich hier die Bezeichnung der "gesplitteten Pflichteinlage" eingebürgert.

Die dafür geltenden Grundsätze hat der Bundesgerichtshof zunächst für die Publikums-KG entwickelt, bei der gesplittete Pflichteinlagen dieser Art weit verbreitet gewesen sind.

> BGHZ 69, 160, 170;
> BGHZ 70, 61, 63 f;
> BGH ZIP 1982, 835, 836;
> BGHZ 93, 159, 161 f = ZIP 1985, 233, 234.

II. Finanzierungsbeiträge mit Einlagencharakter in der KG

b)   Die Bedeutung dieser Regeln beschränkt sich jedoch nicht auf den Bereich der Publikumsgesellschaften. Der Bundesgerichtshof hat sie daher auch auf die "normale" **GmbH & Co. KG** erstreckt, für die sie gleichermaßen Geltung beanspruchen. **11.13**

BGHZ 104, 33, 38 f = ZIP 1988, 638, 640.

c)   Darüber hinaus fragt es sich, ob diese Grundsätze auch in den Fällen der **gesetzestypischen KG** (also mit mindestens einer natürlichen Person als Komplementär) ihren Platz haben müssen. Denn wenn den formal als Darlehen bzw. als stille Einlagen bezeichneten, materiell aber Einlagenkapital darstellenden zusätzlichen Finanzierungsleistungen rechtlich die Qualität von Pflichteinlagen zukommt, führt nichts daran vorbei, daß sie diese Qualität auch in einer gesetzestypischen Gesellschaft haben. **11.14**

2.   Selbständige atypische stille Beteiligung

Die Rechtsprechung hat (im Falle einer Publikums-KG) auch atypische stille Einlagen, bei denen der Geldgeber (schuldrechtlich) am Unternehmenswert der Gesellschaft beteiligt ist und **intern wie ein Kommanditist gestellt** ist, ohne daß er aber formal der Gesellschaft angehört, als Finanzierungsleistungen mit materiellem Einlagencharakter, also wie Pflichteinlagen behandelt, sofern sie - wie im Falle der gesplitteten Pflichteinlagen - zur Finanzierungsausstattung der Gesellschaft gehören. **11.15**

BGH ZIP 1985, 347;
dazu EWiR 1985, 401 (Kellermann);
auch Scholz/Karsten Schmidt, § 63 Rz. 110;
Karsten Schmidt, in: Festschrift Goerdeler, 1987, S. 487, 497;
v. Gerkan, GmbHR 1990, 384, 385.

Auch diese Form der Unternehmensfinanzierung wäre nicht an die Rechtsform der GmbH & Co. KG gebunden, sondern hätte auch Bedeutung bei **anderen rechtlichen Verbänden**. **11.16**

Vgl. auch
Karsten Schmidt, in: Festschrift Goerdeler, S. 487, 497.

L. Rechtsformspezifisches Schutzrecht

Insbesondere für die einfache GmbH wird auf die Ausführungen bei Rz. 4.4 hingewiesen.

3. Rechtsfolgen

11.17 a) Wegen der Aufbringung und der Folgen einer Rückzahlung von Mitteln, die nach den vorstehenden Erörterungen materiell **als Pflichteinlagen zu qualifizierende Finanzierungsbeiträge eines Kommanditisten** darstellen, gelten die §§ 171, 172 HGB. Zahlungen auf das geschuldete Darlehen oder die stille Einlage sind zugleich Leistungen auf die Haftsumme i. S. d. § 171 Abs. 1 HGB.

BGH ZIP 1982, 835, 836.

11.18 Für ein Recht zur außerordentlichen **Kündigung** wegen Verschlechterung der Vermögensverhältnisse der Gesellschaft ist grundsätzlich kein Raum.

BGHZ 70, 61, 64.

11.19 Der Gesellschafter nimmt mit etwaigen Ansprüchen auch nicht am **Gesellschaftskonkurs** als Gläubiger teil. Für eine stille Beteiligung ist § 236 HGB in diesen Fällen abbedungen.

BGH ZIP 1981, 734, 735.

11.20 Die als Darlehen oder stille Einlage einzubringenden Mittel müssen **auch noch in der Liquidation oder im Gesellschaftskonkurs** erbracht werden, sofern sie zur Befriedigung der Gläubiger benötigt werden.

BGHZ 69, 160, 170;
BGH ZIP 1982, 835, 836;
BGHZ 93, 159, 161 f = ZIP 1985, 233, 234.

11.21 Ist hinsichtlich der zusätzlichen Leistungen ein Ausschluß von einer **Verlustbeteiligung** vereinbart, so bleibt das ohne Einfluß auf die Behandlung als haftendes Kapital. Der Verlustausschluß führt lediglich dazu, daß Verluste intern dem Komplementär anzulasten sind.

BGH ZIP 1980, 192, 193.

II. Finanzierungsbeiträge mit Einlagencharakter in der KG

Abgesehen davon, daß dem Kommanditisten nicht das Recht zur fristlosen Kündigung in der Krise zusteht, hindert das Gesetz jedoch nicht eine **Rückzahlung** der auf die **Pflichteinlage** erbrachten Leistungen an den Kommanditisten, da das Recht der KG eine Vorschrift wie § 30 GmbHG nicht kennt.   11.22

> Karsten Schmidt, in: Festschrift Goerdeler, S. 487, 498.

Wegen der Fragen eines Wiederauflebens der Außenhaftung gemäß § 172 Abs. 4 HGB bei Rückzahlungen eines Darlehens oder einer stillen Einlage gelten die oben bei Rz. 10.16 ff herausgestellten Gesichtspunkte.   11.23

b)   Ist der Geldgeber lediglich **stiller Gesellschafter**, ist ihm aber für seine **atypische Beteiligung mit Eigenkapitalcharakter** intern (schuldrechtlich) eine Position wie die eines Gesamthandsberechtigten bzw. eines Kommanditisten eingeräumt, so gelten auch dann ebenfalls entsprechende Regeln für die Rechtsbeziehungen zum Unternehmen (allerdings entfällt hier eine unmittelbare Haftung gegenüber den Gläubigern). So kann der atypische beteiligte stille Gesellschafter die Einlage im Konkurs der Gesellschaft nicht zurückverlangen und muß sie - soweit sie noch aussteht - für eine erforderliche Gläubigerbefriedigung noch erbringen.   11.24

> Näheres bei
> Schlegelberger/Karsten Schmidt, § 335 (§ 230 n. F.) Rz. 157, § 341 (§ 236 n. F.) Rz. 27 f;
> Scholz/Karsten Schmidt, § 63 Rz. 96, 110.

Nicht anders wäre es, wenn eine atypische stille Beteiligung mit materieller Eigenkapitalfunktion an einer Gesellschaft anderer Rechtsform besteht (vgl. dazu Rz. 11.16).   11.25

4. Analoge Anwendung von § 237 HGB auf längerfristige Unternehmenskredite?

Karsten Schmidt hat im übrigen vorgeschlagen, auf alle längerfristigen Kredite an ein Unternehmen (also einschließlich der Fremdkredite)   11.26

L. Rechtsformspezifisches Schutzrecht

§ 237 HGB entsprechend anzuwenden, weil die Funktion dieser Kredite einer stillen Beteiligung gleichzubewerten sei.

Es käme hierbei weder auf die Rechtsform des Unternehmens, noch auf eine Herkunft der Mittel seitens der Gesellschafter, noch auf ihren Charakter als Kapitalersatz an. Die Folge wäre, daß aufgrund einer entsprechenden Vereinbarung im letzten Jahr vor Konkurseröffnung zurückgezahlte Darlehensbeträge durch Anfechtung wieder zur Masse gezogen werden könnten und der Darlehensgeber wegen seiner Ansprüche auf die Rechte als einfacher Konkursgläubiger verwiesen wäre (vgl. § 236 HGB). Dieser von Karsten Schmidt gemachte Vorschlag ist angesichts der Konzentration des Interesses auf die kapitalersetzenden Gesellschafterleistungen allerdings bislang nicht ausdiskutiert.

> Vgl. näher
> Karsten Schmidt, ZHR 140 (1976), 475, 489 ff,
> sowie ders., ZIP 1981, 689, 699;
> Schlegelberger/Karsten Schmidt, § 172a Rz. 6
> und § 342 (§ 237 n. F.) Rz. 34;
> Scholz/Karsten Schmidt, §§ 32a, 32b Rz. 19;
>
> zweifelnd oder ablehnend:
> Hachenburg/Ulmer, § 32a,b Rz. 22;
> Kollhosser, WM 1985, 929, 932 f.

III. Eigenkapitalersatz im Konzern

11.27 Zusätzliche und eigenständige Fragen werfen die Rechtsgrundsätze über eigenkapitalersetzende Gesellschafterdarlehen innerhalb einer Konzernverbindung auf - so etwa, wenn das konzernbeherrschende Unternehmen der konzernabhängigen Tochtergesellschaft ein Darlehen gewährt hat. Im Schrifttum sind die mit der speziellen Konzernproblematik verbundenen Fragen des Ersatzkapitalrechts bislang erst vereinzelt erörtert worden.

> Eingehend Ketzer, Eigenkapitalersetzende
> Aktionärsdarlehen, 1989, S. 103 ff;
> Emmerich, in: Hommelhoff u. a. (Hrsg.),
> Entwicklungen im GmbH-Konzernrecht,
> 1986, S. 87 ff;
> Hommelhoff, WM 1984, 1105;

III. Eigenkapitalersatz im Konzern

> Häuselmann/Rümker/Westermann, Die Finanzierung der GmbH durch ihre Gesellschafter, 1992, S. 62 f.

Zu einer wichtigen Frage aus dem Bereich des Vertragskonzerns hat der Bundesgerichtshof nunmehr freilich in seinem "HSW-"Urteil Stellung bezogen, **11.28**

> BGHZ 105, 168, 182 f = ZIP 1988, 1248, 1252 f,

nämlich zum Nebeneinander des Anspruchs auf Verlustausgleich (§ 302 Abs. 1 AktG) und der Rechtsgrundsätze zum eigenkapitalersetzenden Gesellschafterdarlehen (dazu unten Rz. 11.29 ff). Daneben ist erörtert worden, ob auf einen zentralistischen Finanzverkehr innerhalb des Konzerns die Ersatzkapitalregeln anwendbar sind (unten Rz. 11.46 ff). Diskussionsbedürftig ist weiter trotz einer weithin herrschenden Meinung die Frage, ob alle Konzernverbindungen schlechthin eine Einheitsbetrachtung rechtfertigen (unten Rz. 11.38 ff).

1. Verlustausgleich und Eigenkapitalersatz im Konzern

a) In der Literatur ist die Frage aufgeworfen worden, ob der Verlustausgleichsanspruch, den die **vertraglich** konzernierte Tochter-AG (§ 302 Abs. 1 AktG) ebenso gegen das herrschende Unternehmen hat wie die vertraglich konzernierte Tochter-GmbH, **11.29**

> hierzu statt aller
> Baumbach/Hueck/Zöllner, GmbHG, Anh. Konzernrecht Rz. 27 f,

die Rechtsgrundsätze über das eigenkapitalersetzende Gesellschafterdarlehen verdrängt und ersetzt.

> Emmerich, in: Hommelhoff u. a., Entwicklungen im GmbH-Konzernrecht, S. 89 f;
> Hommelhoff, WM 1984, 1105, 1110 ff.

Dabei ist es wohl nur eine dogmatische Nuance, ob man die Kreditwürdigkeit der Tochtergesellschaft wegen des Anspruchs auf Verlustausgleich gegen ein (zur Leistung fähiges und bereites) herrschendes Unternehmen bejaht,

L. Rechtsformspezifisches Schutzrecht

> so mit näherer Begründung
> Ketzer, Eigenkapitalersetzende Aktionärs-
> darlehen, S. 95 ff,

oder zu einem generellen Vorrang des aktienrechtlichen Ausgleichsrechts vor dem Ersatzkapitalrecht kommt.

11.30 Entscheidend hierfür ist die Finanzmittelausstattung der konzernabhängigen Tochtergesellschaft, insbesondere deren Liquiditätsausstattung.

> Hierzu Ketzer, aaO, S. 103 ff

Sie wird durch den gesetzlichen Anspruch auf Verlustausgleich, wie der Bundesgerichtshof vor kurzem herausgearbeitet hat, in doppelter Richtung nicht sichergestellt.

> BGHZ 105, 168, 182 f = ZIP 1988, 1248, 1252 f.

11.31 Zum ersten erhält die Tochtergesellschaft die Finanzmittel, die sie sowohl für die Tilgung ihrer Schulden, als auch für die Beschaffung neuen, durch Verbrauch abgewirtschafteten Anlagevermögens benötigt, bloß einmal; deshalb muß die Tochtergesellschaft, wenn sie in Ersatzgüter investiert, entweder die Schuldentilgung einstellen oder neue Kredite aufnehmen. - Zum zweiten gewährt § 302 Abs. 1 AktG der Tochtergesellschaft keinen Anspruch darauf, schon vor Ablauf des Geschäftsjahres Abschlagszahlungen zu erhalten, die sich am aktuellen Liquiditätsbedarf der Tochtergesellschaft orientieren.

Der gesetzliche Verlustausgleichsanspruch allein kann daher die Rechtsgrundsätze für eigenkapitalersetzende Gesellschafterdarlehen nicht verdrängen oder sonstwie außer Wirkung setzen.

> Im Ergebnis wie hier auch
> Ketzer, Eigenkapitalersetzende Aktionärs-
> darlehen, S. 105 - zusammenfassend.

11.32 Allerdings sind auch im Verhältnis zwischen dem herrschenden Unternehmen als Darlehensgeberin und der vertraglich konzernierten Tochtergesellschaft als Darlehensnehmerin die einzelnen Tatbestandsmerkmale des Ersatzkapitalrechts zu prüfen und zu subsumie-

III. Eigenkapitalersatz im Konzern

ren. Oder anders formuliert: Aus der Verbindung innerhalb eines Vertragskonzerns allein darf nicht auf die eigenkapitalersetzende Funktion des Darlehens geschlossen werden.

b) Konsequent gilt das Ersatzkapitalrecht ebenfalls im **qualifizierten faktischen Konzern** mit einer AG oder GmbH. Zwar wird nach den mit den BGH-Urteilen "TBB" und "EDV-Peripherie", **11.33**

BGHZ 122, 123;
BGH NJW 1994, 446,

weithin konsolidierten Grundsätzen allgemein vertreten, in dieser besonderen Konzernform habe die konzernabhängige Tochtergesellschaft einen Anspruch auf Verlustausgleich entsprechend § 302 Abs. 1 AktG.

Statt aller
Lutter/Hommelhoff, Anh. § 13 Rz. 25;
Baumbach/Hueck/Zöllner, Anh. Konzernrecht
Rz. 29, jeweils m. w. N.

Aber die für den Vertragskonzern herausgearbeiteten Wirkgrenzen (oben Rz. 11.30 ff) bestehen auch im qualifizierten faktischen Konzern mit der Folge fortwirkenden Ersatzkapitalrechts.

c) Ein Vorrang des Verlustausgleichs im Konzern vor den Regeln für eigenkapitalersetzende Gesellschafterdarlehen kommt daher allenfalls dann in Betracht, wenn der Unternehmensvertrag zwischen den Konzernunternehmen ausgebaut und verfeinert ist. Gewisse Wendungen im "HSW"-Urteil könnten darauf schließen lassen, daß der Bundesgerichtshof bereit sein könnte, unter diesen Voraussetzungen auf das Ersatzkapitalrecht im Vertragskonzern zu verzichten. **11.34**

BGHZ 105, 1668, 184 = ZIP 1988, 1248, 1253.

Danach müßte der Unternehmensvertrag der konzernabhängigen Tochtergesellschaft ohne jeden rechtlichen Zweifel folgende Rechte zusätzlich zum Gesetz gewähren:

L. Rechtsformspezifisches Schutzrecht

11.35 (1) Einen jahresperiodischen Anspruch auf Kapitalausstattung, die nicht bloß die aufgelaufenen Verluste abdeckt, sondern darüber hinaus die Tochtergesellschaft in die Lage versetzt, Ersatzinvestitionen und Schuldentilgung gleichermaßen zu finanzieren.

11.36 (2) Einen fortdauernden Anspruch darauf, schon während des laufenden Geschäftsjahres ständig, pünktlich und im ausreichenden Umfang mit den Mitteln versorgt zu werden, welche die Konzerntochtergesellschaft jeweils für Schuldentilgung und Investitionen benötigt.

11.37 Zusätzlich wird man fordern müssen, daß diese Ansprüche fortwährend, unverkürzt und pünktlich vom herrschenden Unternehmen tatsächlich erfüllt worden sind und erfüllt werden.

2. Zurechnungsfragen im Konzern

11.38 Die Rechtsgrundsätze zum eigenkapitalersetzenden Gesellschafterdarlehen komplizieren sich, wenn es um ihre Anwendung in mehrfach verbundenen Unternehmen geht. Hier ist etwa an dreistufige Konzernstrukturen und an Darlehen zu denken, die eine Konzernmutter an der Konzerntochter vorbei unmittelbar der Konzernenkelgesellschaft gewährt. Oder eine andere Situation: Innerhalb eines zweistufig organisierten Konzerns reicht die eine Konzerntochtergesellschaft ihrer Schwester ein Darlehen aus. Aus der Sicht der darlehensnehmenden Gesellschaft geht es stets um die Frage, ob der Kredit rechtlich als Gesellschafterdarlehen eingestuft werden muß, obwohl er nicht von einem unmittelbar beteiligten Gesellschafter herrührt: im dreistufigen Konzern nicht von der unmittelbar beteiligten Konzerntochter, sondern von der Konzernmutter; im zweistufigen Konzern von der Konzernschwester und nicht von der unmittelbar beteiligten Konzernmutter.

11.39 a) Rechtsprechung und Lehre bereitet es keinerlei Schwierigkeiten, diesen Problemkreis zu bewältigen. Sie stützen sich auf die Formel im Regierungsentwurf zur GmbH-Novelle 1980 (§ 32a Abs. 5 Satz 1 GmbHG),

BT-Drucks. 8/1347 mit Begründung S. 40,

III. Eigenkapitalersatz im Konzern

die zwar nicht Gesetz geworden ist, aber dennoch für geltendes Recht gehalten wird: Forderungen eines mit der Gesellschaft oder mit dem Gesellschafter verbundenen Unternehmens stehen den eigenen Forderungen des Gesellschafters gleich.

> BGHZ 81, 311, 315 = ZIP 1981, 1200;
> BGH NJW 1987, 1080, 1081;
> OLG Hamburg ZIP 1987, 977, 981;
> Baumbach/Hueck, § 32a Rz. 24;
> Scholz/Karsten Schmidt, §§ 32a, 32b Rz. 120 f
> (allerdings nur mit dogmatisch anders
> begründeten Einschränkungen);
> Hachenburg/Ulmer, § 32a,b Rz. 121.

Mit dieser Formel lassen sich die beiden Ausgangsfälle mit leichter Hand lösen. Nach den Legaldefinitionen der §§ 15 ff AktG sind zum einen Konzernenkel- und Konzernmuttergesellschaft ebenso miteinander verbundene Unternehmen wie zum anderen die Schwestergesellschaften innerhalb des Konzernverbundes. **11.40**

> Dazu statt aller
> Geßler/Hefermehl/Eckardt/Kropff,
> § 15 Rz. 66 f: Der Verbund zwischen
> diesen Gesellschaften wird jeweils
> durch die gemeinsame Konzernzugehörigkeit begründet.

Deshalb handelt es sich jeweils um Gesellschafterdarlehen an die Enkel- bzw. an die Schwestergesellschaft. Konzernspezifisch und damit eigenständig muß lediglich die Rechtsfolge gesehen werden: Abgezogener Eigenkapitalersatz ist auch im Konzern dorthin zu erstatten, wo er abgezogen worden ist.

> Näher
> Hommelhoff, WM 1984, 1105, 1116 f.

b)   Diese "Verbundsformel" der herrschenden Lehre blendet zwei Differenzierungsansätze vollständig aus: Zum einen die Unterschiede zwischen den einzelnen Konzernierungsformen vom (einfachen) faktischen Konzern bis hin zum Eingliederungskonzern; **11.41**

L. Rechtsformspezifisches Schutzrecht

> zu ihm unter dem Aspekt des Eigen-
> kapitalersatzes:
> Ketzer, Eigenkapitalersetzendes
> Aktionärsdarlehen, S. 112 f;

damit sind grundsätzlich Unterschiede in der Leitungsverantwortung verbunden, die das Recht den Geschäftsleitungen in den einzelnen Konzerngesellschaften jeweils zugewiesen hat. Und zum anderen übergeht die "Verbundsformel" die unterschiedlichen Rechtsformen, in denen die einzelnen Konzerngesellschaften organisiert sein können: Eine Aktiengesellschaft darf nicht sogleich und ohne weiteres mit einer GmbH gleichbehandelt werden.

11.42 Um dies am Beispiel des Kredits unter Konzernschwestergesellschaften zu verdeutlichen: Innerhalb eines faktischen Konzerns unter einer konzernleitenden Holding gewährt die eine betont dezentral angelegte und organisierte Banktochtergesellschaft der ebenso betont dezentral agierenden Produktionstochtergesellschaft einen Kredit zu marktüblichen Bedingungen. Jetzt der Fall abgewandelt: In einem streng zentralistisch organisierten Vertragskonzern gewährt die Konzernfinanzierungsgesellschaft ihrer produzierenden Schwestergesellschaft einen Kredit zu den besonderen Bedingungen, die für die konzerninterne Zuweisung von Investitionsmitteln in diesem Konzern festgelegt sind.

11.43 Es erscheint unmittelbar einsichtig, daß diese Unterschiede nicht von vornherein mit der Einheitsformel vom "Unternehmensverbund" überdeckt werden dürfen.

> Immer noch zu pauschal
> Henze, Höchstrichterliche Rechtsprechung
> zum Recht der GmbH, S. 211;
> Röhricht, Steuerberater-Jahrbuch 1991/92,
> S. 335.

Dabei steht es auf einem anderen Blatt, ob diese unterschiedlichen Ausgangslagen dann auch zu unterschiedlichen Ergebnissen führen müssen.

11.44 c) Ausgangspunkt der weiteren Diskussion zum Eigenkapitalersatz im Konzern sollten die Unterschiede sein, die zwischen den einzelnen Konzernformen bestehen und zwischen den Rechtsformen der

III. Eigenkapitalersatz im Konzern

einzelnen Konzerngesellschaften. Dieser Ansatz erlaubt eine Analyse der konkreten, wenn auch typisierten Finanzierungsverantwortung ebenso wie den Einsatz von Vermutungen und Gegenbeweisen, Beweisen des ersten Anscheins etc.

> Erste Überlegungen hierzu bei
> Hommelhoff, WM 1984, 1105, 1116 f, 1118;
> Roth, § 32a Anm. 5.5;
> Scholz/Karsten Schmidt, §§ 32a, 32b Rz. 41;
> Häuselmann/Rümker/Westermann, Die Finanzierung der GmbH durch ihre Gesellschafter, S. 62.

3. Zentralisierter Finanzverkehr im Konzern

In vielen Konzernen wird die in einzelnen Konzerngliedgesellschaften jeweils aktuell verfügbare Liquidität an einer zentralen Stelle im Konzern zusammengeführt. Das erlaubt es, die im Gesamtkonzern vorhandene Liquidität innerhalb und außerhalb des Konzerns optimal einzusetzen. Die einzelnen Konzerngesellschaften können ihren jeweiligen Liquiditätsbedarf schnell und kostengünstig vornehmlich innerhalb des Konzerns decken; momentan im Gesamtkonzern nicht benötigte Liquidität kann zusammengefaßt auf dem allgemeinen Kapitalmarkt angeboten werden.

11.45

> Im einzelnen hierzu
> Schneider, ZGR 1984, 497, 499 f m. w. N.

Diesen konzerninternen Zahlungsströmen liegen (noch näher zu untersuchende) Kausalverhältnisse zugrunde. Sie lassen sich schwerlich als Darlehensverträge qualifizieren. Dennoch wird man davon ausgehen müssen, daß auch für diese Kausalverhältnisse die Rechtsgrundsätze für eigenkapitalersetzende Gesellschafterdarlehen gelten. Allerdings bedarf es immer noch der Feststellung, ob auch die übrigen Tatbestandsmerkmale der Rechtsprechungs- und Novellen-Regeln erfüllt sind, namentlich das der Kreditunwürdigkeit.

11.46

> Näher
> Hommelhoff, WM 1984, 1105, 1106 ff.

L. Rechtsformspezifisches Schutzrecht

11.47 Damit ist das Spannungsverhältnis zwischen Konzernfinanzierungsfreiheit auf der einen und dem Gläubigerschutz in den einzelnen Konzerngliedgesellschaften auf der anderen Seite angesprochen. Angesichts der Bedeutung, die dem konzerninternen Finanzverkehr in der Praxis zukommt, sollte die Diskussion hierzu nicht verebben. Sogar Konzerntochtergesellschaften können, wie die Fälle NEFF-Werke, Hamburger Stahlwerke und Maximilianshütte zeigen, in Konkurs fallen und im Anschluß daran Fragen des qualifiziert faktischen Konzerns, aber auch des Ersatzkapitalrechts aufwerfen.

Stichwortverzeichnis

(Verweis auf Randziffern)

Aktiengesellschaft 2.38, 11.1
Anfechtung nach § 32a KO 3.86
- Befriedigung 3.90
- Jahresfrist 3.89
- Sicherung 3.91

Angehörige, nahe 3.9, 4.12
- Treuhänder 4.12

Aufrechnung 3.80
Aufrechnungsverbot 3.80, 10.17
Auszahlungsverbot (§ 30 GmbHG) 2.4, 3.60, 5.33

Beteiligung 3.6, 10.9
- selbständige atypische stille 2.35, 11.15
- Zwerganteil 3.7

Betriebsaufspaltung 1.15, 4.10, 8.2
Beweislast 3.30, 3.48
Bilanzierung 6.1
- eigenkapitalersetzender Drittdarlehen 6.34
- Handelsbilanz 6.3, 6.35
- Überschuldungsstatus 6.22, 6.37

Darlehen 1.1
- Aktionär 11.1
- gesellschafterbesichertes 2.23, 5.1
- Kontokorrentkredit 3.50, 4.17
- Kreditgewährung durch einen Dritten 5.5
- Refinanzierungskredit 3.46
- Sanierungsdarlehen 3.27
- Zwischenkredit 3.26

Darlehensgeber 1.2, 3.6, 4.1, 5.1, 10.9
- ausgeschiedener Gesellschafter 3.13
- Gesellschafter 1.2, 3.6, 10.9
- gesellschaftergleichgestellte Nichtgesellschafter 4.1, 10.14
- GmbH-Gesellschafter 10.9
- institutioneller Kreditgeber 3.8
- Kommanditist 10.10
- Komplementär 10.12

Drittdarlehen 5.1
- gesellschafterbesichertes 2.23, 5.1

Eigenkapitalbedarf 1.1, 3.2, 3.32
- Erscheinungsformen 3.17

Eigenkapitalersatz 1.45, 2.1, 3.1, 5.6, 5.12, 6.1
- Aktionärsdarlehen 11.1
- Altdarlehen 2.4
- im Bilanzrecht 6.1
- Fremdkapitalfinanzierung 1.2, 1.76, 2.24
- Gebrauchsüberlassung 8.1
- Gegenindizien 3.36
- gesellschafterbesichertes Drittdarlehen 2.23, 5.6, 5.12
- im Konzern 11.27
- Verlustausgleich 11.29
- Indizien 3.35
- Neudarlehen 2.4
- Novellen-Regelungen 2.17, 3.2
- Rechtsprechungsgrundsätze 2.9, 3.1
- Treuhandunternehmen 7.1
- zweistufiges Schutzrecht 2.4

Stichwortverzeichnis

Eigenkapitalausstattung 1.1
- unzureichende 1.12, 1.78

Erfüllungssurrogate 3.90

Erstattungsanspruch 3.56, 3.66, 5.35
- Schuldner des Anspruchs 3.67
- Verjährung 3.69

Factoring
- echtes 4.21
- unechtes 4.20

Finanzierung 1.1, 1.75
- über Gesellschafterdarlehen 1.2

Finanzierungsfreiheit 1.8
- Grundsatz 1.9
- in der Krise 1.26
- Rangrücktritt 1.33

Finanzierungsverantwortung 1.49, 1.55

Finanzplankredite 9.1 ff, 9.10, 11.12

Förderkredit 3.45

Fremdkapitalfinanzierung 1.2, 1.76
- langfristige 2.24

Gebrauchsüberlassung 8.1
- Rechtsfolgen 8.13
- stehengelassene 8.11

Gesellschafterdarlehen 1.2, 3.6, 10.9
- formale Beteiligung 3.6
- Hingabe eines Wechsels 4.32
- Kündigung 4.43
  - Rücknahme 4.32
  - Unterlassen 4.36, 4.40
- Liquiditätsschwierigkeiten 3.24
- Prolongation 4.32
- Prolongationsabrede 4.33
- Sanierungsdarlehen 3.27

- Schuldumschaffung 4.32
- stehengelassenes 2.14, 4.30
  - aufgrund Vereinbarung 4.31
  - schlichtes Stehenlassen 4.34
- Stundung 4.32
- Zeitpunkt 3.10

Gesellschafterkredite 1.2, 5.1, 9.1, 10.15

Gesellschaftersicherheit 5.8

Gesellschaftsgläubiger 5.4, 5.20, 5.27
- Rechtsstellung 3.76

GmbH & Co. KG 2.27, 10.1
s. auch unter KG

§§ 30, 31 GmbHG 2.4, 3.1, 3.51
- Kreditunwürdigkeit 3.3

§ 32a GmbHG 2.17, 3.1, 3.51, 4.1
- Anwendungsbereich 3.4
- Beweislast 3.48
- Kreditunwürdigkeit 3.3
- Qualifikationsmerkmale
  - gesellschaftsbezogene 3.18
  - kreditbezogene 3.34
- subjektiver Tatbestand 3.47

Haftung
- Drittempfänger 3.68
- Geschäftsführer 3.73
- Mitgesellschafter 3.70
- Umfang 3.49, 3.71
- wegen veranlaßter Auszahlung 3.75

Handelsbilanz 6.35

§ 237 HGB 11.26

Individualanfechtung 3.77

Jahresfristen 3.54, 5.40, 5.42
- Anfechtungsfrist 3.87

Kapitalbindung 3.49
kapitalersetzende Darlehen
s. unter Darlehen, Eigen-
  kapitalersatz
Kapitalhilfen anderer Art 4.1,
  4.15
- Diskontierung von
  Wechseln 4.22
- Emissionskonsortium 4.23
- Erwerb einer gestundeten
  Forderung 4.18
- Factoring 4.20
- Finanzierungsleasing 4.27
- Industrieobligationen 4.23
- Lieferung unter Eigentums-
  vorbehalt 4.25
- Pensionsgeschäfte 4.19
- Sale-and-lease-back-Ge-
  schäft 4.26
- Wertgegenstände als Sicher-
  heiten 4.28
KG 2.29, 10.1, 11.11
- Beteiligung 10.9
- selbständige atypische
  stille 2.35, 11.15
- echte 2.29
- Finanzierungsbeiträge mit
  Einlagencharakter 11.11
- "gesplittete" Pflicht-
  einlagen 11.12
- Kommanditistenhaf-
  tung 10.15
Konkurs 2.18, 3.78
- Rechtsfolgen 3.78
  - außerhalb des Kon-
    kurses 3.59, 5.21, 5.27,
    5.45
  - im Konkurs 3.78, 5.24,
    5.28, 5.48
Konsortialkredit 3.38, 4.23
- Außenkonsortium
  - echtes 3.39
  - unechtes 3.40

- Innenkonsortium 3.41
Konzern 11.27
- faktischer 1.69, 11.33
- Finanzverkehr, zentralisier-
  ter 11.45
- Verlustausgleich 11.29
- Vertragskonzern 1.66, 11.29
- Zurechungsfragen 11.38
Kreditarten bei Treuhandunter-
  nehmen 7.4
- Altkredite der Staats-
  bank 7.4
- Liquiditätshilfe der Treu-
  handanstalt 7.6 ff
- Neukredite 7.10
Kreditbesicherung 2.23, 3.28, 5.1
Kreditgeber
s. unter Darlehensgeber,
  Drittdarlehen
Kreditbesicherung 2.23, 3.28,
  3.35, 5.1
- Aufhebung 5.25, 5.30
Kreditunwürdigkeit 3.1, 3.18
Krisendarlehen 4.45, 5.17, 9.3
Kündigung eines Kredits 4.43

Liquidität 1.62, 11.45
Liquiditätsschwierig-
  keiten 3.24

Mißmanagement 3.33

Nebenansprüche 3.52
Nichtgesellschafter 4.1
Nießbraucher 4.7
Novellen-Regelungen 2.17, 3.2,
  3.49
Nutzungsgeber 8.15

Passivbilanz 1.79
Passivierungsverbot 6.25
Passivierungszwang 6.23, 6.29

Pfandgläubiger 4.7

Rangrücktritt 1.33
Rechtsprechungsgrundsätze 2.4, 2.9, 3.1, 3.51, 3.78
Regreßanspruch 3.66, 5.23, 5.36, 5.38, 5.47, 7.11
Rückforderung eines Kredits 4.43
Rückstellung 6.29

Sanierungsdarlehen 3.27
Sicherheiten
- Aufhebung, Verzicht 5.25, 5.30
- Ausfallsicherheit 5.25, 5.29
- der Gesellschaft 3.28, 3.82, 3.86
- des Gesellschafters 2.23, 3.29, 5.8, 5.24
- Doppelsicherheit 5.11, 5.26
- Dritter 3.83
- Stehenlassen 3.92, 5.14
Stammkapital
- Auszahlungsverbot 2.4, 3.60, 3.78, 5.33
- bei der GmbH & Co. KG 10.1
- Beeinträchtigung durch Sicherheitsbestellung 3.64
- Erstattungsanspruch 3.56, 3.66, 3.70, 5.35, 10.4
- Wiederherstellung 3.55
Stehenlassen von Krediten 2.14, 4.30
- aufgrund Vereinbarung 4.31
- bei Uneinbringlichkeit 4.48
- Erkennbarkeit der Krisenlage 4.37, 4.41
- schlichtes Stehenlassen, Nichtkündigung 4.34
- Sicherheiten 3.92, 5.14
- Treuepflicht 4.46
- Überlegungsfrist 4.41

stille Gesellschaft 2.34
stiller Gesellschafter 4.4
stille Beteiligung 2.35, 4.16, 11.12, 11.15
Stundung 4.17

Treugeber 4.3
Treuhänder 3.9, 4.12
Treuhandanstalt
- Liquiditätshilfen 7.6
Treuhandunternehmen 7.1

Überlassungsentgelt 8.13
Überschuldung 1.82, 3.20, 3.51, 3.61, 10.2
- zweistufiger Überschuldungsbegriff 3.21, 3.61
Überschuldungsstatus 6.22, 6.37
Umqualifizierung 1.45, 4.34, 5.14
- Einzelansätze 1.47
- Fortdauer 3.53
- Umfang 3.49
Unterbeteiligter 4.6
Unterbilanz 1.80, 3.22, 10.2
Unterkapitalisierung
- materielle 1.78
- nominelle 1.76
- Rechtsfolgen 1.18

Verbundene Unternehmen
s. auch unter Konzern
- Beteiligungsgesellschaften 4.9
- Betriebsaufspaltung 1.15, 4.10
- gesellschaftergleiche Haftung 4.8
Vergleich 3.78, 3.84
- Rechtsfolgen 3.78, 5.24, 5.28, 5.45, 5.48
Verjährung 3.74
Vertragskonzern 1.66

Vor-GmbH & Co. KG 10.8

Zahlungsunfähigkeit 3.23
Zinsen 3.52
Zwangsüberlassung 8.23
Zwangsvergleich 3.84

In unserem Verlag sind u. a. folgende aktuelle Veröffentlichungen zum Handels-, Gesellschafts- und Bilanzrecht erschienen:

Crezelius
Bilanzrecht
Prof. Dr. Georg Crezelius, Bamberg
RWS-Grundkurs 4
2., neubearb. Aufl. 1995. Brosch. 126 Seiten.
DM 62,- / öS 459,- / sFr 60,10
ISBN 3-8145-0854-8

Priester
Die Gestaltung von GmbH-Verträgen
Notar Prof. Dr. Hans-Joachim Priester, Hamburg
RWS-Skript 18
5., neubearb. Aufl. 1996. Brosch. 154 Seiten.
DM 72,- / öS 533,- / sFr 69,10
ISBN 3-8145-3018-7

Seibert/Köster
Die kleine AG
Gesellschaftsrechtliche und steuerrechtliche Aspekte
RegDir Dr. Ulrich Seibert, Bonn
RAin Beate-Katrin Köster, Essen
2., wes. erw. Aufl. 1995. Brosch. 238 Seiten.
DM 98,- / öS 725,- / sFr 92,10.
ISBN 3-8145-8053-2

Ulbert
Die GmbH im Handelsregisterverfahren
RA Udo Ulbert, Leipzig
RWS-Skript 234
1996. Brosch. Ca. 220 Seiten.
DM ca. 70,- / öS 518,- /sFr 67,90.
ISBN 3-8145-0234-5
(erscheint Anfang 1996)

Bitte fordern Sie unser aktuelles Verlagsverzeichnis an!

 RWS Verlag Kommunikationsforum GmbH
Postfach 27 01 25 • 50508 Köln • Telefon 0221 / 400 88 - 0 • Fax 0221 / 400 88 - 28